本书系最高人民法院2018年度司法研究重大课题
“大数据时代数据权利保护研究”（编号：ZGFYZDKT201820-02），
以及中国人民公安大学2019年度新任教师科研启动基金（编号：2019JKF411）的阶段性成果。

中国网络安全法治绿皮书

（2019）

360集团法律研究院　编写

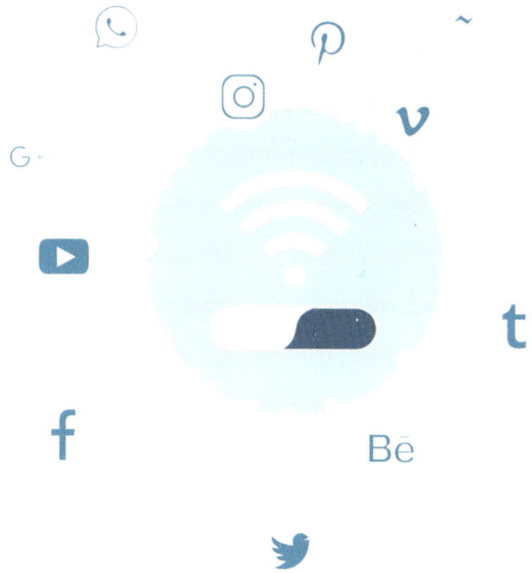

法律出版社 LAW PRESS · CHINA

360集团法律研究院

360 集团法律研究院是隶属于 360 集团法务部的法律问题高端智库，旨在依托 360 集团卓越的网络安全技术、多元化的产品形态和丰富的法律实践，围绕数字经济发展的前沿性问题，立足国家安全和行业发展，通过开放合作的研究平台，汇集各界智慧，协同解决网络安全、知识产权、公平竞争、国际治理等互联网行业新型法律问题，为共建网络空间命运共同体提供战略支撑、理论保障和人才支持。

编委会

目　录

战略政策篇

360 集团法律研究院

随着《中华人民共和国网络安全法》(以下简称《网络安全法》)及其配套制度、标准逐步落地,逐渐形成了综合法律、单行条例及标准指引为一体的立体规范体系,但网络安全问题随着互联网的发展呈现出不同的形态,其问题的解决并非一蹴而就。因而,在 2018 年的多个国家重大战略和政策部署中仍将网络安全及信息化问题作为重点。

一、2018 年网络安全国家重大战略政策

全国网络安全和信息化工作会议 2018 年 4 月在北京召开,习近平总书记出席会议并做重要讲话,系统阐释了网络强国战略思想的丰富内涵,科学回答了事关网络安全和信息化事业长远发展的一系列重大理论和实践问题,为加快推进网络强国建设指明了前进方向,提供了根本遵循,是指导新时代网络安全和信息化发展的纲领性文献,具有重大而深远的意义。2018 年发布的、对网络安全问题作出重要部署的重大政策性文件(见表 1):

表1　2018年中国网络安全相关重大战略政策一览表

文件名称	发布机构	发布时间
《习近平:自主创新推进网络强国建设》	全国网络安全和信息化工作会议	2018年4月
《工业互联网发展行动计划(2018—2020年)》	工业和信息化部	2018年5月
《个人信息保护行动计划(2018)》	中国互联网协会	2018年7月
《2018年农业部网络安全与信息化工作要点》	农业部办公厅	2018年3月
《2018年教育信息化和网络安全工作要点》	教育部办公厅	2018年3月
《国家林业和草原局关于进一步加强网络安全和信息化工作的意见》	国家林业和草原局	2018年9月
《国务院2018年立法工作计划》	国务院办公厅	2018年3月
《深化党和国家机构改革方案》	中共中央	2018年3月
《2018年工业通信业标准化工作要点》	工业和信息化部	2018年3月
《高等学校人工智能创新行动计划》	教育部	2018年4月
《关于推动资本市场服务网络强国建设的指导意见》	中央网信办和中国证监会	2018年3月
《国务院关于开展2018年国务院大督查的通知》	国务院	2018年7月
《推动企业上云实施指南(2018—2020年)》	工业和信息化部	2018年7月
《综合整治骚扰电话专项行动方案》	工业和信息化部等十三部门	2018年7月
《关于进一步完善行政许可和行政处罚等信用信息公示工作的指导意见》	国家发改委办公厅	2018年7月

(一)《习近平:自主创新推进网络强国建设》

2018年4月20日至21日在北京召开了全国网络安全和信息化工作会议，中共中央总书记、国家主席、中央军委主席、中央网络安全和信息化委员会主任习近平出席会议并发表重要讲话。习近平在会上强调，没有网络安全就没有国家安全，就没有经济社会稳定运行，广大人民群众利益也难以得到保障。要树立正确的网络安全观，加强信息基础设施网络安全防护，加强网络安全信息统筹机制、手段、平台建设，加强网络安全事件应急指挥能力建设，积极发展网络安全产业，做到关口前移，防患于未然。要落实关键信息基础设施防护责任，行业、企业作为关键信息基础设施运营者承担主体防护责任，主管部门履行好监管责任。要依法严厉打击网络黑客、电信网络诈骗、侵犯公民个人隐私等违法犯罪行为，切断网络犯罪利益链条，持续形成高压态势，维护人民群众合法权益。要深入开展网络安全知识技能宣传普及，提高广大人民群众网络安全意识和防护技能。[1]

（二）《工业互联网发展行动计划（2018—2020年）》

2018年5月31日，工业和信息化部（以下简称工信部）印发了《工业互联网发展行动计划（2018—2020年）》，该行动计划明确了以习近平新时代中国特色社会主义思想为指导，以供给侧结构性改革为主线，以全面支撑制造强国和网络强国建设为目标，确定了到2020年年底初步建成工业互联网基础设施和产业体系的行动目标。

该行动计划共提出了十个方面的重点任务，具体如下：

一是基础设施能力提升行动，从完善工业互联网网络体系顶层设计、升级建设工业互联网企业外网络、支持工业企业建设改造工业互联网企业内网络、实施工业互联网IPv6应用部署行动、推进连接中小企业的专线提速降费、加大工业互联网领域无线电频谱等关键资源保障力度六个方面展开。

二是标识解析体系构建行动，主要包括开放授权一批二级及以下其他服务节点运营机构、建设和运营标识解析二级及以下其他服务节点两个方面的内容。

三是工业互联网平台建设行动，从编制工业互联网平台建设及推广工程实施指南、制定跨行业跨领域工业互联网平台评价指南、培育一批独立经营的企业级平台、支持建设工业互联网平台试验测试环境和测试床、建设平台公共支撑体系、实施工业设备上云"领跑者"计划、编制发布工业APP培育工程实施方案七个方面展开。

四是核心技术标准突破行动，主要涵盖成立国家工业互联网标准协调推进

[1]《习近平：自主创新推进网络强国建设》，载新华网：http://www.xinhuanet.com/2018-04/21/c_1122719854.htm，最后访问日期：2018年12月4日。

组、总体组和专家咨询组;制定国家工业互联网标准体系建设指南及面向重点行业应用的标准规范;开展工业互联网关键核心技术研发和产品研制;建设一批新技术试验验证系统,开发和推广仿真和测试工具四个方面的内容。

五是新模式新业态培育行动,重点从开展工业互联网集成创新应用试点示范;提升大型企业工业互联网创新和应用水平,实施底层网络化、智能化改造;鼓励云化软件工具应用,汇聚并搭建中小企业资源库与需求池三个方面展开。

六是产业生态融通发展行动,重点从支持龙头企业、技术服务机构开展开源社区、开发者平台和开放技术网络建设;支持制造企业、互联网企业、高校研究院所等合作建设工业互联网创新中心;支持建设一批工业互联网产业示范基地,实现区域内工业互联网创新发展;加强社会宣传普及四个方面展开。

七是安全保障水平增强行动,重点包括健全安全管理制度机制、初步建立工业互联网全产业链安全管理体系管理体系、指导督促企业强化自身网络安全技术防护三个方面的内容。

八是开放合作实施推进行动,包含利用双多边合作和高层对话机制推进重大问题交流沟通合作;指导工业互联网产业联盟等与其他国家产业组织、国际组织在架构、技术、标准等多领域开展合作对接;鼓励国内外企业加强多领域合作,提高企业国际化发展能力三个方面的内容。

九是加强统筹推进,包括设立工业互联网专项工作组及工业互联网战略咨询专家委员会、进一步加强工业互联网产业发展监测和数据统计两个方面的内容。

十是推动政策落地,主要涵盖2018年开展工业信息安全立法等重点问题研究,2020年年初步建立保障工业互联网发展的法规体系和制度;2020年融合发展制度基本建立,协同推进体系和发展机制持续完善;工业转型升级专项资金2018年启动支持工业互联网建设,税收优惠持续推进;持续三年推进工业互联网金融服务和产品创新;持续三年推进人才引进和人才建设五个方面的内容。

(三)《个人信息保护行动计划(2018)》

2018年7月12日中国互联网协会个人信息保护工作委员会(以下简称工作委员会)宣布《个人信息保护行动计划(2018)》已形成。该计划的目标是促进互联网健康有序发展,坚持创新与规范并举、安全与发展并重,贯彻落实"积极利用、科学发展、依法管理、确保安全"的方针,充分发挥行业自律作用,以积极的措施推动个人信息保护与数据商业利用之间的关系平衡、良性协调。引导成员单位切实履行主体责任,提高对个人信息保护的意识和水平,切实维护公民、法人和其他组织的合法权益。维护国家安全、社会公共利益,形成个人信息保护行动计划成果,汇集产业界力量,努力推动实现个人信息的合法收集、有序流动、合理利用,营造清朗的网络生态。

该计划的实施将分为4个阶段:工作部署阶段,工作委员会召开个人信息保护专项行动的发布会,全面启动各项行动;自律推进阶段,将组织各成员单位开展个人信息保护的行业自律,梳理问题并将处理措施以及工作建议提交给工作委员会;交流互动阶段,要组织各成员单位开展数据流动安全评估与风险管理工作,结合企业具体业务开展培训指导,加强数据流动、程序规范化管理,组织成员单位召开热点、难点问题的研讨会,积极向相关部门报送立法建议;宣传总结阶段,工作委员会对成员单位报送情况进行汇总、整理、评价,召开新闻发布会,通报取得的成效,对表现突出的单位给予中国互联网协会行业自律贡献奖表彰,并且宣传推广企业的优秀实践案例。[1]

(四)农业部、教育部、国家林业和草原局关于网络安全及信息化的工作要点

2018年3月8日,农业部办公厅发布了《2018年农业部网络安全与信息化工作要点》。该工作要点提出11项主要内容,包括推进物联网等现代信息技术在农业生产中的应用,加快提升农业生产智能化水平;加快推进农业农村大数据发展和应用;持续推进农业行业管理信息化发展;持续强化网络安全制度建设;加强网络安全能力建设等内容。在网络安全制度和能力建设方面,该工作要点指出应建立健全农业部网络安全管理制度体系和工作机制;提升网络安全防护能力,贯彻落实信息系统网络安全等级保护制度,切实做好信息系统的定级、备案、测评、整改等工作,重点加强关键信息基础设施和重要信息系统的安全防护能力建设,逐步更新、完善网络安全防护设备;提升网络安全态势感知能力,

---

〔1〕《〈个人信息保护计划(2018)〉已形成》,载中国消费网:http://www.ccn.com.cn/html/anhui/wangluo/2018/0719/358066.html,最后访问日期:2018年12月4日。

推进政务外网网络安全态势感知平台建设,逐步扩大监测范围,提升政务外网安全监测能力,实时监测、处理来自互联网的可识别各类病毒和恶意攻击,及时阻断和排除各类安全威胁隐患;提升网络安全应急处置能力,加强网络安全信息通报机制建设,及时处理各通报平台的安全动态、任务要求、风险提示等,及时上报网络安全事件;组织开展网络安全应急演练,修订完善网络安全应急预案。

2018 年 3 月 13 日,教育部办公厅发布了《2018 年教育信息化和网络安全工作要点》。该工作要点以习近平新时代中国特色社会主义思想为指导,以促进教育公平、提高教育质量为重点,以"服务全局、融合创新、深化应用、完善机制"为原则。该工作要点明确将进一步提升网络安全人才培养能力和防护水平作为核心目标之一。这就要求增设一批网络空间安全学位授权点,加快一流网络安全学院建设步伐;网络安全预警预判、舆论引导和应急处置能力不断提升;网络安全责任制进一步夯实,关键信息基础设施保障体系不断健全,监测预警形成常态化。该工作重点提出做好教育信息化统筹部署、完善教育信息化基础环境建设、深化数字教育资源开发应用与供给服务、拓展网络学习空间应用广度与深度、提升管理信息化水平和教育治理能力、促进信息技术与教育教学融合发展、强化教育信息化支撑保障措施、提升网络安全人才培养能力和质量、提高教育系统网络安全保障能力 9 方面 29 项重点任务,其中加强网络安全人才培养、强化网络安全宣传教育、开展网络空间国际治理研究、健全完善教育系统网络安全制度体系、推进关键信息基础设施保障工作、持续推进教育系统网络安全监测预警等重点任务与网络安全密切相关。

2018 年 9 月 4 日,国家林业和草原局印发了国家林业和草原局《关于进一步加强网络安全和信息化工作的意见》。该意见深入贯彻落实习近平总书记在全国网络安全和信息化工作会议上的重要讲话精神,进一步加强新时期林业和草原信息化工作,切实把思想和行动统一到习近平总书记重要讲话精神和党中央关于信息化工作的战略部署上来,全面推动新时期林业和草原信息化工作再上新台阶。该意见进一步明确了新时期林业和草原信息化工作的重点任务、工作要求、发展目标,主要包括"认真学习领会精神,提高思想认识水平""推进网站综合治理,构建良好网络生态""加强网络安全防护,保障网络安全可控""践行新发展理念，推动高质量发展”“压实主体责任，加强组织领导”5部分、18项内容。该意见的正式发布，将进一步加快提升新时期林业和草原信息化和现代化水平，有力推动林业和草原高质量发展。[1]

（五）其他涉及网络安全的重大政策

2018年3月14日，国务院办公厅发布《2018年立法工作计划》，部署了多项网络安全和信息化相关立法项目。为坚定文化自信、推动社会主义文化繁荣兴盛，将制定《未成年人网络保护条例》（草案）（网信办起草）；为提高保障和改善民生水平、加强和创新社会治理，将制定《公共安全视频图像信息系统管理条例》（征求意见稿）（公安部起草）；为全面推进国防和军队现代化，有效维护国家安全，提请全国人大常委会审议《出口管制法》（草案）（商务部起草）、《密码法》（草案）（全国人大常委会法制工作委员会起草），制定《外商投资国家安全审查条例》（发展改革委起草）。

2018年4月2日，教育部发布《高等学校人工智能创新行动计划》，旨在落实国务院《关于印发新一代人工智能发展规划的通知》，引导高等学校瞄准世界科技前沿，不断提高人工智能领域科技创新、人才培养和国际合作交流等能力，为我国新一代人工智能发展提供战略支撑。该行动计划以创新引领、科教融合、服务需求、军民融合为原则，明确到2020年基本完成适应新一代人工智能发展的高校科技创新体系和学科体系的优化布局，高校在新一代人工智能基础理论和关键技术研究等方面取得新突破，人才培养和科学研究的优势进一步提升，并推动人工智能技术广泛应用。到2025年，高校在新一代人工智能领域科技创新能力和人才培养质量显著提升，取得一批具有国际重要影响的原创成果，部分理论研究、创新技术与应用示范达到世界领先水平，有效支撑我国产业升级、经济转型和智能社会建设。到2030年，高校成为建设世界主要人工智能创新中心的核心力量和引领新一代人工智能发展的人才高地，为我国跻身创新型国家前列提供科技支撑和人才保障。同时，该行动计划指出了三项重点任务，分别是优化

---

[1] 《〈国家林业和草原局关于进一步加强网络安全和信息化工作的意见〉正式印发》，载中国林业网：http://www.forestry.gov.cn/main/195/20180905/144925984729432.html，最后访问日期：2018年12月4日。

高校人工智能领域科技创新体系、完善人工智能领域人才培养体系、推动高校人工智能领域科技成果转化与示范应用。除此之外,该行动计划还规定了加强组织实施、优化资源配置、加大引导培育、加强宣传推广四大政策措施。

2018年7月13日,为落实国务院治理骚扰电话有关部署要求,工信部等13部门印发了《综合整治骚扰电话专项行动方案》,充分调动社会各方力量和有利因素,综合采用法律、行政、经济和技术等多种手段,重点对商业营销类、恶意骚扰类和违法犯罪类骚扰电话进行整治,规范通信资源管理,加强源头治理,打击非法获取个人信息的行为,合力斩断骚扰电话利益链,实现商业营销类电话规范拨打、恶意骚扰和违法犯罪类电话明显减少的目标。该专项行动方案规定的重点工作有5大方面:一是通过加强语音线路和号码资源管理、加强电话用户合同约束、全面规范营销外呼业务、全面清理各类骚扰软件等措施来严控骚扰电话传播渠道;二是通过强化主叫号码鉴权和通话溯源、提升骚扰电话拦截能力、增强骚扰电话提醒和预警能力、增强骚扰电话综合管控能力等措施全面提升技术防范能力;三是通过严格规范金融类电话营销行为、严格规范售房租房电话营销行为、严格规范医疗机构、保健食品生产经营企业的电话营销行为、规范人力资源服务、旅游等行业的电话营销行为等措施规范重点行业商业营销行为;四是依法惩处违法犯罪;五是健全法规制度保障。

二、年度观察和展望

(一)互联网行业对战略政策的影响日益凸显

当前,我国互联网行业的发展情况与战略政策体系的顶层设计之间存在内在联动的逻辑关系:新业态、新技术的层出不穷,为政府在提供资金、技术、人才等资源储备和营造创新自由的环境上提出了较高的要求。同时,互联网具有开放性、虚拟性、隐蔽性等特点,容易在运行安全、内容规范、运营管理等方面滋生不少问题,这就促使以政府的战略政策为主导,辅之以行业的自律规则和网民的自觉意识的监管体系建立并不断完善,且逐渐面临更多新兴的困难与挑战。

(二)战略政策对互联网行业发展具有反作用

经济基础决定上层建筑,上层建筑反作用于经济基础,在我国互联网领域也是同样的道理。一方面,互联网行业对战略政策的影响日益凸显;另一方面,战略政策又会反作用于互联网行业的发展:一是通过相关立法制度为互联网的创新发展和治理提供权威性依据,二是通过严格的执法行动实现规范和引导、惩罚和保障的目的。世界各国,政府采取不同的战略政策会产生不同的效果,如美国提倡自由的网络环境,强调监管的必要性和有效性,不对产业施加额外的限制,因而互联网行业的发展始终处于世界领先地位;相较而言,缅甸更重视互联网的秩序与安全,实行了较长时间严格的上网控制政策,于2014年国内仅有不到1%的人拥有网络接入权限,这就导致该国的互联网行业发展起步晚、水平低。而在我国,为实现互联网领域自由与秩序的平衡状态,政府在构建网络战略政策体系时十分注重切实有度,既不无作为导致监管缺位,也不滥用权力导致过度监管,从而达成战略政策对互联网行业发展的助推效果。

总体上看,战略政策对互联网行业,尤其是各个领域的产业形态主要作用于两大层面:一是对一些积极健康、助益社会的产业的促进作用。比如在"互联网+""中国制造2025"等重大战略的指引下,我国将加快推动软件产业技术创新,预计至2020年产业收入将突破8万亿元;[1]又如在《新一代人工智能发展规划》的战略依据下,我国在人工智能领域取得了重要进展。[2] 二是对一些违法违规、有害于社会的产业的抑制作用。比如2018年4月,政府的网络监管执法行动下,今日头条被要求下架三周,永久关停"内涵段子"客户端软件及公众号,抖音上线了"防沉迷系统",并于4月11日关闭了APP内所有评论,快手紧急招聘5000人的内容审核团队,为整改平台投入了运营成本。[3]

[1] 《软件和信息技术服务业发展规划(2016—2020年)》,第8页。

[2] 《中国互联网络发展状况统计报告》(第41次),第2页。

[3] 周静:《互联网内容平台面临强监管　倒逼企业加强自我审核》,载《通信信息报》2018年4月18日。

(三)战略政策影响网络安全发展的具体方面

第一,整合网络资源,增强发展活力。各行各业的发展都离不开政策的引导和推动,网络安全行业也不例外。党的十八大以来,习近平总书记高瞻远瞩地提出了网络强国的战略思想,号召各领域加快创新,携手共建,使我国由网络大国向网络强国逐渐转型。在此背景下,法律法规、部门规章、规范性文件等一系列政策陆续出台,推动了互联网、大数据、人工智能等深度融合,在各个领域培育了新的增长点,形成了新的动能,拉动了市场内需,释放了政策红利。

第二,规范网络内容,净化网络环境。市场的激烈竞争,加之网络空间虚拟、自由的特点,使得网络不良现象频频发生,严重困扰了民众的用网活动,这种无序的行业状态急需相关部门出台明确的监管政策,开展严格的检查行动。

第三,调整产业结构,影响行业兴衰。随着互联网与经济社会深度融合,一些新兴行业开始出现且蓬勃发展,相关的监管政策也相伴而生,进一步促使这些行业有序发展,推动互联网产业结构的调整。而反之,因为国家政策的影响,某些行业也可能出现趋于萎靡的状态。典型的如"白帽子",作为一个游走在法律边缘线的群体,其一方面可以帮助企业发现安全漏洞,完善安全体系;另一方面也可能带来侵犯用户数据隐私等相关问题。在国家政策立场收紧的情况下,"白帽子"的行为可能会触犯非法获取计算机信息系统数据罪,或被认定为危害计算机系统运行、侵入关键信息基础设施等违法行为,这就加大了其从业的法律风险,进而影响了这一行业的发展态势。

第四,推进技术创新,鼓励原创品牌。技术创新是互联网行业发展的关键驱动力,有关部门在制定监管政策时,都极为重视这一点,鼓励实施人才培育和引进计划,推动产学研协同合作,研发新兴技术和创新成果,为行业的飞速前进提供引擎。比如在网络安全行业,2018 年 9 月 5 日,第二届中国网络安全产业担当与发展高峰论坛在北京举办,会议指出,发展壮大网络安全产业、很大程度上需要我国企业自主创新、自主突破,发展自主可控的安全技术,壮大安全产业实力。[1] 除了对技术创新的大力支持,政策还着力强调互联网内容的原创性,不

〔1〕《中国网络安全产业担当与发展高峰论坛在京举》,载 http://smart.huanqiu.com/roll/2018-09/12943812.html? agt=46,最后访问日期:2019 年 1 月 17 日。

论是《著作权法》《商标法》《专利法》等基础性法律，还是《信息网络传播权保护条例》《计算机软件保护条例》《关于审理涉及计算机网络著作权纠纷案件适用法律若干问题的解释》《关于加强网络文学作品版权管理的通知》等规范，都强调版权保护，鼓励企业打造原创品牌，提升自己的行业竞争力。

第五，优化产业模式，促进行业发展。当前出台的战略政策，不仅推动了互联网产业结构的调整，还进一步优化了产业的发展模式，具体体现于以下三个方面：一是企业向数字化转型。政策鼓励企业利用大数据、云计算、人工智能、移动应用等技术，开展数字化改造，促进信息系统向云平台迁移，从而提高企业的经济效益。二是企业向服务化推进。通过政策的引导，企业更加深入地认识到用户的重要价值，逐步实现以用户为出发点强化技术、研发产品、提供服务，如网络安全领域的免费提供杀毒软件，网络金融领域的普惠金融理念等。三是互联网行业与其他行业密切联动。立足我国的产业实践和市场需求，强调以制造业为起点，向各类实体经济领域拓展，逐步形成智能化发展的新兴业态，从而打造新的产业驱动力量。

法律法规篇

360 集团法律研究院

2018 年,我国《网络安全法》正式实施逾一年,为贯彻落实《网络安全法》,相关部门也出台了一系列配套法律法规和规范性文件。

一、2018 年《网络安全法》配套立法进展情况

2017 年 6 月 1 日,《网络安全法》正式生效实施。《网络安全法》作为我国网络空间安全管理的基本法,搭建了网络安全法治的基本制度框架,主要包括关键信息基础设施保护制度、网络安全等级保护制度、个人信息保护制度、网络信息内容管理制度、网络安全事件应急响应制度等。这些制度设计相对而言宏观、抽象,出台一系列贯彻落实《网络安全法》的配套规定成为 2018 年网络安全立法的迫切需求(见表 2)。另外,2018 年,相关机构还制定、修改了与网络安全有关的其他法律法规(见表 3)。

表 2　2018 年中国《网络安全法》配套立法进展一览表

文件名称	发布机构	生效时间	效力状态
《公共互联网网络安全威胁监测与处置办法》	工业和信息化部	2018 年 1 月 1 日	现行有效

续表

文件名称	发布机构	生效时间	效力状态
《网络预约出租汽车监管信息交互平台运行管理办法》	交通运输部办公厅	2018 年 3 月 1 日	现行有效
《科学数据管理办法》	国务院办公厅	2018 年 3 月 17 日	现行有效
《微博客信息服务管理规定》	国家互联网信息办公室	2018 年 3 月 20 日	现行有效
《网络安全等级保护测评机构管理办法》	公安部第十一局	2018 年 3 月 23 日	现行有效
《关于促进"互联网 + 医疗健康"发展的意见》	国务院办公厅	2018 年 4 月 28 日	现行有效
《关于深入推进互联网网络接入服务市场清理规范工作的通知》	工业和信息化部	2018 年 4 月 28 日	现行有效
《快递暂行条例》	国务院	2019 年 3 月 2 日	现行有效
《工业互联网平台建设及推广指南》	工业和信息化部	2018 年 7 月 9 日	现行有效
《工业互联网平台评价方法》	工业和信息化部	2018 年 7 月 9 日	现行有效
《国家健康医疗大数据标准、安全和服务管理办法(试行)》	国家卫生健康委员会	2018 年 7 月 12 日	现行有效
《最高人民法院关于互联网法院审理案件若干问题的规定》	最高人民法院	2018 年 9 月 7 日	现行有效
《公安机关互联网安全监督检查规定》	公安部	2018 年 11 月 1 日	现行有效
《具有舆论属性或社会动员能力的互联网信息服务安全评估规定》	国家互联网信息办公室、公安部	2018 年 11 月 30 日	现行有效
《互联网个人信息安全保护指南》	公安部	2019 年 4 月 1 日	现行有效
《网络关键设备和网络安全专用产品安全认证实施规则》	国家认证认可监督管理委员会	2018 年 6 月 27 日	现行有效

续表

文件名称	发布机构	生效时间	效力状态
《关于发布承担网络关键设备和网络安全专用产品安全认证和安全检测任务机构名录(第一批)的公告》	工业和信息化部、公安部、国家认证认可监督管理委员会、国家互联网信息办公室	2018 年 3 月 15 日	现行有效
《国家智能制造标准体系建设指南(2018 年版)》	工业和信息化部、国家标准化管理委员会	2018 年 8 月 14 日	现行有效
《推动企业上云实施指南(2018—2020)》	工业和信息化部	2018 年 8 月 10 日	现行有效
《关于督促互联网网络接入服务企业依法持证经营的通知》	工业和信息化部	2018 年 1 月 12 日	现行有效
《区块链信息服务管理规定》	国家互联网信息办公室	2019 年 2 月 15 日	现行有效
《关于网络关键设备和网络安全专用产品安全认证实施要求的公告》	国家认证认可监督管理委员会	2018 年 5 月 30 日	现行有效
《关于加强跨境金融网络与信息服务管理的通知》	中国人民银行	2018 年 7 月 11 日	现行有效
《银行业金融机构数据治理指引》	中国银行保险监督管理委员会	2018 年 5 月 21 日	现行有效
《互联网宗教信息服务管理办法(征求意见稿)》	国家宗教事务局	N/A	正式版未发布,未生效
《支付信息保护技术规范》(送审稿)	全国信息安全标准化技术委员会	N/A	正式版未发布,未生效
《汽车事件数据记录系统(征求意见稿)》	全国汽车标准化技术委员会	N/A	正式版未发布,未生效
《智能网联汽车道路测试管理规范(试行)》	国家工信部、公安部和交通运输部	2018 年 5 月 1 日	现行有效

续表

文件名称	发布机构	生效时间	效力状态
《智能网联汽车自动驾驶功能测试规程(试行)》	中国智能网联汽车产业创新联盟、全国汽标委智能网联汽车分技术委员会	2018 年 8 月 3 日	现行有效
《药品数据管理规范(征求意见稿)》	食品药品监管总局	N/A	正式版未发布,未生效
《人类遗传资源管理条例》	国务院	2019 年 7 月 1 日	现行有效

表 3　2018 年中国《网络安全法》相关立法进展一览表

文件名称	发布机构	生效时间	效力状态
《国家情报法》	全国人大常委会	2018 年 4 月 27 日(修改)	现行有效
《反恐怖主义法》	全国人大常委会	2018 年 4 月 27 日(修改)	现行有效
《电子商务法》	全国人大常委会	2019 年 1 月 1 日	现行有效
澳门特别行政区《网络安全法》法律草案	澳门特别行政区行政会	2018 年 9 月 11 日后满 180 日起生效	未生效

(一)《网络安全法》相关立法的进展

2018 年 4 月 27 日,第十三届全国人民代表大会常务委员会第二次会议决定,对《国家情报法》作出修改,将第 24 条第 2 款中的“人力资源和社会保障”修改为“人力资源社会保障、退役军人事务、医疗保障”;对《中华人民共和国反恐怖主义法》作出修改,删去第 40 条第 2 款,同时将第 65 条中的“民政等”修改为“医疗保障等”。虽然两部法律中都有涉及网络安全的内容,但本此修改是为了适应国务院组成部门调整,对网络安全方面的内容并未直接涉及。

2018 年 8 月 31 日,经过四次审议的《电子商务法》表决通过,该法共七章,89 个条款,该法有八个亮点。

一是严格范围。因为电子商务具有跨时空、跨领域的特点,所以《电子商务法》把调整范围严格限定在中华人民共和国境内,限定在通过互联网等信息网络销售商品或者提供服务。因此对金融类产品和服务,对利用信息网络提供的新闻、信息、音视频节目、出版以及文化产品等方面的内容服务都不在这个法律的调整范围内。

二是促进发展。因为电子商务属于新兴产业,所以《电子商务法》就把支持和促进电子商务持续健康发展摆在首位,拓展电子商务的空间,推进电子商务与实体经济深度融合,在发展中规范,在规范中发展。

三是包容审慎。目前我们国家电子商务正处于蓬勃发展的时期,渗透广、变化快,新情况、新问题层出不穷,在立法中既要解决电子商务领域的突出问题,也要为未来发展留出足够的空间。《电子商务法》不仅重视开放性,而且也更加重视前瞻性,以鼓励创新和竞争为主,同时兼顾规范和管理的需要,这就为我们电子商务未来的发展奠定了体制框架。

四是平等对待。电子商务技术中立、业态中立、模式中立。在立法过程中,各个方面逐渐对线上线下在无差别、无歧视的原则下规范电子商务的市场秩序,达到了一定的共识。所以法律明确规定,国家平等地对待线上线下的商务活动,促进线上线下融合发展。

五是均衡保障。这些年的实践证明,在电子商务有关3方主体中,最弱势的是消费者,其次是电商经营者,最强势的是平台经营者。所以《电子商务法》在均衡保障3方主体合法权益的前提下,适当加重了电子商务经营者,特别是第三方平台的责任,适当加强了对电子商务消费者的保护力度。现在这种制度设计立足于我国实践,反映了中国特色,体现了中国智慧。

六是协同监管。根据电子商务发展的特点,《电子商务法》完善和创新了符合电子商务发展特点的协同监管体制和具体制度。法律规定国家建立符合电子商务特点的协同管理体系,各级政府要按照职责分工,我国并未直接确定由哪个部门主管电子商务,而是根据已有分工,各自负责电子商务发展促进、监督、管理的工作。在此种情形下,监管的要义就在于依法、合理、有效、适度,既非任意地强化监管,又非无原则地放松监管,而是宽严适度、合理有效。

七是社会共治。电子商务立法运用互联网的思维,充分发挥市场在配置资源方面的决定性作用,鼓励支持电子商务各方共同参与电子商务市场治理,充分发挥电子商务交易平台经营者、电子商务经营者所形成的一些内生机制,来推动形成企业自治、行业自律、社会监督、政府监管这样的社会共治模式。

八是法律衔接。《电子商务法》是电子商务领域的一部基础性的法律，但因为制定得比较晚，所以其中的一些制度在其他法律中间都有规定，所以《电子商务法》不能包罗万象。电子商务立法中就针对电子领域特有的矛盾来解决其特殊性的问题，在整体上能够处理好《电子商务法》与已有的一些法律之间的关系，重点规定其他法律没有涉及的问题，弥补现有法律制度的不足。比如，在市场准入上与现行的商事法律制度相衔接，在数据文本上与合同法和电子签名法相衔接。在纠纷解决上，与现有的消费者权益保障法相衔接。在电商税收上与现行税收征管法和税法相衔接。在跨境电子商务上，与联合国国际贸易法委员会制定的电子商务示范法、电子合同公约等国际规范来相衔接。

2018 年 9 月 11 日，澳门特别行政区《网络安全法》草案发布，本次法案的出台是为了促进澳门社会的网络系统良好运作、确保网络数据完整、防范资讯网络威胁。鉴于现行第 11/2009 号法律《打击电脑犯罪法》为针对电脑及网络犯罪行为的刑事法律，仅属事后的刑事侦查措施，为规范网络安全行政管理，澳门特区政府经参考中国内地及其他国家或地区的相关法律制度，遵照“保障市民安全、尊重个人隐私”的原则，并咨询业界及公众的意见，澳门特区政府制定了《网络安全法》法律草案，法律草案自公布之日起满 180 天后生效。

法案的主要内容包括：

（1）法案明确资讯网络、电脑系统及电脑数据资料、网络安全、关键基础设施、关键基础设施营运者、未经许可的行为、网络安全事故及网络经营者的定义。

（2）适用主体。法案建议关键基础设施营运者包括所有公共部门、机关及实体，以及运输、电讯、银行和保险、医疗卫生、水电供应等私人实体。

（3）组织框架。澳门网络安全体系由网络安全常设委员会、网络安全事故预警及应急中心、网络安全监察实体组成。网络安全常设委员会为政府的决策机关，主要负责订定实现网络安全目标的一般性及策略性方向。网络安全事故预警及应急中心由在网络安全方面具有特别技术职权的公共实体组成，并由司法警察局统筹，职责主要包括管理及执行紧急事故应对措施。网络安全监察实体是指关键基础设施营运者履行网络安全监察职责的实体。

（4）网络安全义务。包括法案订定组织性、程序性、预防性及应变性义务，自行评估及报告义务，合作义务，关键基础设施的公共营运者义务。法案建议设立“网络安全主要负责人”的职位,并要求有关人员须具备适当资格及专业经验。在发生网络安全事故时,须通知预警及应急中心,并将有关事实告知相关监察实体。法案强制要求营运者定期自行评估,同时须向监察实体提交网络安全报告。

(5)法案建议网络经营者应核查及登记客户的身份资料,对生效前购买的无须预先提供身份资料的预付式 SIM 卡,网络经营者须于法案生效后 60 日内向购买者或用户要求提供身份资料。

(6)法案建议保存及提供网络地址转换记录,网络经营者向用户提供互联网接入服务时,应将用户私人内联网地址与互联网公共网络地址的转换记录保存 1 年。

(7)行政处罚制度。法案建议,违反网络安全义务,科澳门币 5 万元至 500 万元罚款,并设有附加处罚。监察实体如发现营运者涉嫌轻微不遵守网络安全义务,可劝诫其于指定期间内补正不合规范的情况,如营运者未作出补正,监察实体须提起有关行政违法处罚程序。

(二)关键信息基础设施保护配套规定

2017 年 7 月 11 日,国家互联网信息办公室公布了《关键信息基础设施安全保护条例(征求意见稿)》,向社会公开征求意见。因为关键信息基础设施保护是《网络安全法》新规定的核心制度,所以这一配套立法受到广泛关注。该条例(征求意见稿)共 8 章 55 条,规定了总则、支持与保障、关键信息基础设施范围、运营者安全保护、产品和服务安全、监测预警、应急处置和检测评估、法律责任以及附则,试图进一步细化《网络安全法》的有关规定。然而,该条例(征求意见稿)实际上有多个条文和《网络安全法》的表述基本一致,没有完成制度细化落实的任务;有些尝试细化的规定,仍具有相当的不确定性,相关主体的合规遵从义务仍不明确,[1] 这些问题使该条例(征求意见稿)至今仍未通过。2018 年 9 月 4 日,公安部网络安全保卫局有关人员在 2018 ISC 互联网安全大会上透露,由国家网信办和公安部牵头,《国家关键信息基础设施安全保护条例》即将出

[1] 刘金瑞:《关于落实我国关键信息基础设施保护制度的思考和建议》,载《中国信息安全》2017 年第 8 期。

台，目前正处于“走程序阶段”。[1]

（三）网络安全等级保护配套规定

2018年3月23日，公安部组织制定的《网络安全等级保护测评机构管理办法》开始实施，该办法的出台是为了进一步加强网络安全等级保护测评机构管理、规范测评行为、提升测评能力和质量、保障国家网络安全等级保护制度深入贯彻实施。本《办法》共4章，50条，其主要内容包括测评机构申请、测评机构和测评人员管理及监督管理。

该办法明确等级测评工作是指测评机构依据国家网络安全等级保护制度规定，按照有关管理规范和技术标准，对已定级备案的非涉及国家秘密的网络（含信息系统、数据资源等）的安全保护状况进行监测评估的活动。该办法指出测评机构是依据国家网络安全等级保护制度规定，符合本办法所规定的基本条件，经省级以上网络安全等级保护工作领导（协调）小组办公室审核推荐，从事等级测评工作的机构。

该办法规定了申请测评机构应具备的具体条件：（1）在中华人民共和国境内注册成立，由中国公民、法人投资或者国家投资的企事业单位；（2）产权关系明晰，注册资金500万元以上，独立经营核算，无违法违规记录；（3）从事网络安全服务两年以上，具备一定的网络安全检测评估能力；（4）法人、主要负责人、测评人员仅限中华人民共和国境内的中国公民，且无犯罪记录；（5）具有网络安全相关工作经历的技术和管理人员不少于15人，专职渗透测试人员不少于2人，岗位职责清晰，且人员相对稳定；（6）具有固定的办公场所，配备满足测评业务需要的检测评估工具、实验环境等；（7）具有完备的安全保密管理、项目管理、质量管理、人员管理、档案管理和培训教育等规章制度；（8）不涉及网络安全产品开发、销售或信息系统安全集成等可能影响测评结果公正性的业务（自用除外）；（9）应具备的其他条件。

同时，该办法要求测评机构采取管理和技术措施保护测评活动中相关数据和信息的安全，不得泄露在测评服务中知悉的商业秘密、重要敏感信息和个人信

---

〔1〕参见《〈国家关键信息基础设施安全保护条例〉将出台》，载中证网：http://www.cs.com.cn/xwzx/hg/201809/t20180904_5868236.html，最后访问日期：2018年12月6日。

息;未经等网络安全等级保护工作领导(协调)小组办公室同意,不得擅自发布、披露在测评服务中收集掌握的网络信息、系统漏洞、恶意代码、网络攻击等信息。

(四)个人信息和数据保护配套规定

2018年3月17日,国务院办公厅制定的《科学数据管理办法》开始实施,该办法的出台是为了进一步加强和规范科学数据管理,保障科学数据安全,提高开放共享水平,更好支撑国家科技创新、经济社会发展和国家安全。该办法明确了我国科学数据管理的总体原则、主要职责、数据采集汇交与保存、共享利用、保密与安全等方面内容,着重从五个方面提出了具体管理措施:一是明确各方职责分工,强化法人单位主体责任,明确主管部门职责,体现"谁拥有、谁负责""谁开放、谁受益"。二是按照"分级分类管理,确保安全可控"的原则,主管部门和法人单位依法确定科学数据的密级及开放条件,加强科学数据共享和利用的监管。三是加强知识产权保护,对科学数据使用者和生产者的行为进行规范,体现对科学数据知识产权的尊重。四是要求科技计划项目产生的科学数据进行强制性汇交,并通过科学数据中心进行规范管理和长期保存,加强数据积累和开放共享。五是提出法人单位要在岗位设置、绩效收入、职称评定等方面建立激励机制,加强科学数据管理能力建设。

2018年11月30日,公安部网络安全保卫局公布了《互联网个人信息安全保护指引(征求意见稿)》,该指引(征求意见稿)由北京市网络行业协会、北京邮电大学和公安部第三研究所相关专家研究起草。该指引(征求意见稿)由范围、规范性引用文件、术语和定义、管理机制、技术措施和业务流程六个部分构成,其中管理机制中包括管理制度、管理机构及管理人员三部分,技术措施中包括基本要求和增强要求两部分,业务流程中包括收集、保存、应用、删除、第三方委托处理、共享和转让、公开披露及应急处置八部分。该指引(征求意见稿)规定了个人信息安全保护的管理机制、安全技术措施和业务流程安全,适用于指导个人信息持有者在个人信息生命周期处理过程中开展安全保护工作,也适用于网络安全监管职能部门依法进行个人信息保护监督检查时参考使用。该指引(征求意见稿)明确了个人信息包括姓名、出生日期、身份证件号码、个人生物识别信息、住址、通信通讯联系方式、通信记录和内容、账号密码、财产信息、征信信息、行踪轨迹、住宿信息、健康生理信息、交易信息等；指出了个人信息的生命周期为个人信息主体收集、保存、使用、委托处理、共享、转让和公开披露、销毁个人信息在内的全部生命历程。

（五）网络信息内容管理配套规定

2018 年 3 月 20 日，国家网信办制定的《微博客信息服务管理规定》开始实施，该规定的出台是为了促进微博客信息服务健康有序发展，保护公民、法人和其他组织的合法权益，维护国家安全和公共利益。该规定共 18 条，包括微博客服务提供者主体责任、真实身份信息认证、分级分类管理、辟谣机制、行业自律、社会监督及行政管理等条款。该规定明确国家网信办负责全国微博客信息服务的监督管理执法工作，地方互联网信息办公室依据职责负责本行政区域内的微博客信息服务的监督管理执法工作。该规定要求微博客提供者应当落实信息内容安全管理主体责任，建立健全各项管理制度，具有安全可控的技术保障和防范措施，配备与服务规模相适应的管理人员。国家互联网信息办公室相关负责人特别强调，微博客服务提供者应当按照该规定，切实履行职责和义务，自觉接受社会公众和行业的监督，积极营造清朗的网络空间。[1]

2018 年 11 月 30 日，国家网信办和公安部制定的《具有舆论属性或社会动员能力的互联网信息服务安全评估规定》开始实施，该规定的出台是为了加强对具有舆论属性或社会动员能力的互联网信息服务和相关新技术新应用的安全管理，规范互联网信息服务活动，维护国家安全、社会秩序和公共利益。该规定共 17 个条款，明确了具有舆论属性或社会动员能力的互联网信息服务是指：开办论坛、博客、微博客、聊天室、通讯群组、公众账号、短视频、网络直播、信息分享、小程序等信息服务或者附设相应功能；开办提供公众舆论表达渠道或者具有发动社会公众从事特定活动能力的其他互联网信息服务。该规定要求互联网信息服务提供者开展安全评估，应当对信息服务和新技术新应用的合法性，落实法律、行政法规、部门规章和标准规定的安全措施的有效性，防控安全风险的有效性等情况进行全面评估，并重点评估：确定与所提供服务相适应的安全管理负责

---

〔1〕 参见《国家网信办发布〈微博客信息服务管理规定〉》，载新浪网：http://tech.sina.com.cn/i/2018-02-02/doc-ifyreyvz8434600.shtml，最后访问日期：2018 年 11 月 30 日。

人、信息审核人员或者建立安全管理机构的情况;用户真实身份核验以及注册信息留存措施;对用户的账号、操作时间、操作类型、网络源地址和目标地址、网络源端口、客户端硬件特征等日志信息,以及用户发布信息记录的留存措施;对用户账号和通讯群组名称、昵称、简介、备注、标识,信息发布、转发、评论和通讯群组等服务功能中违法有害信息的防范处置和有关记录保存措施;个人信息保护以及防范违法有害信息传播扩散、社会动员功能失控风险的技术措施;建立投诉、举报制度,公布投诉、举报方式等信息,及时受理并处理有关投诉和举报的情况;建立为网信部门依法履行互联网信息服务监督管理职责提供技术、数据支持和协助的工作机制的情况;建立为公安机关、国家安全机关依法维护国家安全和查处违法犯罪提供技术、数据支持和协助的工作机制的情况。该规定指出安全评估报告应包含以下四项内容:互联网信息服务的功能、服务范围、软硬件设施、部署位置等基本情况和相关证照获取情况;安全管理制度和技术措施落实情况及风险防控效果;安全评估结论;其他应当说明的相关情况。

(六)网络产品和服务管理规定

2018 年 3 月 1 日,交通运输部印发的《网络预约出租汽车监管信息交互平台运行管理办法》开始实施。该办法共 6 章,27 条,主要内容包括网约车监管信息交互平台数据传输、运行维护及数据质量测评等工作。该办法对网约车监管信息交互平台在不同方面均提出了要求,在数据传输方面,要求各城市交通运输主管部门通过网约车监管信息交互平台及时录入网约车平台公司、车辆、驾驶员相关许可信息,将运政信息系统与网约车监管信息交互平台对接,实时传输更新相关许可信息;在传输质量方面,要求网约车平台公司保证传输数据的完整性、规范性、及时性、真实性等,确保数据传输质量;在运行维护方面,要求部级、省级、城市等各级平台建立平台系统运行管理和故障应急处理机制,对系统的运行情况进行 7×24 小时的实时监测,以便发现系统故障及时处理。

2018 年 7 月 9 日,工业和信息化部制定的《工业互联网平台建设及推广指南》开始实施。该平台指南共六部分,18 个条款,主要任务包括制定标准、培育平台、推广平台、建设生态和加强管理五方面内容。

首先,制定工业互联网平台标准。《国务院关于深化"互联网 + 先进制造业”发展工业互联网的指导意见》中明确指出,“标准体系不完善”是我国工业互联网发展与发达国家相比的重要差距之一,亟须推进工业互联网平台标准制定。《工业互联网平台建设及推广指南》围绕平台标准体系建设、标准推广机制建设以及推动标准国际对接3个方面展开。一是面向工业互联网平台基础共性、关键技术和应用服务等领域,制定一批国家标准、行业标准和团体标准,建立平台标准体系;二是发挥产学研用各方和联盟协会作用,建设标准管理服务平台,开发标准符合性验证工具及解决方案,开展标准宣贯培训,形成平台标准的制定及推广机制;三是建立与德国工业4.0平台、美国工业互联网联盟的对标机制,加快国际标准的国内转化,支持标准化机构及重点企业直接参与国际标准制定,推动平台标准国际对接。

其次,培育工业互联网平台。《国务院关于深化“互联网+先进制造业”发展工业互联网的指导意见》中提出,平台培育要坚持“企业主导、市场选择、动态调整”,从政府政策和企业实践两端共同发力,推动工业互联网平台培育。《工业互联网平台建设及推广指南》围绕打造跨行业跨领域、企业级两类平台目标,面向政府和企业两类主体,提出平台培育具体举措。在政府政策方面,结合《工业互联网平台评价方法》,在地方普遍发展工业互联网平台基础上,分批分期遴选跨行业跨领域平台,组织开展工业互联网试点示范(平台方向)和平台能力成熟度评价,发布重点行业工业互联网平台推荐名录,培育一批具备独立自主运营能力的特定行业、特定区域企业级平台。在企业实践方面,整合产学研用资源,围绕边缘、平台、应用三大核心层级,通过建设设备协议开放开源社区、推动基础共性技术模型化、开发预集成平台方案等,强化平台设备管理、工业机理模型开发、应用开发支持及工业APP创新等关键能力,加快平台建设。

再次,推广工业互联网平台。当前,我国工业体系中存在大量高资源消耗、高安全风险、低利用效率的工业设备,存在大量分散割裂的企业业务系统“信息孤岛”,推动重点工业设备上云、企业业务系统上云,是有效推动工业企业上云的切入点,是实现平台应用推广的关键抓手。《工业互联网平台建设及推广指南》围绕重点工业设备上云、企业业务系统上云、培育平台应用新模式新业态三个方面,提出平台应用推广的推进方向。

又次,建设工业互联网平台生态。《工业互联网平台建设及推广指南》提出平台试验测试、开发者社区和新型服务体系三方面生态建设重点。一是针对平台技术、产品和商业模式不完善的问题,构建工业互联网平台试验测试体系,通过全场景大规模的试验测试,寻求最佳技术和产品路线,加速平台核心技术研发和成果转化,提升平台技术和商业成熟度。二是针对平台解决方案或工业 APP 创新能力不足的现状,建设工业互联网平台开发者社区,形成集体开发、合作创新与人才评价相结合的研发机制,培育工业 APP 开发者人才队伍。三是面向企业接入平台后认证需求从线下发展到线上的趋势,构建新型平台服务体系,探索基于平台的知识产权激励和保护机制,完善企业资质、产品质量和服务能力线上认证体系,推动制造技术、知识和能力的共享交易。

最后,加强工业互联网平台管理。《工业互联网平台建设及推广指南》针对平台互联互通、平台运营监测、平台安全隐患等问题,提出加强平台管理的具体举措。一是推动平台间数据与服务互联互通,通过制定相关规范和准则构建公平、有序、开放的平台发展环境,实现功能模块在不同平台间可部署、可调用、可订阅,避免 PaaS(platform - as - a - service)平台企业被 IaaS(infrastructure - as - a - service)企业所绑定;二是开展平台运营分析与动态监测,加强对平台发展情况、新技术应用和工业大数据共享交易的监测分析,定期发布工业 APP 订阅榜、平台用户地图,细分行业产能分布数字地图等统计成果,实时、动态监测工业互联网平台整体运行情况;三是完善平台安全保障体系,加快政策法规制定和国家工业信息安全综合保障平台建设,提升安全态势感知、漏洞发现等能力,防范安全事故发生,强化企业平台安全主体责任。[1]

2018 年 7 月 9 日,工信部制定的《工业互联网平台评价方法》开始实施。该评价方法重点包括平台基础共性能力要求、特定行业平台能力要求、特定领域平台能力要求、特定区域平台能力要求、跨行业跨领域平台能力要求五个部分。

该评价方法的主要内容为以下三个方面:

一是基础共性能力要求。工业互联网平台向下连接海量工业设备,向上对接面向各类工业场景的优化应用,发挥着工业资源汇聚和配置的关键作用。该评价

〔1〕《〈工业互联网平台建设及推广指南〉解读》,载中华人民共和国工业和信息化部网:http://www.miit.gov.cn/n1146295/n1652858/n1653018/c6266467/content.html,最后访问日期:2018 年 12 月 3 日。

方法的基础共性要求主要考虑平台作为“工业操作系统”的定位,即对设备、软件、用户、开发者、数据等不同要素的管理与服务能力,同时考虑了平台的基础技术和投入产出要求。其中,平台资源管理和应用服务,重点包括设备接入、软件部署、用户和开发者管理、数据管理、存储计算服务、应用开发服务、平台间调用服务、安全防护服务和新技术服务共 9 个子项;平台基础技术和投入产出能力,涵盖了平台架构设计、关键技术、研发投入、产出效益、应用效果和质量审计共 6 方面内容。

二是特定行业、特定领域、特定区域平台能力要求。该评价方法在基础共性能力要求基础上,面向特定行业平台的特殊要求,重点围绕设备接入、软件部署、用户覆盖 3 个方面提出量化指标,明确工业互联网平台在某一特定行业的规模化应用能力;面向特定领域平台,重点围绕研发、制造、服务 3 个核心生产环节,即平台应用的 3 个核心领域,提出具体要求,强调平台关键数据打通能力和关键领域优化能力,明确工业互联网平台在某一特定领域的应用能力;面向特定区域平台,重点考虑平台在地方落地与应用推广能力,提出涵盖地方合作、资源协同、规模推广 3 个方面要求,明确工业互联网平台在某一特定区域的规模化应用能力。

三是跨行业跨领域平台能力要求。该评价方法在基础共性能力要求基础上,综合特定行业、特定区域、特定领域平台能力要求,围绕跨行业、跨领域、跨区域、开放运营及安全可靠 5 个能力,重点对跨行业跨领域工业互联网平台的行业、领域、区域覆盖数量提出了要求。其中,有效行业须满足行业设备接入、软件部署和用户服务的数量要求;有效领域须满足某一环节专用软件部署的数量要求,以及具备不同领域的数据打通要求;有效区域须满足用户服务的数量要求,并具有在区域内运营的实体。此外,跨行业跨领域平台还需要具备开放运营、安全可靠能力,能够具有国际影响力,引领带动我国工业互联网发展。[1]

(七)网络安全实践应急响应规定

网络安全事件应急响应是关键信息基础设施保护制度和网络安全等级保护

〔1〕《〈工业互联网平台评价方法〉解读》,载中华人民共和国工业和信息化部网:http://www.miit.gov.cn/n1146295/n1652858/n1653018/c6266461/content.html,最后访问日期:2018 年 12 月 3 日。

制度的重要内容。2017 年,根据现实情况的紧迫需要,我国制定了多个应急预案,如《国家网络安全事件应急预案》《工业控制系统信息安全事件应急管理工作指南》《公共互联网网络安全突发事件应急预案》等。故而,在 2018 年的立法工作中,对此便并未涉及。

(八)网络安全其他方面规定

2018 年 1 月 1 日,工业和信息化部根据《网络安全法》、全国人民代表大会常务委员会《关于加强网络信息保护的决定》《中华人民共和国电信条例》等有关法律法规和工业和信息化部职责制定的《公共互联网网络安全威胁监测与处置办法》开始施行。当今,互联网已经与整个社会融为一体,线上线下的边界正在消失,网络空间的任何安全问题,都会直接影响到社会正常运转。360 集团董事长周鸿祎说:“不管我们是否做好准备,‘大安全’时代已经来了,加强公共互联网网络安全威胁监测刻不容缓。”该办法的生效将有助于应对复杂的网络安全形势,进一步加强和规范公共互联网网络安全威胁监测与处置工作、消除安全隐患、制止攻击行为、避免危害发生、降低安全风险、维护网络秩序和公共利益、保护公民、法人和其他组织的合法权益。

2018 年 4 月 28 日,国务院办公厅就促进“互联网 + 医疗健康”发展提出《关于促进“互联网 + 医疗健康”发展的意见》。该意见主要有三个方面的内容:一是健全“互联网 + 医疗健康”服务体系。从发展“互联网 + ”医疗服务、创新“互联网 + ”公共卫生服务、优化“互联网 + ”家庭医生签约服务、完善“互联网 + ”药品供应保障服务、推进“互联网 + ”医保结算服务、加强“互联网 + ”医学教育和科普服务、推进“互联网 + ”人工智能应用服务七个方面,推动互联网与医疗健康服务融合,涵盖医疗、医药、医保“三医联动”诸多方面。二是完善“互联网 + 医疗健康”支撑体系。从加快实现医疗健康信息互通共享、健全“互联网 + 医疗健康”标准体系、提高医院管理和便民服务水平、提升医疗机构基础设施保障能力、及时制订完善相关配套政策等五方面,提出了有关具体举措。三是加强行业监管和安全保障,对强化医疗质量监管和保障数据信息安全作出明确规定,保障“互联网 + 医疗健康”规范有序发展。这次意见的出台,主要是着眼于目标导向、问题导向、需求导向,对社会比较关注、各方迫切希望解决的问题作了回应。[1]

2018 年 4 月 28 日，工信部办公厅发布《关于深入推进互联网网络接入服务市场清理规范工作的通知》决定将互联网网络接入服务市场清理规范工作时间延长至 2019 年 3 月 31 日。该通知共 6 个条款，要求各互联网网络接入服务企业要进一步提升法律意识，全面深入开展自查，规范自身经营服务行为，切实做到守法合规经营。该通知明确了各通信管理局按照“属地负责、逐一过关”的原则，加强跨地域协作，逐一核查违规线索，分类处理相关企业，采取针对性措施，督促企业合法合规经营。对拒不整改的要依法予以查处，并纳入信用管理机制实施惩戒。

2018 年 5 月 1 日，根据《邮政法》和其他有关法律，国务院制定的《快递暂行条例》开始施行，该条例共八章，48 条，是我国第一部专门针对快递业的行政法规，从制度层面奠定了快递业高质量发展的基础。该条例明确快件收寄规则、投递规则；细化无法投递、无法退回快件的处理规则和快件损失赔偿规则；专门规定用户个人信息保护制度，对于出售、泄露或者非法提供快递服务过程中知悉的用户信息等违法行为，规定了严格的法律责任。为保护寄件人的隐私，该条例中特别规定，经营快递业务的企业应当建立快递运单及电子数据管理制度，妥善保管用户信息等电子数据，定期销毁快递运单，采取有效技术手段保证用户信息安全。

2018 年 7 月 12 日，国家卫生健康委员会制定《国家健康医疗大数据标准、安全和服务管理办法（试行）》开始施行，该试行办法共六章，41 个条款。健康医疗大数据是国家重要的基础性战略资源，健康医疗大数据的安全关系到国家战略安全、国家生物安全、人民生命安全和公民个人隐私安全。该试行办法既突出了健康医疗大数据安全和应用管理责任单位的主体责任，又突出了监管单位的监管责任。关于责任单位的主体责任方面，一是责任单位要落实“一把手”负责制，建立健全健康医疗大数据相关管理与使用制度，强化统筹管理和协调监督。二是责任单位要严格落实网络安全等级保护制度，建立健全实名认证访问控制机制、网络安全通报机制和应急处置联动机制，切实加强容灾备份、加密认证、准

[1] 《〈关于促进“互联网＋医疗健康”发展的意见〉政策解读》，载中华人民共和国中央人民政府网：http://www.gov.cn/zhengce/2018-04/28/content_5286786.htm，最后访问日期：2018 年 12 月 3 日。

确恢复等安全保障措施,定期对相关信息系统开展定级、备案和测评工作。三是人才培养方面,责任单位应建立健全安全管理人才培养机制,为相关从业人员培训安全管理所需的知识和技能,为健康医疗大数据应用发展提供人才保障。关于监管单位的监管责任方面,监管单位要建立健全健康医疗大数据安全管理工作责任追究制度,完善软件评价和安全审查保密制度,定期开展健康医疗大数据应用的安全监测评估,切实保障健康医疗大数据安全。[1]

2018 年 11 月 1 日,公安部制定的《公安机关互联网安全监督检查规定》开始施行,该规定由总则、监督检查对象和内容、监督检查程序、法律责任、附则五个章节组成,共 29 个条款,主要内容包括:

(1)适用范围。该规定适用于公安机关依法对互联网服务提供者和联网使用单位履行法律、行政法规规定的网络安全义务情况进行的安全监督检查。

(2)监督检查对象和内容。监督检查的对象包括:提供互联网接入、互联网数据中心、内容分发、域名服务的,提供互联网信息服务的,提供公共上网服务的以及提供其他互联网服务的。监督检查的内容包括:是否办理联网单位备案手续,并报送接入单位和用户基本信息及其变更情况;是否制定并落实网络安全管理制度和操作规程,确定网络安全负责人;是否依法采取记录并留存用户注册信息和上网日志信息的技术措施;是否采取防范计算机病毒和网络攻击、网络侵入等技术措施;是否在公共信息服务中对法律、行政法规禁止发布或者传输的信息依法采取相关防范措施;是否按照法律规定的要求为公安机关依法维护国家安全、防范调查恐怖活动、侦查犯罪提供技术支持和协助;是否履行法律、行政法规规定的网络安全等级保护等义务。

(3)监督检查程序。公安机关开展互联网安全监督检查,可以采取现场监督检查或者远程检测的方式进行。公安机关开展互联网安全现场监督检查时,人民警察不得少于 2 人,并应当出示人民警察证和县级以上地方人民政府公安机关出具的监督检查通知书。公安机关开展远程检测,应当事先告知监督检查对象检查时间、检查范围等事项或者公开相关检查事项,不得干扰、破坏监督检

---

〔1〕《〈国家健康医疗大数据标准、安全和服务管理办法(试行)〉解读稿》,载规划发展与信息化司:http://www.nhfpc.gov.cn/guihuaxxs/s10742/201809/51c0aa2c1bb04692b182b31d0e3acb7f.shtml,最后访问日期:2018 年 12 月 3 日。

查对象网络的正常运行。

(4)法律责任。未制定并落实网络安全管理制度和操作规程,未确定网络安全负责人的,依照《网络安全法》第59条第1款的规定予以处罚;未采取防范计算机病毒和网络攻击、网络侵入等危害网络安全行为的技术措施的,依照《网络安全法》第59条第1款的规定予以处罚;未采取记录并留存用户注册信息和上网日志信息措施的,依照《中华人民共和国网络安全法》第59条第1款的规定予以处罚;在提供互联网信息发布、即时通讯等服务中,未要求用户提供真实身份信息,或者对不提供真实身份信息的用户提供相关服务的,依照《网络安全法》第61条的规定予以处罚;在公共信息服务中对法律、行政法规禁止发布或者传输的信息未依法或者不按照公安机关的要求采取停止传输、消除等处置措施、保存有关记录的,依照《网络安全法》第68条或者第69条第1项的规定予以处罚;拒不为公安机关依法维护国家安全和侦查犯罪的活动提供技术支持和协助的,依照《网络安全法》第69条第3项的规定予以处罚。

二、年度观察和展望

(一)完善网络安全相关配套法律法规

在打击网络乱象、监管行业生态时,法律强制措施诸如查封扣押、关停网站等,确实能对一些企业起到惩罚性、威慑性的作用,达到立竿见影的效果,然而仅仅依靠这种措施常常治标不治本,也容易引发其他问题。对此,需要以法治为手段,全方位、多维度构建互联网法律法规体系,可从以下几个方面着手:首先,围绕《网络安全法》的立法精神和内容,针对互联网领域的各个行业制定专门的法律法规,提高层级效力,为治理工作提供权威性、统一性的法律依据。例如,细化实名制的有关规定,明确网络运营者是否都承担核实网络实名制的义务,明确承担实名制审查义务的网络运营者的范围以及标准,明确实名制审核的具体要求是形式审查还是实质审查等。其次,通过出台一系列配套细则,确立监管的裁量标准、管控的审查标准、存在的例外情况等,统一行政处罚、行政强制的相关程序,进一步规范有关部门的职权行使工作。最后,通过培养和引进高素质、专业化人才,加强执法队伍建设,并增进与相关行业组织、企业的交流,健全警示约谈的常态机制,以降低司法成本,提高监管效能。

(二)明确网络安全监管的权限与责任

对于互联网失序现象,国家的执法、司法行为具有权威性、强制性,能快速有效地惩治犯罪分子,管控不当行为。然而,这种手段需严格依法行使,限定在合理且必要的框架内,倘若权力失衡,出现滥用权力或玩忽职守的现象,反而会引发更多弊端,难以实现互联网的"良治"。对此,应当强调政府违法监管行为的法律责任,并拓宽对政府监管工作的监督渠道,为民众提供反馈、建议、投诉的日常平台。与此同时,还需积极建立政府违法监管的救济机制,对因错误监管而遭受权益侵害的组织、企业和个人采取事后补救措施。其中,最为关键的是在法律层面确保侵权救济得以开展,应当将政府违法监管导致主体权益受损的事项纳入行政诉讼的受案范围,同时纳入国家赔偿的范围,并通过立法进一步明确救济的对象、条件、结果及例外情形等内容,从而保障受侵害人的法定权益,维护政府在互联网监管事业上的良好形象,促进网络产业健康有序发展。

(三)逐步构建法律法规制定检讨机制

当前在互联网领域,往往是先产生新思维、新技术、新业态,以及相伴而生的一些需要规制和管理的问题,而后再出现国家的回应,包括对此的政策法律和行业标准。而且,相较于执法检查、打击严处等具体措施的开展,法律法规的制定所具有的滞后性更为凸显。尽管,任何法律法规都难以避免这种滞后性,但我们可以通过构建法律法规制定检讨机制,以缩短制定现状与现实需求之间的距离。比如,不定期开展关于法律法规落实状况的相关调研,评估法律的实施效果及可完善的空间,收集各方对于监管立法的反馈意见和实际需求,梳理出有价值的检讨方案,为有关法律的制定和修正、网络监管法律体系的构建和完善提供可参考的依据。

行业标准篇

360 集团法律研究院

《网络安全法》实施之后，与网络安全相关的国家标准受到越来越多企业的关注及重视，但这类国家标准数量庞大且查找不便，基于此，本篇特将 2018 年发布的有关网络安全的国家标准进行整理、汇总。

一、2018 年与网络安全相关的国家标准

（一）网络安全等级保护

表 4　网络安全等级保护国家标准（正式发布）

标准名称	标准号	类别	发布机关	实施日期	状态
《信息安全技术、网络安全等级保护测试评估技术指南》	GB/T 36627 – 2018	推标	国家市场监督管理总局、国家标准化管理委员会	2019 年 4 月 1 日	现行有效

表 5　网络安全等级保护国家标准（征求意见稿）

标准名称	发布机关	发布日期
《信息安全技术、网络安全等级保护定级指南》（征求意见稿）	全国信息安全标准化技术委员会	2018 年 1 月 19 日

2018 年 1 月 19 日，全国信息安全标准化技术委员会发布关于《信息安全技

术 网络安全等级保护定级指南(征求意见稿)》(以下称《定级指南》)向社会广泛征求意见的通知,这意味着《网络安全法》所确立的网络安全等级保护制度在定级的原理、对象以及程序等多方面有了具体的实施依据。相较第一稿,最新版的《定级指南》更加注重与《网络安全法》及其配套法规的衔接,在大体框架不变的前提下以《网络安全法》为基准对部分术语进行了修改,为网络运营者提供了相应的操作指引。[1]

2018 年 9 月 17 日,由公安部第三研究所(国家网络与信息系统安全产品质量监督检验中心)负责牵头,中国信息安全研究院有限公司、上海市信息安全测评认证中心、中国电子技术标准化研究院、中国网络安全审查技术与认证中心(原中国信息安全认证中心)等单位共同参与制定的国家标准 GB/T 36627 – 2018《信息安全技术、网络安全等级保护测试评估技术指南》获得正式发布。作为网络安全等级保护标准体系中的一个重要内容,该标准应用范围广泛、意义重大,为网络安全监管职能部门、等级保护对象的主管单位、运营单位、网络安全服务商、测评机构等相关单位开展网络安全等级保护测评和安全监督检查工作提供了科学依据和技术指导;为继续推进网络安全等级保护标准体系建设、支撑等被保护测评工作奠定坚实的基础。[2]

(二)网络关键设备、网络安全专用产品

表 6 网络关键设备、网络安全专用产品国家标准(正式发布)

标准名称	标准号	类别	发布机关	实施日期	状态
《信息技术、安全技术信息安全管理体系、概述和词汇》	GB/T 29246 – 2017	推标	全国信息安全标准化技术委员会	2018 年 7 月 1 日	现行有效
《信息安全技术、网站可信标识技术指南》	GB/T 35287 – 2017	推标	全国信息安全标准化技术委员会	2018 年 7 月 1 日	现行有效

〔1〕 参见《对比解读〈信息安全技术、网络安全等级保护定级指南〉》,载搜狐网:https://www.sohu.com/a/219068849_468622,最后访问日期:2018 年 12 月 29 日。

〔2〕 参见《国家标准〈信息安全技术、网络安全等级保护测试评估技术指南〉成功发布》,载国家网安检测中心服务号:https://mp.weixin.qq.com/s/9sXGjtlS5APvUoo3TSWVMA,最后访问日期:2018 年 12 月 29 日。

续表

标准名称	标准号	类别	发布机关	实施日期	状态
《信息安全技术、网站身份和系统安全要求与评估方法》	GB/T 35284 - 2017	推标	全国信息安全标准化技术委员会	2018 年 7 月 1 日	现行有效
《信息安全技术、移动互联网应用服务器安全技术要求》	GB/T 35281 - 2017	推标	全国信息安全标准化技术委员会	2018 年 7 月 1 日	现行有效
《信息安全技术、云计算服务安全能力评估方法》	GB/T 34942 - 2017	推标	全国信息安全标准化技术委员会	2018 年 5 月 1 日	现行有效

表 7　网络关键设备、网络安全专用产品国家标准（征求意见稿）

标准名称	发布机关	发布日期
《信息技术、安全技术、信息安全管理体系审核和认证机构要求》（征求意见稿）	全国信息安全标准化技术委员会	2018 年 1 月 19 日
《信息安全技术、防火墙安全技术要求和测试评价方法》（征求意见稿）	全国信息安全标准化技术委员会	2018 年 6 月 11 日
《信息技术、安全技术、网络安全、第 1 部分：综述和概念》（征求意见稿）	全国信息安全标准化技术委员会	2018 年 6 月 11 日
《信息技术、安全技术、网络安全、第 2 部分：网络安全设计和实现指南》（征求意见稿）	全国信息安全标准化技术委员会	2018 年 6 月 11 日
《信息安全技术、可信计算体系结构（征求意见稿）》	全国信息安全标准化技术委员会	2018 年 6 月 11 日

（三）关键信息基础设施保护

表 8　关键信息基础设施保护国家标准（征求意见稿）

标准名称	发布机关	发布日期
《信息安全技术、关键信息基础设施安全控制措施》（征求意见稿）	全国信息安全标准化技术委员会	2018 年 6 月 11 日
《信息安全技术、关键信息基础设施网络安全保护要求》（征求意见稿）	全国信息安全标准化技术委员会	2018 年 6 月 11 日

2018年6月11日,全国信息安全标准化技术委员会秘书处发布了《信息安全技术、关键信息基础设施网络安全保护要求》(征求意见稿),标准规定了关键信息基础设施网络安全保护在识别认定、安全防护、检测评估、监测预警、应急处置等环节的基本要求,适用于关键信息基础设施的规划设计、开发建设、运行维护、退出废弃等阶段。该标准以《关键信息基础设施网络安全框架》作为基础标准,阐明构成框架的基本要素及其关系,统一通用术语和定义;作为基线类标准,该标准对关键信息基础设施运营者开展网络安全保护工作提出最低要求;《关键信息基础设施安全控制措施》作为实施类标准,根据基本要求提出相应的控制措施;《关键信息基础设施安全检查评估指南》作为测评类标准,依据基本要求明确关键信息基础设施检查评估的目的、流程、内容和结果;《关键信息基础设施安全保障指标体系》作为测评类标准,依据检查评估结果、日常安全检测等情况对关键信息基础设施安全保障状况进行定量评价。

(四)个人信息安全保护

表9　个人信息安全保护国家标准(正式发布)

标准名称	标准号	类别	发布机关	实施日期	状态
《信息安全技术、网络用户身份鉴别技术指南》	GB/T 36633－2018	推标	国家市场监督管理总局、国家标准化管理委员会	2019年4月1日	现行有效
《信息安全技术、数字签名应用安全证明获取方法》	GB/T 36644－2018	推标	国家市场监督管理总局、国家标准化管理委员会	2019年4月1日	现行有效
《信息安全技术、公民网络电子身份标识安全技术要求、第1部分:读写机具安全技术要求》	GB/T 36629.1－2018	推标	国家市场监督管理总局、国家标准化管理委员会	2019年5月1日	现行有效
《信息安全技术、公民网络电子身份标识安全技术要求、第2部分:载体安全技术要求》	GB/T 36629.2－2018	推标	国家市场监督管理总局、国家标准化管理委员会	2019年5月1日	现行有效

续表

标准名称	标准号	类别	发布机关	实施日期	状态
《信息安全技术、公民网络电子身份标识格式规范》	GB/T 36632－2018	推标	国家市场监督管理总局、国家标准化管理委员会	2019 年 5 月 1 日	现行有效
《信息安全技术、基于可信环境的生物特征识别身份鉴别协议框架》	GB/T 36651－2018	推标	国家市场监督管理总局、国家标准化管理委员会	2019 年 5 月 1 日	现行有效
《信息安全技术、个人信息安全规范》	GB/T 35273－2017	推标	全国信息安全标准化技术委员会	2018 年 5 月 1 日	现行有效

表 10　个人信息安全保护国家标准(征求意见稿)

标准名称	发布机关	发布日期
《信息安全技术、个人信息安全影响评估指南》(征求意见稿)	全国信息安全标准化技术委员会	2018 年 6 月 11 日

2018 年 6 月 11 日,全国信息安全标准化技术委员会发布国家标准《信息安全技术、个人信息安全影响评估指南》(征求意见稿)(以下简称《个人信息安全影响评估指南》)。标准主要内容分为 6 个章节,分别针对个人信息安全影响评估的原理和框架、评估流程、评估的具体实施方式进行了详细的说明,资料性附录中给出了评估过程使用的判定准则和工具表。《个人信息安全影响评估指南》的编制遵循先进性、开放性、适应性、简明性、中立性、一致性的原则,是《个人信息安全规范》的配套标准。《个人信息安全影响评估指南》的核心思路是针对个人信息处理活动,评估可能对个人权益造成的影响以及风险。影响主要包括四个方面:一是影响个人自主决定权,比如被强迫执行不愿执行的操作、无法更正错误上传的个人信息、无法选择推送广告的种类、被蓄意推送影响个人价值观判断的资讯;二是引发差别性待遇,比如隐私信息(疾病、婚史、种族等)泄露造成的歧视、故意设置个人福利、资格、权利的差别等;三是个人名誉受损或遭受精神压力,比如公开不愿为人知的事实(生活习惯、以往经历等),被频繁骚扰、监视追踪等;四是个人财产受损或遭受人身伤害,比如账户被盗、遭受诈骗、被勒索恐吓、限制自由等。《个人信息安全影响评估指南》规定了个人信息安全影响

评估的基本概念、框架、方法和流程,并提出了特定场景下进行评估的具体方法。适用于各类组织自行开展个人信息安全影响评估工作。同时为国家主管部门、第三方测评机构等开展个人信息安全监管、检查、评估等工作提供的指导和依据。[1]

(五)密码产品

表 11　密码产品国家标准(正式发布)

标准名称	标准号	类别	发布机关	实施日期	状态
《信息安全技术、证书认证系统密码及其相关安全技术规范》	GB/T 25056 - 2018	推标	国家市场监督管理总局、国家标准化管理委员会	2019 年 1 月 1 日	现行有效
《信息安全技术、密码设备应用接口规范》	GB/T 36322 - 2018	推标	国家市场监督管理总局、国家标准化管理委员会	2019 年 1 月 1 日	现行有效

表 12　密码产品国家标准(征求意见稿)

标准名称	发布机关	发布日期
《信息安全技术、电子文件密码应用指南》(征求意见稿)	全国信息安全标准化技术委员会	2018 年 6 月 11 日

(六)公钥标准

表 13　公钥标准国家标准(正式发布)

标准名称	标准号	类别	发布机关	实施日期	状态
信息安全技术、公钥基础设施、数字证书格式	GB/T 20518 - 2018	推标	国家市场监督管理总局、国家标准化管理委员会	2019 年 1 月 1 日	现行有效

[1] 参见《〈信息安全技术、个人信息安全影响评估指南〉发布》,载百家号:https://baijiahao.baidu.com/s? id =1604213577748353620,最后访问日期:2018 年 11 月 30 日。

（七）移动智能终端

表 14　移动智能终端国家标准（正式发布）

标准名称	标准号	类别	发布机关	实施日期	状态
《信息安全技术、移动智能终端个人信息保护技术要求》	GB/T 34978－2017	推标	全国信息安全标准化技术委员会	2018 年 5 月 1 日	现行有效
《信息安全技术、移动终端安全保护技术要求》	GB/T 34978－2017	推标	全国信息安全标准化技术委员会	2018 年 5 月 1 日	现行有效
《信息安全技术、移动智能终端数据存储安全技术要求与测试评价方法》	GB/T 34977－2017	推标	全国信息安全标准化技术委员会	2018 年 5 月 1 日	现行有效
《信息安全技术、移动智能终端操作系统安全技术要求和测试评价方法》	GB/T 34976－2017	推标	全国信息安全标准化技术委员会	2018 年 5 月 1 日	现行有效
《信息安全技术、移动智能终端应用软件、安全技术要求和测试评价方法》	GB/T 34975－2017	推标	全国信息安全标准化技术委员会	2018 年 5 月 1 日	现行有效
《信息安全技术、移动终端安全保护技术要求》	GB/T 35278－2017	推标	全国信息安全标准化技术委员会	2018 年 7 月 1 日	现行有效

表 15　移动智能终端国家标准（征求意见稿）

标准名称	发布机关	发布日期
《信息安全技术、移动通信智能终端操作系统安全技术要求》（征求意见稿）	全国信息安全标准化技术委员会	2018 年 6 月 11 日
《信息安全技术、移动智能终端安全技术要求及测试评价方法》（征求意见稿）	全国信息安全标准化技术委员会	2018 年 6 月 11 日

2018 年 6 月 11 日，全国信息安全标准化技术委员会秘书处发布了《信息安

全技术、移动智能终端安全技术要求及测试评价方法》(征求意见稿),其主要内容为以下4个方面:安全架构、安全技术要求等级、安全要求和评价方法。[1]

(八)应急事件预警、监测、处置

表16 应急事件预警、监测、处置国家标准(正式发布)

标准名称	标准号	类别	发布机关	实施日期	状态
《信息技术、安全技术、信息安全事件管理、第1部分:事件管理原理》	GB/T 20985.1-2017	推标	全国信息安全标准化技术委员会	2018年7月1日	现行有效

表17 应急事件预警、监测、处置国家标准征求意见稿

标准名称	发布机关	发布日期
《信息安全技术、恶意软件事件预防和处理指南》(征求意见稿)	全国信息安全标准化技术委员会	2018年6月11日

(九)电子证照

表18 公钥标准国家标准(正式发布)

标准名称	标准号	类别	发布机关	实施日期	状态
《电子证照、总体技术架构》	GB/T 36901-2018	推标	国家市场监督管理总局、国家标准化管理委员会	2019年1月1日	现行有效
《电子证照、目录信息规范》	GB/T 36902-2018	推标	国家市场监督管理总局、国家标准化管理委员会	2019年1月1日	现行有效
《电子证照、元数据规范》	GB/T 36903-2018	推标	国家市场监督管理总局、国家标准化管理委员会	2019年1月1日	现行有效

〔1〕 参见《〈移动智能终端安全技术要求及测试评价方法〉与TEE》,载于腾讯网:https://mp.weixin.qq.com/s?__biz=MzI1Mjg2NjkwOQ%3D%3D&idx=1&mid=2247488239&sn=e503a3235db22b4cae31222f9c6f49fd,最后访问日期:2018年12月29日。

续表

标准名称	标准号	类别	发布机关	实施日期	状态
《电子证照、标识规范》	GB/T 36904－2018	推标	国家市场监督管理总局、国家标准化管理委员会	2019年1月1日	现行有效
《电子证照、文件技术要求》	GB/T 36905－2018	推标	国家市场监督管理总局、国家标准化管理委员会	2019年1月1日	现行有效
《电子证照、共享服务接口规范》	GB/T 36906－2018	推标	国家市场监督管理总局、国家标准化管理委员会	2019年1月1日	现行有效

(十)其他与网络安全有关的国家标准

表19 其他与网络安全有关的国家标准(正式发布)

标准名称	标准号	类别	发布机关	实施日期	状态
《电信网和互联网安全服务实施要求》	YD/T 3315－2018	推标	工业和信息化部	2018年4月1日	现行有效
《信息安全技术、工业控制系统安全管理基本要求》	GB/T 36323－2018	推标	国家市场监督管理总局、中国国家标准化管理委员会	2019年1月1日	现行有效
《信息安全技术、工业控制系统信息安全分级规范》	GB/T 36324－2018	推标	国家市场监督管理总局、中国国家标准化管理委员会	2019年1月1日	现行有效
《信息安全技术、工业控制系统风险评估实施指南》	GB/T 36466－2018	推标	国家市场监督管理总局、中国国家标准化管理委员会	2019年1月1日	现行有效
《信息安全技术、工业控制系统现场测控设备通用安全功能要求》	GB/T 36470－2018	推标	国家市场监督管理总局、国家标准化管理委员会	2019年1月1日	现行有效

续表

标准名称	标准号	类别	发布机关	实施日期	状态
《信息安全技术、工业控制系统现场测控设备通用安全功能要求》	GB/T 36470－2018	推标	国家市场监督管理总局、中国国家标准化管理委员会	2019年1月1日	现行有效
《信息安全技术、电子政务移动办公系统安全技术规范》	GB/T 35282－2017	推标	全国信息安全标准化技术委员会	2018年7月1日	现行有效
《信息安全技术、大数据服务安全能力要求》	GBT 35274－2017	推标	全国信息安全标准化技术委员会	2018年7月1日	现行有效
信息安全技术、云计算安全参考架构	GBT 35279－2017	推标	全国信息安全标准化技术委员会	2018年7月1日	现行有效

表20　其他与网络安全有关的国家标准（征求意见稿）

标准名称	发布机关	发布日期
《信息安全技术、工业控制系统信息安全防护能力评价方法》（征求意见稿）	全国信息安全标准化技术委员会	2018年6月13日

二、年度观察和展望

（一）充分发挥行业标准在网络治理中的作用

2017年网络安全立法成果丰硕，但多部门立法也带来监管主体多元化、职能交叉化的特点，亟待确立相关的基本原则，以统筹引导各方监管工作的有效落实。这其中，应当恪守监管、引导和自律相结合的原则，一方面提高法律措施的针对性和强力性，切实打击网络环境中淫秽色情、暴力恐怖、哄骗欺诈等违法犯罪或其他不良行为；另一方面充分重视政府引导与行业自律的协同作用，提高主体行为的预防效能，并积极引入公众的力量，在立法和执法过程中不断吸纳公众的意见和建议，以完善网络安全法律法规体系。而在具体内容上，立法应充分体现技术中立与促进网络发展原则，合理协调政府、行业、民众等多方利益，在横向与纵向两个角度实现网络安全的法治统一。此外,随着经验积累和实践拓展,应当出台一些专门的法律规范,提高层级效力,落实具体工作,从而构建多方联动、协调有序的网络安全法治格局。

(二)行业标准的制定与实施应坚持问题导向

在党的十八届五中全会上,习近平总书记强调了“问题导向”的方法论,指出应当带着强烈的问题意识,着力补短板,解难题,以满足民众的迫切需求。在互联网领域也是如此,虽然云存储、大数据、人工智能、物联网等新业态的出现,便利和丰富了民众的生活,却也使得网络空间乱象丛生,如侵害个人信息安全的犯罪频频发生,涉及淫秽色情、暴力血腥等的内容肆意传播。对此,有关部门不能因解决难度大而坐视不管,而应以问题为导向,敏锐地发现问题,通过预先设立相应的行业标准,清醒地正视问题,积极地解决问题。

理论研究篇

360 集团法律研究院

一、2018 年重要理论研究成果概览

表 21　2018 年中国网络安全法治理论研究主要成果分类概览表

(一)网络安全法的一般问题			
出版时间	题名	作者	出版物
2018 年 8 月	《网络安全等级保护条例(征求意见稿)》之我见	姜誉	中国信息安全
2018 年 8 月	《网络安全等级保护条例(征求意见稿)》解读	郭启全	中国信息安全
2018 年 8 月	维护网络意识形态安全的法治技术模式探析	李栗燕	学术界
2018 年 7 月	网络安全审查制度研究	李璐	保密科学技术
2018 年 7 月	网络安全法实施周年顾览	本刊编辑部	中国信息安全
2018 年 7 月	网络安全法尚需全面贯彻落实——全国人大关于检查《网络安全法》实施情况的报告摘编	本刊编辑部	中国信息安全

续表

出版时间	题名	作者	出版物
2018 年 7 月	《网络安全法》实施一周年配套立法的回顾与展望	刘金瑞	中国信息安全
2018 年 7 月	《网络安全法》的新审视:回看与前瞻	原浩	中国信息安全
2018 年 7 月	《网络安全法》有效性评估及提升路径	何治乐	中国信息安全
2018 年 7 月	中国《网络安全法》的立法特色与国际影响	赵宏瑞、张春雷、汤雯雯、TIM WÖFFEN	中国信息安全
2018 年 7 月	我国网络安全法研究趋势实证分析	王玥、詹可	中国信息安全
2018 年 7 月	金融行业落实网络安全法的若干思考	袁慧萍	中国信息安全
2018 年 7 月	从强制性规范到倡导性规范:网络媒体对青少年的责任与担当——以网络安全法第十三条为中心的考察	庹继光、蹇莉	中国记者
2018 年 6 月	金融机构贯彻落实《网络安全法》路径探析	王栋	金融发展研究
2018 年 6 月	《网络安全法》中等级保护对互联网发展的意义	马忠	信息技术
2018 年 6 月	论网络安全法的基本原则	谢永江	暨南学报(哲学社会科学版)
2018 年 3 月	基于《网络安全法》的高校思政工作反思	白中英、何云峰、陈佳丽	内蒙古师范大学学报(教育科学版)
2018 年 3 月	全国人民代表大会常务委员会执法检查组关于检查《中华人民共和国网络安全法》《全国人民代表大会常务委员会关于加强网络信息保护的决定》实施情况的报告——在第十二届全国人民代表大会常务委员会第三十一次会议上	王胜俊	中国人大

续表

出版时间	题名	作者	出版物
2018 年 3 月	取消部分审批许可后的商密管理合规与《网络安全法》的若干问题	原浩	信息安全研究
2018 年 3 月	全球网络安全立法态势与趋势展望	黄道丽	信息安全与通信保密
2018 年 1 月	网络安全风险与互联网内容治理的法治化	支振锋	改革
2018 年 4 月	网络安全:均衡、主权与军控	徐纬地	信息安全与通信保密
2018 年 2 月	《中华人民共和国网络安全法》中关键词汇的定义及解析	李军、谢宗晓	中国质量与标准导报
2018 年 2 月	新形势下如何进一步在联合国框架下加强国际网络安全治理	鲁传颖	中国信息安全
2018 年 4 月	WTO 国家安全例外视角下的网络安全	谭观福	中国高校社会科学
2018 年 1 月	从三种融合角度解读《网络安全法》	范赫男、张钟	信息技术与网络安全
2018 年 1 月	筑牢网络安全坚固防线——网络安全“一法一决定”执法检查报告审议侧记	张宝山	中国人大
2018 年 3 月	美国《2018 国防授权法案》网络安全条款解读	胡晓剑	国际研究参考
2018 年 7 月	从《网络安全法》看 HTTP 协议中的明文传输	胡越	电子世界
2018 年 7 月	冲击与应对:GDPR 与《网络安全法》比较视野下的企业合规	胡文华	中国信息安全

续表

(二)关键信息基础设施保护			
出版时间	题名	作者	出版物
2018 年 10 月	大力加强关键信息基础设施保护	马忠玉	中国国情国力
2018 年 9 月	关键信息基础设施重要信息资产漏洞治理的实践和思考	陈志华、曾祥斌	中国信息安全
2018 年 5 月	发展数字经济亟待加强关键信息基础设施保护	李阳、吕欣、鲍旭华	信息安全研究
2018 年 3 月	从“永恒之蓝”事件思考构建我国关键信息基础设施保护体系	刘晓曼、杜霖、戴方芳	保密科学技术
2018 年 4 月	等级保护与关键信息基础设施保护的竞合及解决路径	马民虎、赵光	西安交通大学学报(社会科学版)
2018 年 5 月	关键信息基础设施安全保护运营措施分析与建议	高焕新、高永前	信息技术与网络安全
2018 年 8 月	医院关键信息基础设施网络安全风险评估的实践	张磊、孙亮、陈曲	中国卫生信息管理杂志
2018 年 1 月	美国基于关键基础设施的信息安全法规概述	嵇灵	科技管理研究
2018 年 6 月	《美国 IT 部门关键信息基础设施保护计划》研究及启示	赵爽、焉域政、王伟正	信息安全与通信保密
2018 年 6 月	澳大利亚关键基础设施中心设立对中企投资的影响何在?	李宁	中国对外贸易

(三)个人信息和数据保护			
出版时间	题名	作者	出版物
2018 年 1 月	税收情报自动交换中的个人数据保护问题	彭岳	法学
2018 年 11 月	综合施策为个人信息加上安全防护网	古恒英	人民政协报
2018 年 11 月	论大数据时代下我国个人信息的保护	刘邦凡、马金莲、贾丽洁	中国集体经济

续表

出版时间	题名	作者	出版物
2018 年 11 月	大数据时代个人信息保护行业自律的困境与出路	张继红	财经法学
2018 年 11 月	大数据时代知情同意原则的困境与出路——以生物资料库的个人信息保护为例	田野	法制与社会发展
2018 年 10 月	大数据时代个人信息保护策略思考	巴钧才	中国报业
2018 年 10 月	大数据时代的个人信息安全	奚嘉艺	通讯世界
2018 年 10 月	科来之道如何解决大数据安全与个人信息保护问题	成都科来软件有限公司	网络安全和信息化
2018 年 9 月	大数据时代个人数据权的特征、基本属性与内容探析	相丽玲、高倩云	情报理论与实践
2018 年 9 月	大数据背景下个人信息保护的更优规制研究	肖梦黎	当代传播
2018 年 9 月	浅析大数据时代下的个人信息安全问题	付晓琼、石恩林、王炜	中国公共安全(学术版)
2018 年 9 月	大数据时代个人信息保护研究	朱庆伟、祁晓彭、秦孜臻	电子技术与软件工程
2018 年 8 月	大数据时代侵犯公民个人信息犯罪研究	郑毓枫	广西社会科学
2018 年 8 月	浅谈大数据时代个人信息数据安全的新威胁及其保护	赵中灿	网络安全技术与应用
2018 年 8 月	对大数据时代军人个人信息安全的思考	徐小亭	国防
2018 年 7 月	大数据时代个人信息法律保护意识的调查研究	崔池阳	产业创新研究
2018 年 7 月	论大数据时代个人信息盗窃的技术手段与应对机制	何培育、王潇睿、林颖	科学管理研究

续表

出版时间	题名	作者	出版物
2018年7月	大数据背景下个人信息安全保护措施研究	赵文、水铭伟	电脑编程技巧与维护
2018年7月	大数据时代的个人信息安全研究	陈国威	网络安全技术与应用
2018年7月	大数据时代个人信息的法律保护研究	曾奎秀	中国信息化
2018年7月	大数据时代个人信息保护策略探析	苏丹、张媛、薛金丽	新闻战线
2018年6月	健康医疗大数据应用中的个人信息安全保护探讨	王丹丹、姚峥嵘、宋晨晓、严蓓蕾	现代商贸工业
2018年6月	大数据时代应通过立法强化个人信息保护	吴学安	中国质量报
2018年6月	大数据时代下的我国个人信息保护制度研究	杨婕	信息通信技术与政策
2018年6月	大数据时代个人信息安全的刑法立法与完善	李晓升	中国市场
2018年6月	大数据背景下个人信息安全保护：法律防范研究	张利平、张颖	现代商贸工业
2018年6月	大数据时代，个人信息如何才能不“裸奔”	张利娟	中国报道
2018年5月	大数据环境下个人信息保护法律问题研究	罗娇	图书馆
2018年5月	大数据时代个人信息“公共性”的法律逻辑与法律规制	孙清白、王建文	行政法学研究
2018年4月	大数据时代高校人事档案信息化建设中的个人信息隐私权保护	张丽娜	山西档案
2018年4月	大数据时代个人信息保护问题研究	刘中恺	网络空间安全

续表

出版时间	题名	作者	出版物
2018年4月	大数据时代个人信息安全问题研究	马丽伟、孟卫悦、张艳新	网络安全技术与应用
2018年4月	大数据时代个人信息保护机制的构建	张倩	电子技术与软件工程
2018年4月	大数据视角下"公民个人信息"的界定	徐雄杰、叶丹枫	中国检察官
2018年3月	论大数据时代的个人数据权利	程啸	中国社会科学
2018年3月	大数据与云计算环境下个人信息安全协同保护研究	黄岱	信息与电脑(理论版)
2018年3月	大数据时代网络个人信息的保护分析	罗坤	通讯世界
2018年3月	大数据背景下个人信息安全风险及保护措施研究	谢琦	网络安全技术与应用
2018年3月	大数据时代下如何保护个人信息	张学南、张贺勋、陈远平、吴泽江、张志伟	网络安全技术与应用
2018年3月	个人信息大数据与刑事正当程序的冲突及其调和	裴炜	法学研究
2018年3月	个人信息概念的法教义学分析——以《网络安全法》第76条第5款为中心	韩旭至	重庆大学学报(社会科学版)
2018年3月	大数据环境下侵犯公民个人信息罪法益的应然转向	敬力嘉	法学评论
2018年3月	对于大数据时代网络个人信息保护的探究	赵志彬、赵芸莹	信息记录材料
2018年3月	我国网站个人信息保护水平研究——基于《网络安全法》对我国500家网站的实证分析	邵国松、薛凡伟、郑一媛、郑悦	新闻记者

续表

出版时间	题名	作者	出版物
2018 年 2 月	试论大数据环境下的个人信息安全保护	郑文青	现代信息科技
2018 年 2 月	大数据时代,如何确保个人信息安全	康双勇	保密科学技术
2018 年 2 月	“大数据”时代背景下个人信息权的民事诉讼保护研究	杨博	研究生法学
2018 年 2 月	基于大数据应用的智慧图书馆个人数据保护研究	万映红、张泸月、万莉	图书馆学研究
2018 年 1 月	研究大数据时代社交网络个人信息安全问题	唐磊	中国战略新兴产业
2018 年 1 月	大数据背景下高校图书馆用户个人信息保护的研究	李爽	经济师
2018 年 4 月	略论拒不履行网络监管义务的不法与责任——立于公民个人信息保护的考量	马荣春、万邵鹏	南昌大学学报(人文社会科学版)
2018 年 3 月	个人信息保护:从个人控制到社会控制	高富平	法学研究
2018 年 4 月	个人信息在社会风险治理中的利用及其限制	林鸿潮	政治与法律
2018 年 3 月	个人信息保护立法目的、路径与模式	何波	中国电信业
2018 年 6 月	论“互联网 + 政务服务”中的个人信息保护	胡馨予	河南社会科学
2018 年 2 月	公民个人信息刑法保护的碎片化与体系解释	张勇	社会科学辑刊
2018 年 7 月	个人信息权保护的法律界限研究——基于欧洲人权法院 50 个判例的分析	闵丰锦	重庆邮电大学学报(社会科学版)

续表

出版时间	题名	作者	出版物
2018 年 1 月	个人信息收集、利用行为合法性的判断——以《民法总则》第 111 条为中心	王叶刚	甘肃社会科学
2018 年 3 月	我国未成年人个人信息保护制度构建问题与解决对策	傅宏宇	苏州大学学报(哲学社会科学版)
2018 年 5 月	“个人信息权”性质之辨与立法模式研究——以互联网新型权利为视角	李伟民	上海师范大学学报(哲学社会科学版)
2018 年 7 月	知情同意作为个人信息处理正当性基础的局限与出路	王文祥	东南大学学报(哲学社会科学版)
2018 年 6 月	从“丰菜之争”看个人信息上的权利构造	任丹丽	政治与法律
2018 年 2 月	识别与再识别:个人信息的概念界定与立法选择	齐爱民、张哲	重庆大学学报(社会科学版)
2018 年 5 月	论个人信息的形式要素	韩旭至	河北法学
2018 年 3 月	《民法总则》中新兴权利客体“个人信息”与“数据”的区分	冯源	华中科技大学学报(社会科学版)
2018 年 3 月	个人信息保护的特别机制研究——以澳门《个人资料保护法》为考察样本	杨翱宇	图书馆
2018 年 1 月	信赖理念下的个人信息使用与保护	吴泓	华东政法大学学报
2018 年 1 月	个人信息人格利益与财产利益理论分析	高志明	大连理工大学学报(社会科学版)
2018 年 7 月	个人信息去识别化的刑法应对	张勇	国家检察官学院学报
2018 年 5 月	网络社会中个人信息的保护	晋涛	重庆邮电大学学报(社会科学版)
2018 年 1 月	个人信息:法益抑或民事权利——对《民法总则》第 111 条规定的“个人信息”之解读	杨立新	法学论坛

续表

出版时间	题名	作者	出版物
2018 年 2 月	探索激励相容的个人数据治理之道——中国个人信息保护法的立法方向	周汉华	法学研究
2018 年 6 月	个人数据保护立法的要义与进路	张文亮	江西社会科学
2018 年 3 月	再论企业数据保护的财产权化路径	龙卫球	东方法学
2018 年 5 月	个人敏感数据的法律保护:欧盟立法及借鉴	陈骞、张志成	湘潭大学学报(哲学社会科学版)
2018 年 4 月	欧盟《一般数据保护条例》的主要内容及对我国的启示	王达、伍旭川	金融与经济
2018 年 3 月	网络时代跨境个人数据保护救济机制探究——以《欧美隐私盾》为例	郑远民、郑和斌	广西大学学报(哲学社会科学版)
2018 年 4 月	论个人数据保护全球规则的形成路径——以欧盟充分保护原则为中心的探讨	冯洋	浙江学刊
2018 年 3 月	美国在线行为广告领域个人信息保护自律模式研究	齐爱民、佟秀毓	苏州大学学报(哲学社会科学版)
2018 年 7 月	美、德个人信息宪法保护路径比较及启示——以个人信息的双重属性切入	靳海婷	重庆邮电大学学报(社会科学版)
2018 年 7 月	GDPR 个人数据权与《网络安全法》个人信息权之比较	王春晖	中国信息安全
2018 年 4 月	网络隐私和个人信息保护的实践与未来——基于欧美、美国与中国司法实践的比较研究	周辉	治理研究

(四)数据境内留存和出境管制

出版时间	题名	作者	出版物
2018 年 8 月	跨境数据流动规制的国家安全问题	石静霞、张舵	广西社会科学
2018 年 7 月	跨境数据传输的立法模式与完善路径——从《网络安全法》第 37 条切入	曹博	西南民族大学学报(人文社科版)

续表

出版时间	题名	作者	出版物
2018 年 7 月	主权的网络边界——以规制数据跨境传输的视角	史宇航	情报杂志
2018 年 5 月	限制数据跨境传输的国际冲突与企业应对	邓志松、戴健民	网络信息法学研究
2018 年 5 月	大数据时代执法合作中个人数据跨境保护问题研究	伍艺	重庆邮电大学学报(社会科学版)
2018 年 5 月	略论个人数据跨境流动的法律标准	张舵	中国政法大学学报
2018 年 4 月	刍议跨境数据流动的公共利益保护	张舵	河北法学
2018 年 4 月	跨境数据流动立法的价值取向与我国选择	胡炜	社会科学
2018 年 7 月	欧盟 GDPR 与数据跨境问题分析	吴沈括、霍文新	中国信息安全
2018 年 7 月	欧盟 GDPR:数据跨境流通国际攻防战	裴炜	中国信息安全
2018 年 5 月	个人数据跨境流动规制的国际格局及中国应对	许多奇	法学论坛
2018 年 3 月	跨境数据流动监管措施在 GATS 下的合规性分析	刘维	理论月刊
2018 年 3 月	数据跨境流动政策认知与建议——从美欧政策比较及反思视角	王融	信息安全与通信保密

(五)网络犯罪规制

出版时间	题名	作者	出版物
2018 年 11 月	人工智能时代网络安全的刑法保护——基于网络犯罪 AI 化为视角	安柯颖、陆红	云南民族大学学报(哲学社会科学版)
2018 年 11 月	研究网络犯罪不应忽视罪刑法定主义	车剑锋	中国社会科学报
2018 年 9 月	人工智能刑事风险的治理逻辑与刑法转向——基于人工智能犯罪与网络犯罪的类型差异	陈伟、熊波	学术界

续表

出版时间	题名	作者	出版物
2018 年 9 月	涉数据网络犯罪的规制困境与优化路径	文立彬	重庆邮电大学学报(社会科学版)
2018 年 9 月	电信网络诈骗犯罪中的共犯理论研究	王雷	中国检察官
2018 年 8 月	帮助信息网络犯罪活动罪的规范属性与司法认定	徐然	法律适用(司法案例)
2018 年 7 月	网络运营商严重监管失职的犯罪化问题研究	王利宾	湖南社会科学
2018 年 7 月	中国网络犯罪立法检讨与发展前瞻	王燕玲	华南师范大学学报(社会科学版)
2018 年 7 月	民刑交叉视野下网络平台共同版权犯罪责任的认定——兼对中美快播案、索尼案等案件的比较分析	张燕龙	情报杂志
2018 年 6 月	网络空间聚合型犯罪研究	张楚	法治论坛
2018 年 6 月	帮助信息网络犯罪活动罪:不作为视角下的教义学证成	阎二鹏	社会科学战线
2018 年 5 月	我国网络犯罪立法现状及其应然方向	单奕铭	河北法学
2018 年 5 月	网络集资犯罪刑事治理的难题与进路	宋建伟、蒋鹿夏	中国检察官
2018 年 4 月	网络犯罪的实务规制策略——基于司法办案一线的调查分析	周征远	人民检察
2018 年 4 月	司法实践视野下网络犯罪若干问题探讨	李健、郭晶	犯罪研究
2018 年 4 月	网络帮助行为的入罪化路径及其适用——以帮助信息网络犯罪活动罪为中心展开	吴情树	人民检察
2018 年 4 月	利用信息网络犯罪行为二元形态的教义解读	陈伟、熊波	上海财经大学学报

续表

出版时间	题名	作者	出版物
2018年3月	“李斯特鸿沟”在刑法解释体系中的功能——以三种涉嫌网络犯罪的典型行为为例	董彬	人民检察
2018年2月	运用网络新“枫桥经验”治理互联网犯罪——第二届网络新“枫桥经验”高峰研讨会综述	庄永廉	人民检察
2018年1月	跨国网络犯罪刑事管辖权解析	李晓明、李文吉	苏州大学学报(哲学社会科学版)
2018年1月	帮助信息网络犯罪活动罪的限缩解释适用	陈洪兵	辽宁大学学报(哲学社会科学版)
2018年1月	我国网络犯罪发展及其立法、司法、理论应对的历史梳理	于志刚、吴尚聪	政治与法律
2018年1月	浅析网络犯罪的刑法应对	李宇华	中国新通信
2018年8月	我国网络犯罪管辖问题研究	孙潇琳	法学评论
2018年7月	侵犯公民个人信息罪的基本问题	庄绪龙	法律适用
2018年7月	侵犯公民个人信息罪司法适用疑难问题探究	李翔	法律适用
2018年7月	侵犯公民个人信息罪的述与评——以《关于办理侵犯公民个人信息刑事案件适用法律若干问题的解释》为视角	郑旭江	法律适用
2018年7月	超越身份识别标准——从侵犯公民个人信息罪出发	岳林	法律适用
2018年7月	个人信息去识别化的刑法应对	张勇	国家检察官学院学报
2018年5月	个人信息刑法保护之界限研究	陈璐	河南大学学报(社会科学版)
2018年5月	侵犯公民个人信息罪中的“外围”立法与解释进路	陈文昊	重庆邮电大学学报(社会科学版)

续表

出版时间	题名	作者	出版物
2018 年 5 月	为合法经营活动而侵犯公民个人信息的刑法规制	贺洪波	重庆邮电大学学报(社会科学版)
2018 年 5 月	空间失序与犯罪异化:论虚拟空间的犯罪应对	张阳	河南社会科学
2018 年 4 月	侵犯公民个人信息罪中“公民个人信息”的法益属性与入罪边界	于冲	政治与法律
2018 年 4 月	大数据环境下侵犯公民个人信息罪法益的应然转向	敬力嘉	法学评论
2018 年 2 月	涉互联网犯罪行为的定罪观思考——以网游外挂为切入点	邬耀广、周征远	法治论坛
2018 年 2 月	公民个人信息刑法保护的碎片化与体系解释	张勇	社会科学辑刊
2018 年 2 月	侵犯公民个人信息罪“情节严重”的法理重述	石聚航	法学研究
2018 年 1 月	犯罪场视域下网络暴力行为的控制路径	施鑫	哈尔滨工业大学学报(社会科学版)
2018 年 4 月	日本治理网络犯罪的法律对策及借鉴	曹雅闻	中国人民公安大学学报(社会科学版)

(六)其他方面问题

出版时间	题名	作者	出版物
2018 年 11 月	营造安全放心的网络消费环境和公平公正的网商环境	王胜利、桑林、李宣庆、李玉冰、庞翔、朱剑桥等	中国工商报
2018 年 4 月	民法典编纂视角下信息删除权建构	余筱兰	政治与法律
2018 年 2 月	数据本地化措施的贸易规制问题研究	彭岳	环球法律评论

续表

出版时间	题名	作者	出版物
2018 年 3 月	论人格权法(编)中的个人信息权的制度完善——评《中华人民共和国民法人格权编(草案)·民法室室内稿》相关规定	常健	四川大学学报(哲学社会科学版)
2018 年 3 月	网络仇恨言论规制与表达自由的边界	何志鹏、姜晨曦	甘肃政法学院学报

二、2018 年重要理论研究观点综述

根据本年度网络安全法治理论研究情况,下文将从六个方面对重要观点做一综述。为简明扼要压缩篇幅,综述观点时仅指出代表性观点的主要作者,相关文章题目和发表情况请见第一部分概览表(见表 21)。

(一)网络安全法的一般问题

对于《网络安全法》的立法,赵宏瑞等人谈到,当前中国网络在上网人口方面是世界第一,在网络终端数量方面是世界第一,在网民上网活动时间方面是世界第一,同样也在网络数据"产量"方面是世界第一。拥有这几方面的网络优势,长期而言,它将给中国《网络安全法》的实施带来一个很重要的支撑;短期以内,当然也要看到中国自身的网络脆弱性,亟须依法加强网络灾备与恢复能力的建设。但就立法理念的前瞻性、先进性而言,中国《网络安全法》已经率先引领了国际网络法治中极为重要的、倡导各国"维护网络空间主权"的平等正义理念。刘金瑞认为,《网络安全法》作为我国网络安全的基本法,提出了网络安全法治的基本制度框架,主要包括关键信息基础设施保护制度、网络安全等级保护制度、个人信息保护制度、网络信息内容管理制度、网络产品和服务管理制度、网络安全事件应急响应制度等。这些制度设计相对而言比较原则和简单,出台一系列贯彻落实《网络安全法》的配套规定成为《网络安全法》实施一周年的鲜明特点。《网络安全法》配套立法需进一步理顺网络安全监管体制;核心配套制度亟待完善;补充配套立法亟须健全。庹继光等人认为,《网络安全法》第 13 条以

强制性规范和倡导性规范并举的立法技术，要求各类网络媒体在青少年健康使用网络过程中体现出责任与担当，直接为各类网络媒体指明了努力的方向，有助于促使我国网络媒体在职业道德、社会伦理等领域强化责任意识，更好服务于社会和公众、特别是作为社会未来的青少年一代。黄道丽认为，2017 年是全球网络安全立法（含战略、政策）日新月著的一年，也是我国网络安全立法厚积薄发的一年。各国基于本国网络空间治理现状，对外争夺网络空间国际规则制定话语权，对内着眼于国家"能力"与"责任"建设，持续调整、升级现有战略和政策，力图构建更加统一、立体、全方位、更具弹性与前瞻性的网络安全立法体系，提升国家网络安全和抵御网络攻击的能力。基于上一年度既往全球网络安全立法情势，未来国际立法可能在以下七个方向和方面有所体现：继续推动建立网络空间共同规则制定；网络安全战略调整加速，深刻影响网络安全立法；配套制度建设全面铺开，落地实施进一步强化；关键（信息）基础设施领域的实践将深化对领域划分和保护的认识；以漏洞管控为核心，主动防御和网络态势感知的治理路径渐趋明朗；信息共享立法关注渐成主流，围绕数据传输的争议持续，信息内容监管趋严；围绕人工智能、数字货币等领域的立法构造和精细工作方兴未艾。

对于网络空间的意识形态，李栗燕认为，我们需提升应对能力与方式，在梳理我国网络意识形态安全现状的基础上，分析其发展情势，探索维护网络空间的意识形态安全的新对策。王胜俊提到，互联网已深度融入经济发展和社会生活的方方面面，深刻改变着人们的生产和生活方式。我们要认真学习、全面贯彻党的十九大精神，特别是习近平新时代中国特色社会主义思想，进一步提高政治站位，牢固树立正确的网络安全观，进一步增强贯彻实施法律的紧迫感和自觉性，推进"一法一决定"各项制度全面落实，切实维护网络空间主权和人民群众切身利益，为决胜全面建成小康社会、夺取新时代中国特色社会主义伟大胜利、实现中华民族伟大复兴的中国梦提供坚强保障。

对于《网络安全法》的有效性，何治乐认为，作为我国网络安全保障的基本法，《网络安全法》的有效性直接关系到国家网络空间的治理水平和安全能力。原浩认为，应当鼓励和赞赏政府、企业、各类用户利益团体表达其对网络安全的不确定性和危机感的认识。《网络安全法》第一年可能确实没有重罚、严惩的典型案例，但其实施对于提升、规范和统合监管机构能力、网络运营者合规运营应已起到润物无声的作用,应继续保持经受实践与时间考验的正向心态。

对于网络安全审查制度,李璐提到,《网络安全法》第35条规定,“关键信息基础设施的运营者采购网络产品和服务,可能影响国家安全的,应当通过国家网信部门会同国务院有关部门组织的国家安全审查”,明确建立国家网络安全审查制度。《网络产品和服务安全审查办法(试行)》作为其落地制度,明确了审查目的、范围、内容及相关部门、机构职责等若干要素,标志着我国开展网络安全审查工作迈出了实质性步伐。

对于《网络安全法》的基本原则,谢永江认为,《网络安全法》的基本原则是贯穿于网络安全法律之中的、为《网络安全法》所固有并对《网络安全法》的创制和实施具有最高指导意义的根本准则,体现了《网络安全法》的立法宗旨和基本精神,是全部网络安全法律规范的价值主线和灵魂所在。我国《网络安全法》的基本原则包括网络空间主权原则、网络安全与发展并重原则、责权利相统一原则和共同治理原则等四项基本原则。

对于网络安全等级保护制度,郭启全认为,制定《网络安全等级保护条例》是贯彻落实《网络安全法》,健全完善我国网络安全保障工作法律规范体系的需要;是落实网络安全等级保护制度要求,构建国家网络安全基本制度、基本国策的需要;是应对日益严峻的网络安全形势,解决网络安全突出问题的现实需要。马忠认为建立在法理之上的等级保护制度具有天然的权威性,随着网络安全问题的普遍存在,涉及国家、企业、个人方面的安全必然是需要重点保护的,是全世界都高度关注的重要问题。等级保护制度实施,从具体工作中对我国互联网的发展具有十分重要意义。一方面,它能够引导行业管理部门和企业按照标准进行网络安全管理,从而带动全行业和全社会的网络安全意识;另一方面,详细的问责追责体系建立,方便了监管部门、评估部门、测试部门有法可依、有章可循。形成技术层面的安全管理和管理层面的安全策略并通过总体安全策略的落实构建安全技术体系和安全管理体系框架。

对于互联网内容治理,支振锋认为,强化互联网内容治理,是防范化解网络安全风险的重要举措,而互联网内容治理的法治化,则是互联网内容治理的重要趋向。互联网内容治理立法已成为各国重要的关注点;我国互联网新闻信息安全监管法律框架已基本形成;互联网内容治理仍须以法治方式继续推进。

对于社会治理格局，范赫男认为，网络打通物理域、信息域、认知域的边界，与经济社会发展呈现出高速融合态势，进而融合非传统领域与传统领域的安全需求。根据新的发展趋势，《网络安全法》对国家安全、社会运行安全及个人信息安全 3 个对象层面予以关注，抓住“关键信息基础设施”和“个人信息安全”两个重点领域，统筹多主体参与打造共建共治共享的社会治理格局。

对于《网络安全法》的研究，王玥等人提出，仍存在以下亟待解决的问题，大部分研究停留在“国外的制度与学说介绍”及“中国的问题与对策”上，未能形成体系结构完整、逻辑清晰的框架思路；互联网治理的理论基础还不够完善，互联网法治基础的研究夯实，将促进网络社会治理向着宽领域、深层次、多维度发展。从研究内容来看，数据作为支持网络社会运行的血液，其安全问题将成为网络安全保护的关键问题，是当前也应是未来一段时间的难点问题。而随着民众个人信息保护意识的觉醒，在《网络安全法》的背景与视野下如何更好地保护公民个人信息，将成为最亟待解决的问题。从研究材料和问题方法角度来看，仍未形成较为统一的维度；尚未形成较为有效的学术交流机制，缺乏成规模的思维碰撞。

《网络安全法》的颁布实施，一方面为金融行业网络安全建设管理提出了更高的要求，另一方面也提供了有力的法律依据，进一步指明了金融网络安全工作的实施路径。王栋提到，实施关键信息基础设施保护是金融网络安全管理的核心工作；建立网络安全审查机制实现自主可控是保障金融网络安全的必经之路；保护个人信息和重要数据安全是下一阶段金融网络安全工作重心；建立健全网络安全监测预警和信息通报机制是维护安全态势的必然要求；在法律框架内加强新兴技术与金融融合研究应用是金融网络安全发展趋势；加强网络安全意识培育和人才培养是保障金融网络安全良好态势的重要举措。袁慧萍提到，2017 年 6 月 1 日实施的《网络安全法》是我国网络空间必须基本遵循的第一部综合性法律，在保障网络安全、保护公民、法人和其他组织合法权益的同时，也对各行业特别是金融业提出了更高的网络安全要求，明确指出金融机构不仅是网络服务的提供者，而且是关键信息基础设施的运营者，既突出了金融行业的战略地位和价值，也明确了金融机构做好网络安全工作的义务。袁慧萍同时提出，持续完善网络安全保障体系；坚决推进自主可控替代；持续改进风险管理模式；协同联动推进测评、评估、检查；建设自主可控的终端安全管理体系；建设安全态势感知平台;构建积极防御、持续改进的安全运营体系。

对于国际网络空间,徐纬地认为,网络空间的均衡、主权和军控是网络安全问题,也是网络空间治理的核心领域。国际社会只有首先从认知层面达成共识,并且在相互尊重的基础之上,依据网络空间本身的属性,探索平等、有效的治理机制才能避免冲突与战争,更好的维护网络空间的和平与发展。鲁传颖提到,联合国信息安全政府专家组(下称专家组)是目前全球网络空间治理领域处理国际安全相关问题的主要机制,主要工作包括制定网络空间负责任的国家行为准则、国际法在网络空间的适用性以及建立信任措施三大领域。目前联合国秘书长分别任命了5届专家组,其中三次达成共识并且发布了专家组报告。2017年专家组因各方分歧未能达成共识,是网络空间国际安全治理的一次重大挫折。

对于商业秘密管理合规,原浩提到,国务院46号文和国家秘密管理局336号文体现出在《国家安全法》《网络安全法》实施和《密码法》《出口管制法》制定过程中"以我为主""张弛有度"的监管趋势。从涉外(或称跨境)企业的合规角度而言,需要从研发生产、销售、使用、进出口等多维度构筑因应策略,以实现对新近密集立法的必要遵从。特别是《网络安全法》的"数据本地化"和出境评估要求下,如何对密码技术和基于密码的数据进出境进行规范,亦是企业需加以审视的全新角度。

对于域外网络安全法的研究,谭观福认为,网络安全属于国家安全,应属于世界贸易组织(World Trade Organization,WTO)国家安全范畴。在满足相应条件的情形下,网络安全可构成限制贸易的国家安全例外。当网络战的规模和后果达到一定程度,其有可能造成1994年《关税及贸易总协定》(General Agreement on Tariffs and Trade 1994,GATT1994)第21(b)(iii)条的"战时或国际关系中的其他紧急情况"的情势。在此种极端情形下,被攻击国为了维护国家安全可以实施贸易限制措施,但必须符合"必需性测试"的要求。一国在和平时期受到网络攻击一般难以主张WTO国家安全例外实施贸易限制。WTO国家安全例外条款能为一国的网络安全审查制度提供的依据仅限于拒绝披露特定信息,但被诉方还必须充分论证网络安全审查是为了国家安全目标。胡晓剑提到,2017年12月12日,美国总统特朗普签署2018财年《国防授权法案》。该法案为美国防部2018财年制定了政策和预算指导方针,其中也包括各种网络安全举措。2018财年美国《国防授权法》推进了几项重要的网络安全工作,同时也制定了信息安全相关的新规则和程序。在此之前,美国国防部会定期进行“核态势评估”“太空态势评估”,主要是关注核领域和太空领域潜在对手发展、美军建设的现状、未来规划与建设重点等内容。此次,美国国会将网络态势作为评估对象,说明美国已经将网络视为与核、太空相对等的重要作战域。从评估的内容看,不仅包括网络稳定性、网络威慑等内容,更包括网络作战、网络部队、网络装备等进攻性网络能力,表明未来美国必将大力发展各种网络能力,以在网络空间赢得和保持绝对优势。

对于域外网络安全法的比较法研究,胡文华提到,在《网络安全法》实施一周年之际,欧盟《一般数据保护条例》(General Data Protection Regulation, GDPR)开始正式施行。鉴于GDPR所确立的域外效力,部分在华企业须将同时满足GDPR与《网络安全法》两部法律的合规要求。GDPR与《网络安全法》规范的差异性以及潜在的冲突性为企业仅仅在《网络安全法》框架下进行的合规工作带来了巨大冲击。为有效应对GDPR与《网络安全法》并行下的企业合规,企业应在全面梳理其业务开展情况的前提下,确定合规对象;区分数据来源,开展针对性合规;完善内控机制,加强合规记录;以全球化视野制定合规策略。

(二)关键信息基础设施保护

对于关键信息基础设施保护的重点内容及作用,马忠玉提到,当前,关键信息基础设施已成为国家重要的战略资源,信息化发展水平越高的国家对关键信息基础设施的依赖性越强,而其又极易遭受物理破坏和网络攻击,因此,加强关键信息基础设施的安全保护已成为各国政府关注的重点。关键信息基础设施保护重在明确四个方面内容:明确范围、明确目标、明确措施方法、明确组织管理体系。高焕新等人认为,我国在2017年6月实施的网络安全法中对关键信息基础设施提供明确法律支持,关键信息基础设施在国家层面是支撑国计民生正常运行,遭受网络攻击后可影响国家安全的设施。关键信息基础设施安全保护是对重要行业关键业务正常运行的重要支撑和保障。

对于漏洞治理,陈志华等人谈到,在开展漏洞治理的一年时间里,推动关键信息基础设施运营者漏洞处置周期由平均59天缩短到如今的7天,在重要敏感时期,高危漏洞有效处置的周期缩短至24小时之内。关键信息基础设施运营者在探索漏洞治理过程中,进一步摸清了资产的底数、认清了风险的由来,为下一步开展网络安全态势感知工作奠定了基础。关键信息基础设施漏洞治理面临着三重困惑:一是网络安全考核指标与漏洞所带来的风险之间存在一定程度的割裂;二是传统漏洞扫描工作模式难以有效提高漏洞处置的工作效率;三是信息资产的复杂度与漏洞的爆炸式增长造成漏洞检测和验证环节滞后。该作者提出了三点建议:一是建立对信息资产统一动态管理的体系;二是探索将漏洞危害与应用环境相结合的评估方法;三是制定漏洞快速处置的工作机制和协同流程。

对于关键信息基础设施对支撑数字经济的作用,李阳等人提到,信息化时代,数据驱动下的数字经济促进产业转型升级,加速新旧动能转换,推动供给侧结构性改革。关键信息基础设施作为承载经济社会运行的重要平台,支撑数字经济的稳定运行,同时面临严重的网络安全威胁。阐述关键信息基础对于支撑数字经济发展的重要作用,分析关键信息基础设施网络安全面临的严峻挑战,提出要加强关键信息基础设施保护,切实构筑四大能力:问题突破力、安全预警力、突发应对力、安全可控力,推动关键信息基础设施的积极防御,保障经济社会的网络安全,助力数字经济健康发展。

对于关键信息基础设施保护体系,刘晓曼等人从"永恒之蓝"事件思考,认为构建我国关键信息基础设施保护体系:一是加快出台清单,加大对工作的指导,建立健全保护框架,加强技术统筹;二是高度重视安全风险评估环节,提升威胁应对能力;三是强化政企协作机制,不断提升信息共享能力;四是兼收并蓄,着力构建关键信息基础设施保护创新人才培养体系。

对于关键信息基础设施保护与等级保护的关系,马民虎等人认为,许多国家通过关键信息基础设施保护制度加强网络安全保护。中国等级保护借鉴了国外关键信息基础设施保护制度,两者有相似的保护理念、对象、标准和措施。2016年制定的《网络安全法》同时规定了等级保护和关键信息基础设施保护制度,该两项制度存在竞合。竞合问题最重要的是解决重复监管,需要科学界定监管部门职责,同时要重视为网络运营者提供信息安全服务;制定《关键信息基础设施安全保护条例》《网络安全等级保护条例》等配套制度,要强调其拾遗补阙作用,重点完善法律适用程序方面的内容。

对于关键信息基础设施的域外研究，嵇灵认为，美国在关键基础设施的信息安全相关领域的法规主要围绕关键基础设施界定、机构设置、责任落实、政企合作、信息共享机制等方面展开，相关政策规定既有变化性又有延续性。总体上，有宏观层面国家顶层法规政策；细节上，有微观层面的具体针对性法规；同时，还有对进口关键基础设施的信息安全保护。总结美国基于关键基础设施信息安全的法律法规特点，对我国关键基础设施的信息安全建设是很好的借鉴。赵爽等人提到，美国政府持续发布关键信息基础设施保护有关法律、政令、战略、指南等文件，健全完善关键信息基础设施保护法律政策体系，并逐渐重视保护政策落实。2015 年，美国国土安全部针对 IT、通信等 16 个关键信息基础设施领域制订了专项保护计划，以行业领域特点和实际为基础，指导和规范保护工作的开展。李宁谈到，2017 年 1 月 23 日，澳大利亚政府宣布成立关键基础设施中心（Critical Infrastructure Centre），以避免国家关键基础设施遭破坏、间谍活动和政治高压威胁，从而保障澳国家安全。

（三）个人信息和数据保护

对于个人信息保护的权利基础，相丽玲等人认为，个人数据的经济价值随着大数据时代的到来不断被人类认知，虽然目前各国对被遗忘权与数据可携带权的立法保护尚未得到普遍确认，但随着其潜在经济价值与个人数据的跨境流动性使得个人数据权的权利范畴不断扩大。从一开始的个人数据知情权，到逐步完善的被遗忘权与删除权，再到在“试用期”的数据可携带权，以及还处在争议中的个人数据财产权，都标志着个人数据权权利内容不断扩展的趋势与个人对其数据控制权的不断增强。个人数据权的普遍性、双重性及可扩展性等法律特征，决定了个人数据财产权保护的必然性。目前，各国现行法律对于个人数据人格权的保护已经趋于完善，而对于其财产权的保护还仅限于禁止他人未经授权非法交易上。如何合法实现个人数据增值，合法转让成为各国立法及学术研究面临的新的课题。罗娇认为，在规模数据改变现状的大数据时代，与数据所蕴含的价值相比，其所展现的价值仅仅是冰山一角。借助数据挖掘技术与分析算法的力量，数据本身将具有无穷的潜力与机遇。个人信息作为数据的一种重要类型，是大数据挖掘和利用的“宝藏”，却面临着空前的保护危机，个人信息保护迫在眉睫。我国个人信息法律保护的完善,应当在平衡个人信息中的人格权益、财产价值、公共事务管理价值等多个维度价值,促进信息主体、信息业者、政府部门等多方利益主体之利益共赢的前提下,突破单一的权利路径,以"信息控制"为核心,着重保护信息主体对其个人信息的收集与处理享有知情、决定、保密、访问、更正、删除、传输、封锁等权利。同时,应通过数据管理机构的政策措施与技术手段来加强对信息主体个人信息权益的保障。高富平认为,个人信息保护权并不是一项全面的、绝对的支配权。个人信息不仅关涉个人利益,而且关涉他人和整个社会利益,个人信息具有公共性和社会性。个人信息保护应从个人控制走向社会控制。我国应当从个人信息的法律属性出发,以社会控制论指导个人信息保护立法,建立平衡个人利益和社会整体利益的、适应大数据时代的个人信息保护制度。李伟民认为,关于个人信息,在中国有宪法权利、人格权、财产权、知识产权的多种观点,是《民法总则》全新的法律概念,是个人主体对其信息享有占有、使用、收益、处分,并有权防止他人干扰的权利,属于一项新型民事权利。不能把"个人信息权"纳入公法权利、民法人格权,也不能纳入物权法财产权,更不能纳入知识产权。"个人信息权"属于继股权、知识产权之后的新型民事权利。为了有效保护"个人信息权",中国有必要制定专门的《个人信息保护法》。高志明认为,个人信息既具有人格利益又包含财产利益。个人信息人格利益理论强调确定个人信息自决权、通过法律全面保护个人信息人格利益;个人信息连带关系理论、社会主义信息法学思想可以阐释网络社会的个人信息互联关系;个人信息财产利益理论涉及功利主义、隐私经济学和个人信息商品化理论,注重个人信息所蕴含的经济价值、注重商业利用个人信息以发挥其最大效用。齐爱民等人认为,大数据时代,数据已成为社会生产和经济发展的关键要素,个人信息在提高政府决策水平、企业精准营销、社会管理创新等方面具有巨大的潜在利用价值。综观全球,以欧盟为代表的个人信息保护单行立法模式成为当前世界各国的主流做法。国际社会在个人信息的界定上基本达成了以可识别性为核心判定标准的共识;但个人信息界定的动态性和场景性不仅带来了司法认定上的困难,也使企业在匿名化处理问题上无所适从。充分借鉴国外立法,以加强个人信息权顶层设计为核心,通过事前同意、事中风险评估和事后个案认定机制来弥补个人信息界定的固有缺陷,是提升中国未来民法典人格权编和个人信息保护法科学性的应有之义。

对于公民个人信息的定位,徐雄杰等人认为,最高人民法院、最高人民检察院《关于办理侵犯公民个人信息刑事案件适用法律若干问题的解释》采用识别性界定模式,将可以指向于特定公民个体的信息作为公民个人信息,并对常见的公民个人信息进行列举。在大数据背景下,公民个人信息在未经允许的情况下被收集、分析、共享乃至交易,且所包含的内容亦超出日常理解的“信息”的范围。基于个人信息权益保护与信息自由流动并重,且适当倾向于个人信息权益保护的原则,大数据中“公民个人信息”的界定应以“识别”为基础,具体的适用上以技术层面上的匿名化为核心,兼以价值层面的情景判断为补充,将公民个人信息的保护提前到个人网络数据的阶段。韩旭至认为,从个人信息的称谓看,个人信息与个人数据(资料)概念可以等同,而个人信息与个人隐私之间存在较大区别。《网络安全法》第 76 条第 5 项采用个人信息的称谓,并以“识别型”及“概括列举型”的立法模式定义个人信息。对这一定义亦应作广义解释。具体而言,个人信息具有“识别”与“记录”两个要素。其中,“识别”属于实质要素,需结合识别的判断基准、信息相关性、识别可能性三个方面予以判断。而“记录”属于形式要素,没有记录在载体之中的信息不是个人信息。

对于《民法总则》对个人信息的规定,王叶刚认为,《民法总则》第 111 条要求个人信息的收集、利用行为应当具有合法性,即个人信息应当依法收集、利用,不得非法收集、利用,但该条并没有对个人信息收集、利用行为合法性的判断标准作出规定。为充分发挥个人信息的经济效用,不宜一概以被收集者同意作为个人信息收集、利用行为合法性的前提。个人信息的去身份化处理虽然能够降低个人信息利用过程中的隐私风险,但其实质是将个人信息转化为不包含个人身份信息的数据,无法真正解决个人信息收集、利用行为的合法性难题。出于隐私保护的需要,隐私信息的收集应当经个人同意,隐私信息以外的个人信息,则应当尽量弱化个人的同意。个人信息的利用也不得侵害个人隐私权,不得不当扭曲、损害个人的“数字化形象”。任丹丽认为,我国《民法总则》没有采取权利模式保护个人信息,使各方主体围绕个人信息产生的权利或利益在内容、性质和形式等方面存在模糊之处。辨明不同类型信息的内容及其主体,借鉴相关部门法中的成熟制度和研究成果,在保障个人信息权利的基础上构建信息利益的分享机制,有利于大数据产业的健康发展。杨立新认为,《民法总则》第111条规定的"个人信息",规定的究竟是法益抑或权利,在学者中有不同的解读。对于在法律中规定对某种民事利益进行保护,又没有写明为权利的,应当根据该民事利益的独立性以及与其他民事利益之间的界限是否清晰、在实践中作为一项权利进行保护有无障碍、在比较法上有无规定为法益或者权利的立法例来确定。《民法总则》规定的个人信息是指个人身份信息,与隐私权保护的私人隐私信息有明确的界限,在实践上作为一个权利保护没有障碍,在比较法上没有对个人信息作为法益保护的立法例。因此,应当认定《民法总则》第111条规定的个人信息,就是规定的自然人享有的具体人格权之一,即个人信息权。

对于个人信息的分类,晋涛认为,个人信息是指与个人有关的信息,不要求可识别性。个人信息与个人隐私不是对立关系,个人隐私在内容上是个人信息的一部分。个人信息可以分为4种类型:个人生物信息和个人社会信息、个体信息和涉众信息、动态信息(行为信息)和静态信息、识别信息和非识别信息。对个人信息进行多种分类,可以为以后新类型信息识别打开通道。

对于个人信息的形式要素,韩旭至认为,关于个人信息的形式要素,世界范围主要有"自动化处理+档案系统""只保护记录""区分对待"3种立法模式。其中,欧洲地区所采取的"自动化处理+档案系统"模式影响最为深远。以英国法为例,其围绕着信息的可获性对形式要素作限缩解释,个人信息的形式要素原则上为"自动化处理","相关档案系统"只是"自动化处理"的补充。只有当手动处理的相关构造或机制达到与计算机系统类似的精密程度以至于能迅速、准确地锁定特定个人信息时,才能满足"相关档案系统"的要求。虽然我国《网络安全法》第76条第5款采取"只保护记录"模式,英国法的解释方法仍具借鉴意义。具体而言,该款规定应在我国法中被普遍适用,该款的"记录"应解释为"在当下查阅与处理是合理地切实可行的"记录。

对于大数据时代给公民个人信息带来的困境,刘邦凡等人认为,在互联网技术快速发展的今天,数据正在通过前所未有的速度在增长和积累;大数据时代已经到来并且成为社会的热点,同时为整个社会带来了巨大的价值和意义。但不可忽视的是,大数据时代的到来,个人信息面临严重的泄露问题,甚至造成了巨大的财产损失。政府作为公共部门,应当以保护公民合法权益为前提,深刻认识到大数据时代给公民自身信息安全带来的困境,并通过研究找出有效保护公民个人信息安全的途径和对策。巴钧才认为,随着大数据时代的到来,在数据采集、集成、分析与存档的整个生命周期中,无限度的数据挖掘和个人信息侵权行为时有发生,以共享、买卖为特征的数据交易伴随出现了个人隐私与数据保护、信息安全等方面的问题。奚嘉艺认为,大数据的广泛使用已经成为不可逆的趋势,在现当代的如此潮流中,大数据的使用面临着不同的机遇、挑战问题。尽管大数据的使用在多个领域有所建树,但由于大数据本身高速、大量等的特点,暴露出信息安全程度低的问题,致使个人和国家有所损失。付晓琼等人认为,随着计算机技术和互联网行业的高速发展,大数据信息爆炸性膨胀已成为常态,除去被窃取、泄露的各种数据,我们自身每天也在不停地产生各种各样的数据,例如,图片、视频、地理位置等,伴随着数据的快速增长,关于个人信息泄露的一系列问题也日益凸显。崔池阳认为,大数据时代来临,每一个公民在其面前犹如一块待开发的油田,每一个公民身上都可能蕴含着待开采的财富。作为大数据财富的贡献者——个人,他们的个人信息正在面临多方主体的挑战。苏丹等人认为,大数据时代,数据信息的普遍应用使个人信息安全问题日益凸显,线上线下的边界消失,网络中的安全问题已然成为现实中的安全问题,信息安全从个人层面上升至国家层面。传统的信息保护架构不再为个人隐私保驾护航,给个人信息安全保护带来巨大挑战。如何有效保护个人信息安全、避免隐私泄露已成为社会各界关注的焦点,更是时下的当务之急。李晓升认为,随着网络技术的不断发展及物联网、云计算等新技术的运用和普及,数据量出现了爆炸性的增长,由此孕育了大数据时代的到来。大数据时代的背景下,信息的自由交换虽然给我们的生活带来了很大的便捷,但同时由于利益的原因,加上对侵犯个人信息的行为缺乏相应的规范,侵犯公民个人信息的行为呈现增长趋势,这对信息主体造成了一定的人身伤害和财产损失。张利平等人认为,随着网络技术的迅猛发展,大数据时代的到来,网络虚拟平台给人们带来便捷消费、信息共享的同时,各类商家为了到达自己的营利目的,利用大数据“互联网 +”统计分析不断收集客户的各类信息,一旦信息泄露,对公民个人的人身和财产安全带来巨大威胁。致力通过分析研究大数据背景下个人信息潜在危险,需从网络技术安全、机构监管、个人安全意识提高、法律防范等层面加以齐抓共管,形成行之有效的保障个人信息安全对策。罗坤认为,特别是进入21世纪以来,互联网的快速发展,推动着大数据时代的到来,大数据的快速发展不断地推动着科技的进步。但是,令人们更加担忧的是大数据带来的信息隐患问题,特别是移动数据的来临,还有各种互联网服务商为人们提供的各种服务,使得服务商能够获得人们的各种隐私数据,这也使得个人数据的权利变得不再隐私,而是被服务商给公开来使用。这就使得个人信息不断被泄露,那么在这个时代对于个人隐私的保护任务尤其重要。马媛认为,我国对个人信息的各种商业利用走在了个人信息安全保护的前面;同时,数字时代的到来也使得个人信息保护变得更加复杂。总体来说,大数据对个人信息安全的威胁,在某种程度上可以视为互联网时代信息安全问题的升级,但是其威胁范围与危害程度都有了很大幅度的提升。为了更好地保护大数据时代的用户个人信息,我们必须立足于我国大数据产业发展现状,及时把握个人信息在大数据背景下的新变化,并根据大数据时代个人信息的特点,分析现存信息安全保护手段中粗放滞后的环节,提出有针对性的保护建议。而迄今为止,在大数据技术背景下的个人信息保护问题上,国内外的研究还处于初级探索阶段,绝大多数研究工作主要还是从技术或法律层面进行的。康双勇认为,因为大数据时代下我们的个人信息可能面临着被泄露的风险。当前,网站攻击与漏洞利用正在向批量化、规模化方向发展,用户的个人隐私和权益遭到侵害,特别是一些重要数据被泄露甚至流向他国,这不仅关乎个人和企业,信息安全威胁早已上升至国家安全层面。吴泓认为,现行的个人信息保护法律规范,以“主客体二元对立”思维下的“理性人”理念为指引,通过强调个人信息主体的自主支配、自主决断和自己责任,来平衡个人信息的使用和保护。为此,个人信息保护法律规范的整体功能,主要限于确保信息主体自主控制的实现,以及保护他们免受可举证证明的非法侵害。但是在大数据时代,个人信息保护的“理性人”理念面临着诸多困境,如“信息决策困境”“控制权失衡”“责任配置错位”“损害制度失灵”“安全感困境”以及“信赖缺失”等问题。这导致个人信息保护法律规范内含个人信息主体和个人信息控制者之间的紧张对立关系,难以有效增强他们之间的互信。为了促进信息社会的可持续发展,个人信息保护立法应该更新理念,构建一个在“信赖”理念指引下的信义义务制度,以作为对现有制度的补充。

对于个人信息安全和隐私保护所面临的形势,张学南等人认为,个人信息的保护一直是互联网时代的敏感话题,当人们在互联网中畅游时,个人信息已不知不觉被搜索引擎、购物网站、即时通讯、论坛等途径非法收集或泄露。而且当遭遇个人信息泄露导致被侵害时,相当高比例的人群并不知道如何防范个人隐私的保护,这直接揭示了我国个人信息安全和隐私保护面临的形势较为严峻。

对于个人信息保护的措施,张继红认为,随着信息产业的迅猛发展,行业自律作为个人信息保护的方式之一越来越受到关注。早在20世纪90年代,美国政府就鼓励以自律规范保护个人隐私。然而,实践表明自律管理机制本身存在参与度低、执行力差、缺乏有效的监督与处罚机制等问题。面对大数据、云计算等新兴技术带来的冲击,自律机制仅仅是个人信息保护的必要条件而非充分条件,政府适度介入与行业自律的有机结合才是破解当前困局的有效路径。欧盟GDPR即采用了行业主导、政府适度干预的理念,政府在宏观层面调控和制定个人信息保护的基本框架及原则,而市场则从微观层面发挥自我管理之基础性功能。我国目前个人信息保护领域的行业自律管理尚处于初创阶段,理应在立法先行基础上进一步扩展行业协会发挥自律作用的空间。肖梦黎认为,大数据时代背景下,个体成为"量化的自我"而深陷数字化生存的困境之中。现有的"知情同意"与"目的明确"规制框架已无法适应个人信息从收集、存储到使用存在追责的具体现状。结合欧盟与美国最新提出的有关"场景"与"风险"的规制理念与我国具体的社情,设计一套含有反馈与修正机制的规制系统,即先根据自律规制制定立法以形成基础性的规制框架,继而建立专门的行政监管机构与完善的司法救济体系作为规制补充的强有力后盾,从而实现保护个人信息与互联网产业繁荣的双重目标。徐小亭认为,大数据时代,加强信息安全防护势在必行。除依靠建章立制、行业自律、技术创新加以规范外,军人自身应增加信息防护知识,不断培养防护技能。增强自我保护的意识;慎重对待智能化产品。何培育等人认为,当前大数据经济空前繁荣的背后个人信息盗窃行为日益猖獗,个人信息安全面临严峻挑战。现行防范个人信息盗窃的技术手段存在滞后性,个人信息保护立法较为分散,不利于个人信息的全面保护。应当加速个人信息安全保障技术的升级迭代、加快制定专门的《个人信息保护法》、强化对个人信息盗窃的行政监管,构建系统的个人信息安全风险应对机制。赵文认为,随着互联网飞速发展,产生了超大规模数据,为人类的生产生活提供预测和指导,但是也面临着严重的信息安全威胁。由此,从技术角度去研究大数据背景下个人信息安全保护措施,提出了数据匿名保护、数据水印保护、数据溯源保护和个人信息日常防护措施,旨在强化开发人员和用户个人信息保护的意识。陈国威认为,大数据时代的到来,在带给人们生活和工作便利的同时,潜在的隐私和安全问题也日渐凸显,如何确保大数据时代个人信息安全成为一个迫切需要解决的课题。应从个人信息保护立法、加强信息安全防护和提高个人信息安全意识等方面保护个人信息安全。曾奎秀认为,要实现对我国公民个人信息的全面保护,完善法律规范是必由之路,可以从以下几点着手:一是建立个人信息的类型化保护机制;二是完善个人信息保护的责任机制与救济机制;三是加紧出台系统的个人信息保护法。张利娟认为,除了国家相关法律制度的制定,以及相关企业的积极努力,个人也应绷紧信息安全这根弦。大数据时代,人们在享受大数据带来的便利的同时,个人数据却也越来越透明化和网络化。无论是国外 Facebook 数据泄露事件,还是国内近期外卖订餐平台美团用户信息泄露风波,个人信息泄露风险都时刻给我们敲响警钟。孙清白等人认为,个人信息在大数据时代具有“公共性”,但对个人信息的利用可能导致对个人信息权益的侵害。传统个人信息保护模式着眼于确保信息主体对有关其个人信息收集和处理行为的控制,但网络大数据时代的一些新变化使得信息主体对其个人信息进行有效控制几无可能。我国未来应当在实现个人信息收集和处理全过程透明、区别敏感个人信息与一般个人信息进行差异化保护的基础上,建立个人信息风险管理机制。马丽伟等人认为,在当前大数据时代,信息的通畅给我们带来便利的同时,也给我们带来了挑战。个人隐私保护成为了亟待解决的问题,国家应逐步建立大数据安全法律保障机制,将信息保护纳入法律轨道,引导相关企业合理合法使用相关数据,不进行不正当的数据交易,不断提高网民的个人隐私保护意识。用户应该顺应大数据时代的发展,要学法、懂法、守法、用法,不断提高法律意识,从而使自己的合法权益受到应有的保护,让社会在和谐的氛围中健康发展。闵丰锦认为,个人信息权是一种新兴权利,与日益扩张的国家监控权针锋相对。我国应当以“保护为原则,干涉为例外”,立法保护个人信息权,夯实合法性基础;合理善用国家监控权,找准合目的方向;最低程度平衡权益冲突,把握合比例性原则,进一步完善个人信息的法律保护。杨翱宇认为,当前我国学界对个人信息保护特别机制关注严重不足,不利于个人信息保护体系性进展。考察“亚太地区最强的个人资料保护法”——澳门《个人资料保护法》可知,个人信息保护特别机制主要涵括四个方面:个人信息跨境转移的法律规管机制;个人信息互联的法律规管机制;个人信息处理的通知与许可机制;个人信息违法处理的法律责任体系机制。面向未来,我国内地宜参考澳门特区经验,在《个人信息保护法》中对个人信息保护特别机制予以积极规范。

对于个人信息保护立法,杨婕认为,为应对大数据时代背景下的个人信息保护困境与挑战,全球个人信息保护立法进程快速推进。随着信息技术的快速发展、经济利益的驱动,以及制度内因和客观外因结合,导致侵犯公民个人信息的现象日益凸显,我国个人信息保护形势严峻。任筱认为,传统的隐私权理论侧重于个人私生活的安宁和秘密,然而在大数据时代下,信息的交流和控制不可避免而且更加重要,信息的交流不仅有助于商业机构提高经济利润,而且为政府行使国家权力奠定了基础。这就使个人信息开始具有财产性价值,不再表现为隐私权的静止防御状态,而是具有了积极的互动性意义,传统的隐私理论已经无法满足当前时代发展需要。然而,大数据时代的到来也带来了很多负面影响,为了保护隐私和个人信息,各国在各自的立法理论基础上,立足各国国情,采取了不同的保护模式。由于大数据时代的要求,隐私权和个人信息权的区分越来越明显,隐私权要求更好的私密性,而个人信息权则要求更多的互动性,只有将两者作为两种独立的民事权利才能更好的进行保护。何波认为,互联网技术和应用的迅猛发展极大地扩展了个人信息与数据的利用规模,越来越多的用户信息泄露、非法买卖个人信息事件推动个人信息保护成为全社会普遍关切的焦点问题。我国高度重视并不断加快个人信息保护相关立法和司法工作,取得了阶段性成果。而个人信息保护立法的目的是什么、未来我国个人信息保护立法应该何去何从,仍是各方需要思考的重要命题。张勇认为,我国公民个人信息立法保护存在不系统、不协调的“碎片化”问题。公民个人信息的本质属性在于个人身份与个体特征的可识别性,但并非所有个人信息都要纳入刑法保护范围。刑法中个人信息法益既有传统上包括隐私权在内的人身权、财产权,也有“超个人法益”即国家和社会公共安全、利益及秩序,因而需要建立多元化、多层次法益保护的刑法体系。司法实践中需要运用体系解释方法,通过刑法与网络安全法的衔接协调,认定侵犯公民个人信息罪情节因素,处理相关联罪名竞合关系,在刑法体系内外部进行修复,从“碎片化”实现“体系化”。冯源认为,随着科技发展,个人信息权与隐私权相互区分,但为了防止其过度商品化应该采取限缩式的立法保护模式。数据存在于计算机场域,与虚拟财产具有同质性,属于无体物,应该采用开放式的立法,明确其民事客体的地位并细化数据的利用、交易规则。张文亮认为,个人数据保护立法旨在为相关数据主体引入合理的法律体系,实现个人数据的基本权利保障与合理适用之间的有机平衡。从宏观上来说,个人数据保护的立法推进须以数据保护理念的培育和生成为前提,不同主体之间理念的差别影响着相关法律体系的宏观架构和总体方向。就微观角度而言,个人数据保护立法的关键在于架构完善的立法体系,这要求采取适宜的立法模式,确立个人数据保护与其他权利之间的层级结构以及个人数据保护中权利义务关系的平衡架构。我国有关个人数据保护的法律体系已具雏形,在此基础上,合理地架构相关的法律规则体系极为关键,这主要取决于体系性和统一性立法,而在处理个人数据权利保护与其他相关的权利方面,价值取向的定位是关键,保持这些权利之间架构的适度平衡是我国目前立法应秉持的理念。

对于个人信息与犯罪,古恒英认为,个人信息已成为滋生违法犯罪活动的“温床”,轻则引发非法调查等不法行为,重则导致电信诈骗、金融诈骗、入室盗窃等刑事犯罪,有的甚至成为敲诈勒索、绑架、暴力追债等恶性犯罪的“帮凶”。个人信息安全问题已是这个时代的顽疾,且是一个严重的社会问题,要解决这一难题,须尽早打好“补丁”。其治理也是一项长期的综合性工程,需要全社会的共同努力。一是加强行业道德自律,把控信息泄露源头;二是增强个人隐私保护意识;三是高压严打下游犯罪;四是完善个人信息保护的规范及法律制度;五是培育信息安全审计评估体系。郑毓枫认为,大数据背景下,侵犯公民个人信息犯罪多发且呈现出新的特征。《刑法修正案(七)》是我国刑法明确保护个人信息安全的肇端,而在《刑法修正案(九)》中,将侵犯公民个人信息的两项罪名修改整合为侵犯公民个人信息罪。然而,在司法实践中认定侵犯公民个人信息罪时还存有一些难题,如未准确界定犯罪对象、在界定“违反国家有关规定”时遇到障碍、未明确“情节严重”的认定标准等。因此,应准确界定犯罪对象、排除界定“违反国家有关规定”时遇到的障碍、明确“情节严重”的认定标准,加快完善刑法及相关法律对侵犯公民个人信息的规定。裴炜认为，信息革命引发现代国家治理发生相应变革，这集中体现在国家权力与公民权利的互动上。在此背景下，个人信息保护不仅针对信息本身，还应防止因个人信息被滥用而侵害公民的合法权益。具体到刑事司法领域，以个人信息为基础的大数据在介入犯罪治理活动后，其具有的过程性和算法依赖性、以行为模式为前提假设的预测性、基于数据挖掘的新认知范式和数据碎片性等特性，引发犯罪治理思路和模式的相应转变。个人信息大数据在助力犯罪风险评估从而优化刑事司法资源配置的同时，亦与刑事正当程序发生冲突，其中又以无罪推定原则、控辩平等原则和权力专属原则为甚。鉴于社会信息化的总体趋势，要调和这些冲突，需要以信息革命引发的“权力—权利”二元互动关系变革为出发点，寻求犯罪控制与保障人权两项刑事司法基本价值之间的新平衡点，并对具体的程序规则进行修正。敬力嘉认为，按照我国《刑法》第253条之一侵犯公民个人信息罪规定的行为类型，侵害公民个人信息所造成的危害结果兼具个体性与公共性。但公民个人信息是被侵害的对象而非法益，厘清本罪法益才能明确本罪的入罪标准。大数据环境下，信息自决权是公民个人应享有的新型的宪法层面的具体人格权。将本罪法益构建为作为个人法益的信息自决权，或者作为公共法益、不具备实质内涵的信息安全，都不能明确本罪的处罚范围。侵犯公民个人信息罪所保护的法益，是具备实质权利内涵的集体法益，具体为信息专有权，也就是法定主体对于所占有个人信息的处分权限。通过对信息专有权的刑法保护，可以实现对作为宪法法益的信息自决权的间接保护。未来国家立法应当将本罪拆分为“非法获取公民个人信息罪”与“非法提供或出售公民个人信息罪”，以信息专有权为核心，进一步完善公民个人信息刑法保护的规范体系，完成从安全本位向权利本位的优雅转身。张勇认为，个人信息去识别化即去除个人信息数据中可识别性的过程，包括去标识化和匿名化。可识别性是个人信息的本质属性，去识别个人信息仍具有人格权及其衍生的财产权益，也涉及公共利益、秩序和安全的社会法益，两者均应纳入侵犯公民个人信息罪的法益保护范围。运用去识别与再识别技术收集个人信息，须承担防控个人信息和公共安全风险的法律义务，刑法规制须注重个人信息安全法律和行业规范的衔接协调；个人信息去识别行为的中立业务性质与信息主体授权同意可作为出罪事由。刑法应在个人信息去识别化的保护和利用、入罪与出罪之间寻求适当平衡。

对于个人信息被损害的救济途径,杨博认为,大数据时代的到来,改变了个人信息权的存在样态:在“互联网+”促就的信息敞视环境中,个人信息权就是“(一般)人格权”。这种泛化的权属直接推高了其随机涨落的风险,网络数据负外部性对个人信息权的侵损甚至成为一种结构性的失衡现象。因此,探究有实效的救济措施颇为必要,民事诉讼便是其中的重要内容。互联网时代下的大数据指征为个人信息权民事诉讼的管辖制度、电子证据运用和司法裁判带来了诸多困境。基于此,应当在管辖制度层面,建议坚持以“侵权行为地”为主的管辖原则,并以“原告住所地”为非涉外案件管辖的依据、以“最低限度联系原则”为涉外案件管辖的依据,还可以考虑将人机信息交互程度、当事人约定等因素纳入确定管辖权归属的考量范围;电子证据运用层面,考虑建立证据收集、保全的“辅助人”“协助人”机制、深化司法鉴定机制、健全社会电子归档和公证保全机制;司法裁判层面,建议确立“个人信息权”纠纷审判专员制度,构建民事、刑事相衔接的个人信息买卖规制体系,通过裁判文书的充分说理消解“法院审法院”的公信力困境,建构完善的“信息协助人”制度。马荣春等人认为,互联网2.0时代,公民个人信息泄密案件时有发生,公众期盼刑法保护个人信息安全的呼声日益高涨。作为最严厉的惩罚措施,刑法固然应当有所作为,但仍需谨记自身冷静的品格。为了避免刑法过分干预公众日常生活,保持互联网社会有序健康发展,我们需要付诸网络服务提供者以一定的网络监督义务。实践中,司法机关应当按照“不法—有责”的逻辑顺序,首先判断由于网络服务提供者拒不履行网络监督义务,从而引起高度危险或结果发生是否具备不法;随后再考察是否可以将上述危险或结果的发生视为网络服务提供者消极不作为的“作品”。

对于知情同意原则,田野认为,在大数据时代,知情同意原则陷入困境之中,海量信息的批量处理、多方共享、目的不特定之频繁利用加大了有效同意获取的难度,同意作为个人信息处理正当性基础之地位受到质疑。生物资料库是管窥知情同意原则困境与解困之路的最佳范例,围绕使用库存样本是否需重新获得同意,存在特别同意与概括同意之争,各种折中改良方案继而被提出。革新而非放弃知情同意原则,是应对大数据挑战的应然立场。知情同意原则之重塑,应坚持以自主为核心价值,以保护与利用的平衡为理念,巧妙设计适应大数据需求的新型知情同意模式。应从整齐划一的同意向基于信息分类、场景化风险评估的分层同意转变,从一次性同意向持续的信息披露与动态同意转变,允许有条件的宽泛同意+退出权模式。王文祥认为,数据时代下,知情同意的有效性大幅削弱,且不符合经济考量,忽视了公共利益,难以实现个人利益保护与促进信息利用的平衡。但基于知情同意在传统社会交往领域的重要作用和对个人自治的充分尊重,个人信息处理正当性基础规则的完善应在保留知情同意的基础上,对个人信息进行类型化,明确知情同意适用的范围和形式,以提高知情同意的有效性。同时,充分衡量信息主体、信息控制者和国家三方利益,确立多元的合法性基础。

对于企业数据保护,程啸认为,大数据时代的个人数据权利涉及自然人的民事权益保护与数据企业的数据活动自由关系的协调。个人数据可以成为民事权利的客体,并应当通过私权制度对其加以规范和保护。自然人对个人数据的权利旨在保护其对个人数据的自主决定利益,从而防御因个人数据被非法收集和利用而侵害既有的人格权与财产权。自然人对个人数据的权利并非物权等可以积极利用的绝对权,只有在该权利被侵害而导致其他民事权利被侵害时,才能得到侵权法的保护。数据企业对个人数据的权利来自其合法收集、存储,并支付了对价这一事实行为。数据企业的数据权利是一种新型的财产权,不能仅仅通过反不正当竞争法给予保护,而应同时作为绝对权给予更系统的保护。龙卫球认为,企业是推动支持当前数据经济发展的中坚力量。企业积极投入大量技术、资金和人力成本,是大数据得以形成和运营的关键前提。但是,企业投入数据经济的意愿和努力,最终取决于企业数据能否得到充分、合理和有效的法律保护。目前,从私法保护角度来说,企业数据保护走出借用传统法律的策略转向数据新型财产权化新机制,时所必然、事所必然。但是应该注意,企业数据保护在承载企业追求经济化的功能的同时,具有多重功能的聚合性和所涉利益关系的交织性,这些导致企业数据财产权保护路径的设计非常复杂。它形式上虽然采取私权形式,但与民法上典型的财产权不同,需要兼顾多种功能、多种利益协同的保障要求。因此无法采取简单意义的财产权构造,而是需要呈现为一种具有极强外部协同性的复杂财产权设计。在这个意义上,虽然具有权利之名,但实际包含极为复杂的法律秩序安排;与采取私权形式的知识产权机制,以及没有采取私权形式的企业竞争保护机制有一定相似之处,但功能和结构更加繁复。

对于政府利用个人信息的规制,林鸿潮认为,个人信息具有公共性,这是政府将其用于公共用途的正当基础。对政府利用个人信息的规制是当前个人信息保护中的一大"短板"。社会风险治理是政府利用个人信息最活跃和典型的领域,个人信息除了被用于相关犯罪的侦查,还可以被用于社会安全事件的预测预警、应急决策、个体行为分析、网络舆情管理和应急资源配置等。为了保障信息主体的权利,政府在社会风险治理中利用个人信息的行为应当受到限制,不能套用个人信息保护的一般规则;对政府利用个人信息的规制应当确立聚合利用原则、有区别的法律保留原则、知情原则、适度放宽的比例原则等基本原则。胡馨予认为,在"互联网+政务服务"模式的不断推进中,政务服务存在的隐患逐渐显露,主要表现为对个人信息数据的保护不力。在"互联网+政务服务"中,政府信息公开与个人信息保护存在一定的矛盾。鉴于此,处理政府信息公开与个人信息保护之间的冲突,应当确立二者在本质上相互促进的观念。对于公开的范围,采取同意与匿名化并存的方式;对于使用的界限,依照比例原则进行判断。

对于保护用户个人信息的责任,吴学安认为,面对技术进步以及信息呈几何级数增长,一方面,立法部门需要使法律更加具体和细化,其反应机制也应该越来越快,为监管部门提供及时有效的监管依据;另一方面,需要借鉴他国立法经验,以及各国政府之间的合作,共同保护信息安全。为伸张正义,保障用户数据权利,消费者权益保护组织、非营利公益组织和法律界人士有必要发起组织公益性的集体诉讼,以代表网络用户主张权利。在用户提交个人数据后并接受约定服务后,服务商和运营商即负有保护个人数据的法定责任。在用户与服务商关系方面,用户一般处于信息不对称的弱势一方,因此,保护用户个人信息安全,既是服务商不可推卸的法律责任,也是企业的重要社会责任。

对于未成年人个人信息的保护,傅宏宇认为,我国立法应明确经过现有网络技术整合其他信息可以合理识别未成年人身份的信息为未成年人个人信息,并对可识别性施行举证责任倒置。未成年人相关法律应将未成年人个人信息作为个人敏感信息严格保护,明确教育者对未成年人个人信息的知情权和保护义务,规范网络环境中未成年人个人信息的获取和管理。此外,需明确未成年人社会保护的合法性和合理性要求,以法治引领未成年人网络保护的社会共治。

对于税收情报自动交换对个人信息和数据保护的影响，彭岳认为，随着税收情报自动交换成为新的国际通例，纳税人个人数据的保护问题正凸显其重要性。当前的税收情报自动交换存在两类国际体制，一类以美国的《海外账户税收合规法案》为代表，具有单边主义特征，另一类以《多边税收征管互助公约》为代表，具有多边主义特征，无论是哪一类税收情报自动交换体制，均存在欧盟国家依据欧洲个人数据保护法而拒绝提供纳税人信息的可能性。为了促进跨境个人数据的流动，美欧签署了“隐私盾”总协议，在一定程度上规避了欧洲个人数据保护法的强制性要求，而中国除了被动遵守欧盟国家关于个人数据保护法的相关规定外，尚无良策。面对此境况，中国可考虑制定一部综合性的个人数据保护法，在提高个人数据保护水准的同时，为发展跨境大数据经济确立稳定的法律框架。

对于个人信息的域外研究，陈骞等人认为，互联网时代，个人敏感数据的泄露将导致个人权利和利益受到重大威胁，亟须保护。欧盟通过隐私权和数据保护权双管齐下的方式对其予以保护，但囿于隐私权保护的范围、消极性和救济不足，数据保护权的一般保护规则、救济规则和保障义务不足，无法提供充分有效保护。欧盟针对个人敏感数据创设了差异化禁止处理规则、例外规则、个人特别救济规则，并课以数据服务方严格保障义务，以期实现保护适当、利用合理、救济及时、权责对等，值得借鉴。我国应根据数据敏感程度设置差别保护，创设例外规则，禁止格式条款，严格保障机制。王达等人认为，欧盟最新的个人数据保护法案 GDPR 于 2018 年正式实施。GDPR 在 1995 年颁布的《个人数据保护指令》基础上做出了一系列重大调整，如加强个人数据权利保护、强化企业维护数据安全的责任、限制企业针对个人的数据分析活动、加强对数据跨境转移的监管等。欧盟 GDPR 的颁布在全球范围内产生了广泛而深刻的影响，为大数据时代的个人隐私保护树立了新标杆，对我国构建公民隐私保护法律体系以及维护国家数据主权具有重大的借鉴意义。冯洋认为，欧盟试图凭借充分保护原则迫使其他国家的个人数据保护立法向欧盟靠拢，最终目的是建立以欧盟模式为蓝本的全球个人数据保护统一规则。欧盟单方面推行其个人数据保护标准不符合当前全球数据治理多元化的现实。未来数据隐私保护的国际标准不应只是某国或者某地区单方意志的体现，而应是全球各国共同参与建设、体现共识的产物。郑远民等人认为，斯诺登事件之后，个人数据保护问题已从国家范围上升至全球范围，人们关注个人数据保护程度的同时,更重视个人数据遭到跨境侵害的事后救济问题。就现有国际法规范而言,关于此类跨境数据保护救济机制建设是极为匮乏的。欧美《隐私盾协议》在跨境个人数据的保护范围、政府权限、以及争议纠纷解决方式等方面有较大进步,体现出国际跨境数据保护标准、内容等立法内容选择求同存异的发展趋势。《欧美隐私盾协议》包含完整的争议纠纷解决机制和数据主体权益的救济制度,特别是运行模式、法律后果可供我国借鉴,以弥补我国跨境个人数据保护制度上缺乏便捷高效纠纷解决机制的不足,进而促进国际间跨境信息交流,推动国际信息活动的和平发展。齐爱民等人认为,美国在线行为广告领域通过行业自律模式保护个人信息,已经建立了完整的个人信息自律保护机制,该机制涵盖了在线行为广告领域中的个人信息保护基本原则、个人信息特别规定、告知制度与消费者的选择权、广告选择图标机制、拒绝追踪机制、投诉问责与执行机制。该机制的优势在于能够为个人信息提供灵活和细致的保护规范,同时可以减少由立法过早介入引发的阻碍行业发展的不良影响;但其弊端表现在强制力不足、普及性有待提高等方面。

对于个人信息的比较研究,靳海婷认为,个人信息的保护研究一般基于信息的人身性与财产性为选择保护的路径,却忽略了个人信息的人身依附属性。根据自由主义与社群主义对自我的解释得出个人信息具有个体性与公共性的双重属性。基于此双重属性导致美、德两国在个人信息保护模式上有所区别:美国将个人信息作为隐私权保护外延,显示其对信息个体性的追求;德国利用领域理论将个人信息作为人格尊严的保护客体,显示其对信息公共性的偏向。从法律文化视角比较,两国存在价值取向与隐私认可程度的差异,由此造成对个体性和公共性的不同偏向;两国又因司法谦抑主义与公共安全和个人信息保护的竞争,导致保护限缩的共同趋向。王春晖认为,欧盟 GDPR 的立法目的是用于保护个人隐私权和促进此权利的行使,最大的亮点是从个人数据权利的法律归属上,设定了“个人数据”“数据主体”“数据主体权利”及采取了严格的全球个人隐私保护要求。然而,我国《网络安全法》和《民法总则》没有就“个人信息权”给出专门的法律定义,但是根据上述法律对“个人信息”法律边界的认定,可以清晰地看出,我国“个人信息权”确立的基础和保护的核心,并不仅仅在于“个人信息”本身,重点在于如何规制个人信息的控制者和处理者对公民个人信息的收集、使用、加工、传输等行为。周辉认为,隐私和个人信息保护是网络时代的焦点问题。欧盟、美国的司法实践选择了不同的回应方案,前者坚守隐私和个人信息作为公民基本权利的定位,后者采取更加灵活的策略,以实现权利保护和产业发展的均衡。中国新近的司法实践体现出更有利于产业发展的倾向。通过对有关司法实践的比较研究,结合中国的法治背景,网络隐私和个人信息保护,应当与网络产业的健康发展共同推进,并可通过产业的竞争机制得以更好地实现。

(四)数据境内留存和出境管理

石静霞等人认为,数字经济的全球扩张和深度发展,促使跨境数据流动成为国际经贸活动中的常态。与此同时,网络虚拟空间中数据的无限增长与极速传播,不仅导致数据所伴生的潜在风险随之跨境传导,也对传统物理环境内的国家主权规制体系形成冲击。国家主权原则是国际法中的一项基本原则,是一国维护自身安全的根本前提。就跨境数据流动问题而言,国家安全涉及数据开放、服务器本地化措施以及对他国侵犯行为的法律认定等。发达国家和发展中国家基于自身需要,就跨境数据流动国家安全衍生出不同的理念和制度,但应存同求异,实现共赢。

对于我国跨境数据传输模式,曹博认为,《网络安全法》第 37 条初步构建了我国跨境数据传输模式的基本规则,但该条规定仅涉及关键信息基础设施运营者,且相关的安全评估办法尚付阙如,在未来的法律适用与商业实践、公共管理中必然引发不少争议。跨境数据传输涉及不同国家之间对数据利益与隐私保护的价值争议及立法取向,需要在沟通磋商中达致平衡。鉴于此,在充分认识跨境数据传输的现实价值及潜在风险的基础上,分析目前的主要立法模式,并以美欧之间跨境数据传输模式的演进为参照对象,对其中最具代表性的《安全港协议》与《隐私盾协议》的产生背景、价值争议、磋商融合等问题进行深入探究,将为我国进一步完善以《网络安全法》第 37 条为中心的跨境数据传输模式提供有益借鉴。

对于跨境数据传输标准,史宇航认为,国家主权在网络空间中的行使,可以从主体入手对数据进行“间接”的规制,并结合对数据类型的管理。伴随着数据本地化立法的浪潮,各国之间需要在数据跨境传输方面形成共识或是制定共同认可的传输标准,将有助于各国数据经济的发展,避免各个国家因为对主权边界认知不同而影响跨国经贸活动,甚至可以避免国际冲突的发生。张舵认为,个人数据跨境流动的法律标准,通常也称为保护水平要求,是数据进口方得以进行个人数据转移的前提条件。针对个人数据跨境流动的规制路径主要包括“以地理区域为基准”和“以组织机构为基准”两种方式,其对于保护水平的要求也呈现出明显的差异性。同时,两种不同路径的保护水平还存在融合与补充。在区域性跨境数据流动原有机制呈现适用范围扩张,各国逐渐制定具有可操作性的规则下,研究个人数据跨境流动的法律标准,对我国完善立法、参与国际合作和企业“走出去”均有参考意义。

对于执法合作中的数据跨境流动,伍艺认为,为打击跨国网络犯罪,维护国家安全,各国积极开展双边或多边的执法合作,其中对个人数据的保护问题成为关注的焦点。执法领域个人数据保护的全球标准尚未形成,美国和欧盟因数据保护立法的差异性和对隐私权概念的不同理解,在致力于协调两国数据保护立法上进行了诸多尝试,美国和欧盟签订了一系列数据分享协定,比如《欧盟—美国双边法律互助协定》《旅客订座记录协定》《环球银行金融电信协会协定》等,但这些数据分享协定有不同的数据保护标准。为了重建跨大西洋数据流动的信任,美国和欧盟达成了《欧美数据保护总协定》,为美国和欧盟提供综合性的执法领域数据保护框架。根据美国和欧盟的经验,我国应积极参与全球多边规则的制定、统一国内个人数据保护规则、针对执法领域个人数据保护进行专门立法、分阶段和分部门与境外执法机构订立双边协定。

对于跨境数据流动中的“公共利益”,张舵认为,综观跨境数据流动的现有规则和体制,毫无例外都规定了一国政府可基于保护国内公共利益,针对具体行业或者具体数据类型制定专门的限制和禁止条款。但是,规则中的“公共利益”过于抽象,给予了一国政府的不受任何约束的自由裁量权。另外,随着电子政务的发展、行业要求、科研进步和全球福利提高,在这些限制或者禁止数据流动的领域内需要对既有规则进行突破,以完成数据的跨境流动、共享与交换。为回应这一现实要求,有必要对“公共利益”予以准确界定,并应在此基础上对相关限制和禁止规则、例外情况进行合理调整和妥善规制。

对于数据跨境流动的法律原则,胡炜认为,由于跨境数据流动的全球规则尚未达成，我国众多“走出去”的互联网企业随时可能遭受以数据安全为名义的贸易壁垒。跨境数据流动法律法规必须在商业利益与网络隐私、网络安全性与网络流动性、严格标准与宽松标准、本国特色与国际习惯之间作出价值选择。从全球范围上看，当前存在美国商业利益优先理念下的宽松立法、欧盟个人权利优先理念下的严格立法、俄罗斯数据主权优先理念下的本地存取型立法、澳大利亚利益均衡原则下的折中型立法四种价值选择。我国需要确立数据主权优先、个人信息保护与经济发展并重的法律原则。国内法方面需对网络隐私权进行宽泛化、包容性的界定，分类监管跨境数据。在国际法方面需依托跨境贸易的中国方案和“一带一路”沿线国家，先从区际规则着手积极参与国际规则的制定。

对于数据境内留存和出境管制的域外研究，吴沈括等人认为，欧盟 GDPR 对数据主体提出了更为充分的权利保障，对数据控制者提出了更为严格的限制。在数据转移问题上，GDPR 提出了数据跨境的一般原则，任何正在处理或打算在转移给第三国或国际组织后处理的个人数据的转移，包括从第三国或国际组织向另一个第三国或另一国际组织转发个人数据，管理者和处理者都应遵守一定的条件，以保证自然人不受损害。据此，GDPR 提出了充分性认定机制，对于欧盟向第三国转移数据的问题做出了原则性规定。对于数据流转国而言，充分性认定机制的提出，将对欧盟成员国以及第三国的数据保护问题提出新的挑战。各国都在探讨数据保护体系、数据保护系统执行机制，就该层面而言，数据问题则得到了前所未有的重视，而我国也应以此为契机，积极寻求数据保护机制的效用最大化。裴炜认为，从欧盟数据整体政策看，GDPR 基本上延续了 1995 年《数据保护指令》(Data Protection Directive)，即 1995 年指令的思路，同时表现出与当前欧盟的法律生态、经济业态和技术特征的新的契合。首先，就法律生态而言，欧盟已经从“政策—立法—执法—司法”四个维度，建立起较为严密的立体式人权保障体系，在此基础上发展起来的个人信息保护机制同样表现出四个层面的闭环衔接。其次，就经济业态而言，欧盟主要作为信息技术服务的消费方而非提供方，大型网络或信息技术产业发展较慢。最后，就技术特征而言，欧盟原有个人数据保护规则体系受到新技术冲击严重，这与其境内信息技术发展相对滞后的现状形成鲜明对比。许多奇认为，目前全球规制跨境数据流动的统一规则尚未形成，现有规则主要以欧美为首的发达国家引领。欧盟从人权保护的历史传统出发,将数据权作为一种基本人权,创建了严格限制个人数据跨境流动,以提升数据权保护水平的立法范式;美国基于其信息产业的优势地位以及对数据自由流动的依赖性,奉行以市场为主导,以行业自律为中心的个人数据保护政策,通过签订双边或多边协议,促进数据跨境,维护业已建立的"数据占有和利用"优势,获得最大的经济利益。两种规制方式在价值取向、规制路径和规制结果等方面存在巨大差异,既激烈竞争,又相互妥协和融合,构成了个人数据跨境流动规制的国际格局。在此背景下,我国的应对路径是:完善数据跨境流动立法,提升法律的可操作性;提高企业的合规遵从性,推进行业自律制度建设;大力开展国际合作,积极参与国际规则制定。

对于数据境内留存和出境管制的比较研究,刘维认为,我国在制定相关国内法规时不仅可以借鉴欧美的做法扩大监管范围,还可以通过采用实施国际标准、积极参加谈判将网络安全例外引入国际规则等方法,来减少我国相关监管措施违背《服务贸易总协定》(General Agreement on Trade in Services,GATS)规定的风险。王融认为,对于政府来说,对于跨境数据流动的干预越深,则面临的实施挑战越大,欧盟对跨境数据流动制度的反思与改革值得借鉴;对于企业而言,除了在合规层面,满足各国数据跨境流动政策要求外,也需要在技术架构、商业模式等多方面进行改进优化。

(五)网络犯罪规制

对于网络犯罪发展脉络,于志刚等人认为,网络的发展先后经历了前网络时代、网络1.0时代、网络2.0时代、网络"空间化"时代四个阶段。与此相应,网络在网络犯罪中的地位也先后历经媒介、对象、工具、空间四个历程,网络犯罪的客体也有软件、系统、财产、秩序四个阶段的变化。从1997年我国《刑法》颁布至今已有20年,对这期间涉及网络犯罪的法律探索进行回顾可以发现,这些法律规定都是针对当时网络犯罪所处的阶段下表现出的特点而有针对性的制定出来的,刑事司法通过新事物之明确、关键词的"技术性更新"与"规范化转型"、定性规则之确立和定量标准之重构这四个方面展开了网络犯罪的理论探索。刑事立法则凭借网络犯罪罪名体系之建立与宏观层面的三种责任模式之确立这两个层面为网络犯罪治理做出了时代贡献。

对于网络犯罪立法，王燕玲认为，中国20多年来的网络犯罪立法经历了确认、发展和转型3个阶段，但存在立法时机的被动性、立法内容的碎片化、立法定量的可操作性差、立法的前瞻性匮乏、立法观念未成型、专门立法格局缺失、刑法扩张解释与立法完善的协同无序等问题。为了推动网络犯罪的立法转型，应构建理论研究与立法回应的协同机制，开拓网络刑法理论研究新局面，超越网络技术代际的变迁并引领理论转变与立法完善。同时，应以立法科学化为指导纲领，妥善解决网络立法定量因素与体系的独立化问题，注重立法的前瞻性功能，合理取舍网络犯罪的立法体例，提高立法质量，增强立法的适宜性。单奕铭认为，刑法修正通过增设新罪名和修改罪状方式扩大立法范围，现行网络犯罪立法总体呈现扩张趋势，刑罚趋于加重。现行网络犯罪立法对新增犯罪的应对不足。扩张网络犯罪是现实情况下我国刑法立法的必然选择。在立法模式上，应当坚持刑法修正案修正立法，保持刑法典统一。完善立法的具体措施上，要扩大入罪范围，严密罪名体系。转变重刑主义观念，推动刑罚多元化。重视与国际网络犯罪立法接轨。

对于网络犯罪管辖问题，李晓明等人认为，目前网络犯罪内涵及类型正在发生代际和质的极大变化，网络犯罪的虚拟性和无地域性特征导致跨国网络犯罪刑事管辖权面临挑战。在坚持网络空间国家主权的理念与前提下，很难制定出所谓的"可行性"新管辖权规则。管辖权冲突才是跨国网络犯罪刑事管辖权困境的根本与关键。在加强国际合作的基础上，制定国际互联网犯罪公约、达成双边或多边协定甚至将管辖权争议案件提交国际法院裁决，是当今解决跨国网络犯罪刑事管辖权冲突的明智选择。当然，解决管辖权消极冲突的着重点在于确立普遍管辖，但普遍管辖会加剧管辖权的积极冲突，故建立管辖权的冲突协商解决机制是解决管辖权积极冲突的关键。孙潇琳认为，网络犯罪的管辖问题已经成为打击网络犯罪需要解决的首要阻碍。在地域管辖中，管辖权竞合现象突出，"设备所在地"规定收效甚微，最初受理地原则受到挑战，而且立法不协调。在指定管辖中，适用指定管辖的案件范围被架空，"有利于查清犯罪事实、有利于诉讼"原则容易导致指定管辖的适用过度，而且公安机关掌握主动性，检察机关和审判机关略显被动。在并案处理问题上，公安机关的主动性较之于指定管辖更强。遇到上述障碍的原因有三：其一，立法思路未予更新；其二，监督制约意识缺位;其三,实害联系遭到忽视。对此,我们应当结合产生障碍的原因,更加合理地解决网络犯罪的管辖问题。

对于互联网犯罪解释体系,董彬认为,近年来,互联网的高速发展在带来各种便利的同时,也使得新型互联网犯罪层出不穷,刑法解释体系面临网络跨越发展和刑法修改滞后、刑事政策介入和国民安定期待两对突出矛盾。在互联网犯罪解释体系中,李斯特鸿沟在承载"罪刑法定""刑法谦抑性""人权保障"等理念的基础之上,具有现实化的功能。对此,以利用互联网 P2P 集资、在互联网散布虚假信息以及网游有偿"外挂代练"三种涉嫌网络犯罪的行为为例,采用"李斯特鸿沟"观点所提供的方法论,进行合理、有效的解释。

对于人工智能与网络犯罪,安柯颖等人认为,随着人工智能发展方兴未艾,网络安全面临人工智能化入侵,网络犯罪人工智能化成为了科技发展的产物,这必将对国家安全、公共安全和公民个人财产权、隐私权的保障构成威胁。特别是网络犯罪的衍生紧跟科技发展的步伐,这就导致网络犯罪的方法产生了质变,扩大了网络犯罪的危害性的广度和深度,进而对我国传统刑事法律的入罪规则产生了一系列的冲击,存在网络犯罪帮助行为的主犯特征被弱化、帮助行为的正犯责任界定不清、片面共犯的适用范围狭窄的缺陷。为此,在人工智能与网络犯罪深度融合的今天,针对网络犯罪人工智能化的衍生趋势,亟待调整治理网络犯罪刑事策略的着力点,通过国内实体法与法律解释的横向对接,司法解释与立法修正的梯度制衡,调整评价网络犯罪的刑法边界,以此改变当前治理网络犯罪入罪门槛高、刑罚权发动晚的现状。陈伟等人认为,"人机交互性"作为人工智能技术的显著特质,是基于智能技术的现实和理论逻辑层面的双重考量,其旨在揭示人工智能犯罪在算法歧视数据的形成和输入、危害行为操作以及法益侵害结果的发展过程中形成的人机一体化模式。人工智能犯罪行为的发生与结果发展的进程具有隐蔽性、间隔性,结果的形态固定也并非如同网络犯罪一样具备瞬时性。因而,刑法立法应当重新构造一种"科技犯罪"上位概念,取代网络犯罪这一"大杂烩"体系,以此形成"计算机系统犯罪—信息网络犯罪—人工智能犯罪"三位一体的科技犯罪规制模式。目前,学界存在的"涉人工智能体刑事责任独立化"与"人工智能刑事归责既定化"两种观点均背离现实的发展境况与科技社会的技术性法律共治理念。人工智能刑事风险应当是"人工"之下智能化行为与结果的支配表现。在此基础上,依据刑法类型化思维,抽象人工智能技术发展在不同阶段的同质犯罪行为,继而相应地设置人工智能犯罪的立法规制模式。

对于网络犯罪的实务规制策略,周征远认为,当前,互联网技术的发展在为人们生活提供便利的同时,也带来网络犯罪案件多发等问题。从保护国家与公民信息安全、维护网络秩序等目标出发,需要对网络犯罪现状进行分析研判并进行规制。总体而言,网络犯罪案件在数量上呈上升趋势且多以牟利为目的,但司法实践中存在办案人员相关知识储备欠缺、法律适用难等问题。对此,应转变观念,培养复合型办案人才,同时适时完善相关立法。

对于网络服务提供者责任,张阳认为,受到网络空间虚拟性的影响,传统的犯罪模式出现形态、对象、结果等多方面的异化,传统刑法与新生的虚拟空间之间日益不相融,刑法适用也略显捉襟见肘。因此,有必要明确网络服务提供者的责任,将帮助行为、预备行为单独设立罪名,以规制虚拟空间中具有更大社会危害性的行为。刑法体系也必须作出有力回应,引入累积犯概念,增设资格刑及形成"刑法典与单行网络刑法"并存的刑事立法格局,以提高我国应对网络犯罪的刑事立法、司法水平。

对于网络暴力,施鑫认为,近年来,网络新媒体技术的迅速发展也促使网络暴力问题愈演愈烈。相比学界在社会学和新闻传播学领域对网络暴力行为的研究,犯罪学能为网络暴力行为的治理提供新视角。随着网络暴力行为类型化特征的凸显,网络暴力的范围及其犯罪性得以明确,通过引入网络犯罪场理论,可以明晰网络暴力的时空条件、社会控制疏漏、被害人及潜在的行为人诸因素在网络暴力生成过程中的作用,最终通过合理调控网络犯罪场实现对网络暴力行为的有效控制。

对于网络外挂,邬耀广等人认为,移动互联网时代,网络犯罪问题层出不穷,犯罪的高发却并未带来司法案例的暴增。司法机关普遍存在网络犯罪难立案、难查证、难破案的难题。尤其是外挂类案件,争议大、分歧多,一向是理论界、实务界的难点案件。因而,涉互联网犯罪行为的定罪观点必须注重对网络技术创新和网络数据的司法保护,在坚守刑法原理的基础上,及时调整刑法的应对措施,使传统刑法跟上时代发展的步伐。

对于帮助信息网络犯罪活动罪,徐然认为,帮助信息网络犯罪活动罪在司法适用中存在三个维度的问题。本罪既是立法上的从属正犯化,作为被帮助的正犯行为的可罚性是本罪的可罚性前提;又是司法上的绝对正犯化,帮助行为之处罚及其程度独立于正犯。司法认定上,"为其犯罪……提供帮助",一方面要将"犯罪"理解为不法行为,本罪行为是对不法行为的加功;另一方面,本罪行为的处罚有赖于"情节严重"要素的进一步具体化。"明知他人……实施犯罪"具有三种类型的明知,需要根据不同情形加以认定。另外,本罪是信息网络犯罪活动帮助行为的特殊量刑规则,与总则共犯规定形成榫卯式的适用体系,不是排除被帮助行为共犯的特别规定。阎二鹏认为,对帮助信息网络犯罪活动罪的法条性质,目前存在所谓帮助行为正犯化以及帮助犯量刑规则两种结论,但两种主张在逻辑论证上均存在难以自圆其说之障碍,最终在结论上消解了本罪之立法价值;就帮助信息网络犯罪活动罪而言,其不法构成要件所设定的实行行为应厘定为无明确犯罪指向的网络服务提供者对他人实施具体犯罪明知的前提下,未停止提供网络服务之行为,此行为性质应归属为不作为;网络服务提供者未履行积极作为义务之不作为无法在既有之刑法教义学原理下入罪,故帮助信息网络犯罪活动罪具有独立之立法价值;对网络服务提供者附加"及时删除违法信息或断开、屏蔽非法网络用户链接的义务",就网络服务提供者而言不应归属于"欠缺期待可能性"之过分要求。吴情树认为,我国刑法从司法解释开启了网络帮助行为正犯化的先河,《刑法修正案(九)》又正式将部分可罚的网络帮助行为纳入刑法的调整范围,增设了拒不执行信息网络安全管理义务罪、非法利用信息网络罪、帮助信息网络犯罪活动罪三个罪。其中,网络帮助行为正犯化最为典型的就是帮助信息网络犯罪活动罪。该罪的设立并不排除该行为仍然可以构成其他相关犯罪的共同犯罪,从而与其他相关犯罪形成想象竞合。在认定帮助信息网络犯罪活动罪中的情节是否严重的问题上,可以参考目前司法解释的相关规定。陈洪兵认为,《刑法》第 287 条之二是帮助犯的正犯化,即帮助行为的实行行为化,而非帮助犯的量刑规则;成立帮助信息网络犯罪活动罪,只需他人利用网络技术支持等帮助实施了犯罪行为意义上的犯罪(无须满足盗窃、诈骗数额较大等罪量要求)即可;教唆、帮助他人实施网络技术支持等帮助行为的,成立该罪的教唆、帮助犯;一般而言,只有违反行业操作规范,深度参与他人犯罪活动,提供针对特定对象,专门便于他人实施犯罪行为的网络技术支持与帮助,才能认为超出了中立帮助行为或正当业务行为的范畴,而有成立该罪的余地;无论法条竞合还是想象竞合,只要认定只有一个行为而同时构成其他犯罪,就应从一重处罚。

对于非法利用信息网络罪,陈伟等人认为,设置非法利用信息网络罪的部分前置预防行为,以此应对网络风险社会的虚拟性、技术超越性以及秩序的涉众性,是网络信息时代的背景所需。非法利用信息网络罪不应全盘定性为预备行为正犯化,从刑法规范的精确用语角度分析,利用信息网络犯罪的行为形态存在着"预备行为正犯化"以及"纯粹的实行行为"的二元定性标准。在利用信息网络犯罪行为形态二元论的基本指引下,设立的"网站"应当包括"三网融合"下的空间类型;发布的"信息"评价应当从"时间、性质、类型"的多元维度予以规范诠释。

对于侵犯公民个人信息罪,张勇认为,我国公民个人信息立法保护存在不系统、不协调的"碎片化"问题。公民个人信息的本质属性在于个人身份与个体特征的可识别性,但并非所有个人信息都要纳入刑法保护范围。刑法中个人信息法益既有传统上包括隐私权在内的人身权、财产权,也有"超个人法益"即国家和社会公共安全、利益及秩序,因而需要建立多元化、多层次法益保护的刑法体系。司法实践中需要运用体系解释方法,通过刑法与网络安全法的衔接协调,认定侵犯公民个人信息罪情节因素,处理相关联罪名竞合关系,在刑法体系内外部进行修复,从"碎片化"实现"体系化"。庄绪龙认为,公民个人信息的概念和范畴的科学界定是《刑法》第253条之一准确适用的基本前提。关于公民个人信息范畴界定的学说,隐私权说、生活安宁权说以及信息价值说各有侧重但也各存偏颇。在上述三种学说基础之上,融合三种学说之优势且补足其劣势的"折中说"具有科学性。本罪的犯罪对象,即公民个人信息应为"违背公民本人真实意思表示且在客观上公开会造成公民个人人身、财产安全隐患的一切信息"。在类型化角度,对于"结合型"公民个人信息而言,犯罪主体应当聚焦于信息的整合者、组织者,单纯获取、提供不具刑法保护价值的数据信息,不宜作为本罪处理;在本罪行为方式上,单纯的"获取型"行为并未侵害刑法保护的法益,不宜作为本罪处理,而"使用型"行为不作为犯罪处理的规定却难以自圆其说,科学性与合理性不足。最高人民法院和最高人民检察院最新出台关于本罪的司法解释,在规范解释论上虽然与"行为—结果"的因果关联存在解释论上的落差,但却具有司法价值引导的功效,其中彰显的法理价值科学且充分。李胜葵等人认为,《刑法修正案(九)》对侵犯公民个人信息罪作出重要修改,但仍未能避免众所周知的徐玉玉案悲剧发生。2017 年,最高人民法院和最高人民检察院联合颁布司法解释,对相关问题作出进一步规范。在此前提下,侵犯公民个人信息罪的司法适用有了更新内涵,如何准确把握、规范施行是值得关注的问题。郑旭江认为,个人信息所具有的"三性"即法益性、映射性和真实性决定了个人信息的本质和范围;公民概念的坚守源于文义解释的要求,但并不意味着他国公民得不到我国刑法的平等保护,公民个人信息的深入探讨有助于厘清侵犯公民个人信息罪的对象。"违反国家有关规定"和"违反国家规定"存在立法上的区别,基于刑法秩序内外的一致性和协调性,应将"违反国家有关规定"限定于法律、行政法规和国务院部门规章。作为法定犯,侵犯公民个人信息罪必须与前置性法律法规保持协调统一。立法的从重、从严和从快初步构建了规制个人信息犯罪的法律体系,但我们应从危害行为类型、主体身份和前科情况、信息用途和主观不法、危害后果和情节要素的角度认识和坚守罪与非罪的边界。岳林认为,"身份识别"是界定个人信息范畴的一项主要标准。单纯依靠身份识别标准并不能解决与个人信息相关的所有法律问题。在刑事司法实践过程中,多数法官没有拘泥于身份识别标准,对《刑法》第 253 条之一规定的"个人信息"给予了较为灵活的理解和适用。最高人民法院和最高人民检察院在 2017 年联合发布的司法解释,也同时承认了"身份识别"与"自活动情况"两项个人信息认定标准。但是身份识别标准在理论中很容易被泛化理解,在实践中亦有可能因为过于宽泛而失去实用价值。张勇认为,个人信息去识别化即去除个人信息数据中可识别性的过程,包括去标识化和匿名化。可识别性是个人信息的本质属性,去识别个人信息仍具有人格权及其衍生的财产权益,也涉及公共利益、秩序和安全的社会法益,两者均应纳入侵犯公民个人信息罪的法益保护范围。运用去识别与再识别技术收集个人信息,须承担防控个人信息和公共安全风险的法律义务,刑法规制须注重个人信息安全法律和行业规范的衔接协调;个人信息去识别行为的中立业务性质与信息主体授权同意可作为出罪事由。刑法应在个人信息去识别化的保护和利用、入罪与出罪之间寻求适当平衡。陈璐认为,在《网络安全法》加大侵犯个人信息违法行为处罚力度、"两高"最新司法解释进一步扩充《刑法》第 253 条之一构成要件的背景下，行政法与刑法的界限问题、刑法自身的边界问题变得非常突出，直接影响到罪与非罪的认定。个人信息的刑法保护不仅遭遇行政处罚和刑罚的界限分歧，还遭遇《刑法》第253条之一构成要件要素自身的界限分歧，主要包括：“公民个人信息”范围的扩大使其边界范围模糊不清；“国家有关规定”的虚置化与冲突性导致其难以发挥罪状的限定作用；“人肉搜索”型侵害行为的范围具有不确定性；“非法收集”型侵害行为的入罪标准不具有实际可操作性。个人信息刑法保护问题本身跨越了宪法、行政法与刑法等法律部门的界限，其界限分歧问题实际上是刑法与宪法、刑法与行政法的界限问题，建立个人信息保护的宪法和行政法秩序、全面搭建个人信息保护的伦理秩序和规则体系可解决该问题。陈文昊认为，侵犯公民个人信息罪没有将“非法利用公民个人信息”这一核心行为纳入犯罪圈，而是通过刑法对非法获取和泄露个人信息的行为进行规制。这种立法模式称为“外围规制”，它旨在实现刑事立法的妥当性与效率。“外围规制”是一种立法技术，这种立法模式避免了对“非法利用个人信息”行为定型化的弊端，而是通过截断信息的传递减少对公民个人信息的侵犯，符合司法功利主义和司法便利主义的要求。但是，在对侵犯公民个人信息罪进行解释的过程中，应当以“非法利用”为解释的核心与落脚点，将“非法”理解为“以非法利用的目的”，从而将合法取得非法利用信息的行为纳入到本罪的调整范围中。另外，应当采用吸收犯的原理妥善地处理本罪与其他罪名的罪数关系。贺洪波认为，最高人民法院、最高人民检察院《关于办理侵犯公民个人信息刑事案件适用法律若干问题的解释》第6条对为合法经营活动而侵犯公民个人信息行为进行独立规制，是新型犯罪罪状表述抽象化与罪状解释具体化、信息时代信息价值多元化与危害行为多样化、现代社会犯罪治理精细化与刑法评价精准化的内在要求。为合法经营活动而侵犯公民个人信息行为相关规范要素中的“为合法经营活动”应理解为主观超过要素，“获利五万元”应作严格解释，“曾因侵犯公民个人信息”应作广义解释，“其他情节严重”应包括信息数量标准。于冲认为，在我国刑法中“公民个人信息”长期的附属保护模式，加之“刑先民后”的立法现状，使得“公民个人信息”的内涵外延以及法益属性未能得到清晰的界定，不利于侵犯公民个人信息罪的适用和“公民个人信息”的刑法保护。有必要立足于现有的刑法框架和司法解释，对当前“公民个人信息”的规范概念进行系统解读，进而明确“公民个人信息”的法益属性和刑法保护边界。《刑法》对于“公民个人信息”的保护思路应当是,在确认其人身属性、财产属性和相关法益依附属性的基础上,赋予其新型的权利地位。敬力嘉认为,按照我国《刑法》第253条之一侵犯公民个人信息罪规定的行为类型,侵害公民个人信息所造成的危害结果兼具个体性与公共性。但公民个人信息是被侵害的对象而非法益,厘清本罪法益才能明确本罪的入罪标准。大数据环境下,信息自决权是公民个人应享有的新型的宪法层面的具体人格权。将本罪法益构建为作为个人法益的信息自决权,或者作为公共法益、不具备实质内涵的信息安全,都不能明确本罪的处罚范围。侵犯公民个人信息罪所保护的法益,是具备实质权利内涵的集体法益,具体为信息专有权,也就是法定主体对于所占有个人信息的处分权限。通过对信息专有权的刑法保护,可以实现对作为宪法法益的信息自决权的间接保护。未来国家立法应当将本罪拆分为“非法获取公民个人信息罪”与“非法提供或出售公民个人信息罪”,以信息专有权为核心,进一步完善公民个人信息刑法保护的规范体系,完成从安全本位向权利本位的优雅转身。

对于拒不履行信息网络安全管理义务罪,王利宾认为,《刑法修正案(九)》之所以明确规定拒不履行信息网络安全管理义务罪,不但是因为网络运营商的严重监管失职行为具有严重社会危害性,已经超越了前刑法规范可以防控的范围;更因为这种处理方式拓宽了行为控制的渠道,符合经济、效率的目标。当然,在罪刑法定和人权保障的题旨下,对行为犯罪化时要调适刑法谦抑和风险刑法理论,避免轻纵和过度打击;强调行政前置,重视行为的双重违法性;严格遵循罪刑法定原则,对犯罪构成进行准确界定;对拒不履行网络安全管理义务罪的罪名和刑事责任进行准确解读和制度前瞻,以确保立法科学性的司法实现。

对于电信网络诈骗犯罪,王雷认为,电信网络诈骗犯罪存在意思联络难于认定的情况。就德国、日本刑法中的共同犯罪理论而言,对共犯成立是否以意思联络为必要具有分歧。在我国,意思联络为共犯成立的必要条件,但立法者针对电信网络诈骗犯罪设立了“缓和区”,可结合被告人的认知能力、过往经历等主客观因素对主观明知进行综合判断。在认定受他人雇佣,利用伪基站发送诈骗短信的行为人、话务员和“水房”是否成立诈骗共犯时,要严格贯彻“从严打击,宽严相继”的刑事政策,根据现有证据情况进行区别处理。

对于网络空间聚合型犯罪，张楚认为，网络空间的聚合型犯罪，是在网络空间下一人提议犯罪，多人响应并一起实施犯罪的犯罪形态。由于网络技术的特殊性，行为人呈现出犯意联络片面性、松散性、成员之间弱组织性等特征，网络空间的聚合型犯罪属于犯罪集团和聚众犯罪的中间性质的犯罪形态。在网络3.0时代，网络空间一方面充当着犯意发酵场所的角色，另一方面发挥着犯罪实施场所的功能。网络空间下要成立聚合型犯罪，行为人之间应当在主观方面具有犯意的推进性，在客观方面具有犯罪行为的黏合性。为控制犯罪的打击面，网络空间的聚合型犯罪只处罚首要分子和积极参加者，按照《刑法》总则中主犯的量刑原则来处罚。

对于网络集资犯罪，宋建伟等人认为，网络集资犯罪本质上属于互联网金融犯罪，随着现代信息技术的蓬勃发展，传统集资犯罪在网络空间中呈现出了利用网络平台犯罪、手段翻新快、可罚性标准难以判断、案件涉及面广、犯罪智能化等一些新的发案特征与趋势，对既有的诸如证据收集与认定、侦查协作、追缴赃款、法律适用等刑事治理体系与社会秩序造成了一定的冲击。因此，必须从刑法理念更新、加强网络平台阵地控制、完善侦查协作与追赃机制、优化证据收集方法、改进法律适用等方面不断完善网络集资犯罪刑事治理的进路。

对于网络平台共同版权犯罪，张燕龙认为，现阶段平台的共同版权犯罪责任主要在于直接参与型的共同正犯以及帮助型的共犯，立法同时也提供了共犯正犯化的方式来补充规制。但未来平台直接帮助侵权的行为可能会越来越少，而通过产品然后再去侵权的行为可能会越来越多，此时该如何认定平台作为生产者的责任将成为亟待解决的问题。

对于涉数据网络犯罪，文立彬认为，涉数据网络犯罪以数据侵害为核心，主要类罪包括计算机犯罪、个人信息犯罪、著作权犯罪和电信网络诈骗犯罪。大数据时代下，数据作为信息化社会建设和数字化产业发展的关键要素，已上升至前所未有的国家战略高度。涉数据网络犯罪的蔓延与异变，使个人法益、经济秩序和国家安全遭受严重危害。目前，涉数据网络犯罪刑事规制存在治理思路滞后、保护法益狭窄、规制效果欠佳等问题，因此有必要在网络治理思路下适当拓展刑法谦抑性，调整法益保护类型与范围，实现刑法规制前置化与功能化，完善涉数据网络犯罪的刑罚措施与跨域合作机制。

对于情节严重,石聚航认为,“情节严重”的认定是侵犯公民个人信息罪的关键问题之一。司法解释对“情节严重”的认定采取了混合认定模式,这容易导致犯罪评价次序错位、“情节严重”内涵不清、刑法有演变为风险防控法之虞、司法实践认定“避难就易”等后果。理论上应当明确“情节严重”属于违法构成要件要素,其内涵是反映法益侵害程度的客观事实;在界定“情节严重”的内涵时,应摒弃人身危险性、恶劣社会影响等要素;违法所得数额与侵犯公民个人信息罪的法益侵害及其程度没有必然联系,不应被规定为“情节严重”的认定标准之一。

对于网络犯罪规制的域外研究,曹雅闻认为,犯罪统计数据显示,日本网络犯罪增量上升很快。为应对网络犯罪,日本通过修正刑法典和创制特别刑法等方式解决法律渊源不足问题,同时通过一系列实践层面对策处理单靠立法不能解决的问题,并取得了一定成效。从日本应对网络犯罪的经验可知,网络犯罪治理应重视构建包括刑法典在内的综合法律对策体系,追求有规范依据的常态化国际合作,注重政府主导下的多主体参与以形成共治格局,同时应特别关注未成年人网络权益的保护。

(六)其他方面的问题

对于《电子商务法》,王胜利提到,《电子商务法》2019 年 1 月 1 日实施后,我们将调查了解电子商务经营者履行《电子商务法》的情况;与知识产权权利人建立密切的沟通机制,掌握其发现的电子商务领域侵权行为及通知平台经营者的情况,研究建立权利人同时告知市场监管部门的机制;发挥包括投诉举报、神秘买家在内的信息渠道和资源的作用,掌握平台经营者根据权利人的意见,转送平台内经营者或者采取删除、屏蔽、断开链接、终止交易和服务等必要措施的情况,严肃执法,确保《电子商务法》有效实施。桑林认为,规范广告经营行为,营造良好的互联网交易市场环境和公平竞争秩序,是电商企业网络经营者履行《电子商务法》《广告法》的法定义务,各电子商务平台要注重以下三个方面的工作:一是高度重视,落实平台主体责任;二是加强自律,加强广告审查管理;三是信守承诺,做有社会责任的企业。作为互联网领域各行业的龙头企业和领军企业,要发挥好引领示范作用、榜样作用,切实履行承诺,增强社会责任感。李宣庆认为,国家市场监管总局质量发展局主要负责宏观质量管理,组织实施质量强国战略,推动产品和服务质量提升,促进经济高质量发展。同时,还承担产品售后质量责任的监管、服务质量监督监测等职责。结合《电子商务法》对商品质量和服务质量作出的规定,各电商平台企业应注重以下三个方面的工作:一是采用先进质量管理方法,不断提高平台企业自身质量管理水平;二是做到商品质量与服务质量并重,在保证商品质量的同时不断提升服务质量水平;三是履行好产品质量相关责任,不断增强依法依规经营的意识。李玉冰提到,国家市场监督管理总局、国家标准化管理委员会高度重视电子商务领域的标准化制定修订活动。截至目前,已批准成立了2个与电子商务密切相关的全国标准化技术委员会,同时,国家市场监督管理总局、国家标准化管理委员会高度重视并积极推动电子商务国际标准化工作的发展。下一步,国家市场监督管理总局、国家标准化管理委员会将根据电子商务领域的发展趋势,积极推进电子商务国际国内标准体系的相互兼容,鼓励相关利益方的参与,充分发挥电商龙头企业、科研院所、检验检测机构、全国电子商务产品质量信息共享联盟的作用,建立健全电子商务国际标准体系。庞翔提到,电商经营者可以把采信质量认证结果作为承担产品和服务质量责任的一种有效途径。一是识别产品和服务是否有相应的技术标准,并将标准信息公示在产品和服务宣传中,如果消费者需要查阅标准的具体内容,国家市场监督管理总局信息中心应能够提供信息系统对接查询服务。二是对产品和服务进行质量认证,将质量认证结果展示给消费者,总局信息中心通过认证认可信息共享公共服务平台(云桥系统)向各大电商平台提供服务。朱剑桥认为,中国消费者协会将积极履行法定职责,密切关注并全力推进《电子商务法》中保护消费者权益相关规定的落地,把加强《电子商务法》的宣传教育和推动《电子商务法》的有效实施作为中国消费者协会当前和今后一个时期的重点工作之一,结合《电子商务法》相关条款,用好《消费者权益保护法》赋予的八项职责,综合运用消费调查、比较试验、委托鉴定、投诉调解、约谈劝谕、揭露批评、公益诉讼等维权举措,有针对性地开展电商领域消费调研和消费监督,让《电子商务法》的规定真正惠及每个消费者。

对于信息删除权,余筱兰认为,实践中,信息删除权是大数据时代信息保护立法的需要,是互联网时代市场经营主体和其他机构得以日常运营的需要;理论上,信息删除权的创设是人权保障的要求,也是其人格权之属性使然。编纂我国《民法典》时需要考虑信息删除权。从权利体系上分析,信息删除权是个人信息权的子权利,是新型的民事权利。从技术安排的角度看,对信息删除权的依据、法律概念、法律属性、权利义务主体、保护标准、民事责任的分析和论证,有助于为我国《民法典》中信息删除权的设计提供一种思路。

对于数据本地化措施,彭岳认为,基于维护国家安全、维护社会公共道德和公共秩序、保护个人隐私、防止消费欺诈、便利执法以及促进产业发展需要等政策关切,各国大多采用数据本地化措施对数字经济加以规制,由此影响到数字贸易自由。根据判例确定的"技术中立"原则,WTO 协定原则上涵盖数字贸易争端,但受历史条件所限,WTO 协定法律文本未能触及数字贸易规制问题,相关法律适用存在诸多不确定性。美国和欧盟试图通过签订双边或区域协定补足 WTO 协定漏洞,但就如何保护数字贸易中的个人数据存在重大理念冲突和制度差异,短期内难以达成一致。美国主导的跨太平洋伙伴关系协定(Trans - Pacific Partnership Agreement,TPP)明确禁止缔约方采取数据本地化措施原则,并设置若干例外。这一"原则 + 例外"规制模式可容纳中国倡导的网络安全价值,优于欧盟提出的统一国际标准规制模式,中国理应支持。

对于人权法编中的个人信息权,常健认为,《民法人格权编(草案)·民法室室内稿》的发布,明确规定了"个人信息"制度;初步实现了与《民法总则》第 111 条的衔接。但其作为征求意见稿在"个人信息"的法律性质、其与隐私权的界分、基本权利内容等关键问题的规定上存在缺憾。明确"个人信息"的民事权利属性,以"个人信息权"直接取代定性不清的"个人信息";将"个人信息权"与隐私权清晰界分,在人格权法(编)独立成章;确立"个人信息权"的基本内容,采取总分结合的立法技术;这样将对人格权法(编)中的个人信息权制度的完善有所裨益。

对于网络空间仇恨言论的规制,何志鹏等人认为,表达自由作为基本人权之一受到国际法与国内法的保护,为了维护稳定的社会秩序,仇恨言论必须受到法律的有效限制。信息时代的到来,网络可以为仇恨言论的传播提供便捷的途径,由此引发的仇恨犯罪、种族歧视等各方面的问题日益显现,各国法律的不同和国际条约体制的缺失亦增加了解决这一问题的难度。网络空间仇恨言论的规制,需要国际社会的共同努力。仇恨言论的应有限制,是对人权、法治的合理保护,对国家、社会的稳定具有重要意义。只有通过推动国际规则、国内法在人权保护与网络安全领域的制定及实施,才能更为高效合理地界定表达自由保护与仇恨言论规制之间的界限。

三、年度观察和展望

(一)就有效的前瞻性预防机制的建立展开研究

在互联网治理过程中,事后监管是当前较常见的一种形式,虽然处罚了责任主体,却难以挽回已经造成的损失。相较而言,通过预防手段,将违法违规现象扼杀于萌芽期,更有助于彻底整治网络乱象,促进网络环境日益清朗。因此,如何前瞻性地制定监管政策、法律法规,有针对性地预防问题的发生,是学界必须要考虑的问题。同时,为避免"头痛医头,脚痛医脚"的传统思维,应当树立全局观念,提前考量对象、范围、后果等内容,合理平衡互联网行业自由与有序的状态,增强研究的前瞻性、有效性、协同性。

(二)关注本国问题的同时强化研究的国际视野

尽管各个国家在互联网产业、技术的发展水平上呈现参差不齐的状态,对于互联网治理的内容、手段等也各有规定,然而互联网的连通性、虚拟性要求我们在网络治理上也应当是无国界的。一方面,网络失序现象是世界各国需面对的普遍难题,网络安全攻击、个人信息泄露、不良文化传播等,亟待我们用国际化的视角去解决;另一方面,先进的科学技术、自由的网络空间、流动的信息数据,为各国开展相关的合作与交流提供了便利的平台基础。因此,学者在对网络安全法律问题进行研究时,还需具备与国际接轨的意识和能力,坚持民事监管、行业自治与国际治理并举。

会议研讨篇

360 集团法律研究院

一、2018 年重要会议研讨情况概览

2018 年，“Facebook 信息泄露事件”和国内个人信息泄露层出不穷以及欧盟 GDPR 在 5 月 25 日正式生效实施，导致企业、学者等广泛关注和参与个人信息安全的讨论。数据安全和个人信息保护成为 2018 年网络安全法治领域的重要议题。为了更好的展现过去一年会议研讨的情况，本部分根据 2018 年网络社会的热点话题，重点选取聚焦《网络安全法》相关内容的会议研讨，比如数据安全和个人信息保护、网络空间安全等。本年度的有关网路安全法治的重要会议概览（见表 22）。

表 22　2018 年中国网络安全法治有关会议研讨会概览表

会议时间	会议名称	聚焦主题	主办方	地点
2018 年 1 月 6 日	“人工智慧与未来法治”学术研讨会		西北政法大学	西安
2018 年 3 月 31 日	阿里安全—ASRC 生态大会	创新与变化	阿里安全—ASRC	杭州
2018 年 4 月 15 日	国际网络安全标准化论坛		全国信息安全标准化技术委员会、武汉市人民政府	武汉

续表

会议时间	会议名称	聚焦主题	主办方	地点
2018 年 4 月 22 日	首届数字中国建设峰会	以信息化驱动现代化,加快建设数字中国	国家网信办、国家发展改革委、工信部、福建省政府	福州
2018 年 4 月 26 日	第二届数据安全与隐私保护高峰论坛	大数据时代网络信息安全与风险管控	网络安全(中国)论坛组委会	上海
2018 年 4 月 27 日	2018 西湖论剑 · 网络安全大会	新时代、新安全、新力量	浙江省互联网信息办公室等	杭州
2018 年 5 月 11 日	第 11 次网络与信息法治圆桌会议	数字中国与数字经济立法	中国社科院法学所、中国法学会网络与信息法学研究会	北京
2018 年 5 月 19 日	2018 中国数据法律高峰论坛	中美对话大数据时代的个人信息保护模式——隐私场景理论	华东政法大学数据法律研究中心	上海
2018 年 5 月 22 日	第二届中国数据安全治理高峰论坛	共享数据价值 · 共担安全责任	中国保密协会分会等	北京
2018 年 6 月 5 日	数据治理与网络安全研究联盟 2018 年年度论坛	数据保护与治理	数据治理与网络安全研究联盟	北京
2018 年 6 月 6 日	2018(第三届)中国网络安全峰会	数据为基、智领安全	中国信息协会	北京
2018 年 6 月 13 日	网络安全试点示范工作经验交流会暨第八届电信和互联网行业网络安全年会	安全创新、最佳实践、强化网络基础设施保障、助力工业互联网安全	中国信息通信研究院、中国通信企业协会	杭州
2018 年 6 月 13 日	大数据时代个人信息保护的多重路径研讨会	大数据时代个人信息保护的多重路径	中国应用法学研究所	北京
2018 年 7 月 6 日	“美国 2018 加州消费者隐私法案”研讨会	CCPA	北京师范大学互联网刑事法治国际中心	北京
2018 年 7 月 6 日	中德网络刑法研讨会	新时代网络犯罪及中、德、欧刑法适用问题	北京大学法学院、腾讯公司	北京

续表

会议时间	会议名称	聚焦主题	主办方	地点
2018年7月10日	2018年(第十七届)中国互联网大会	融合发展　协同共治——新时代　新征程　新动能	中国互联网协会	北京
2018年7月12日	个人信息保护论坛	个人信息保护	中国互联网协会	北京
2018年7月18日	数字经济发展与个人信息保护研讨会	数据权利性质及归属、个人信息保护与数据利用、GDPR的影响及应对	中央财经大学法学院	北京
2018年7月20日	网络安全法律风险与合规高峰论坛	聚焦网络空间安全、护航数字经济发展	中国电子学会学术交流中心等	成都
2018年7月21日	中国关键信息基础设施安全高峰论坛	新环境　新机遇　新挑战	乌兰察布市人民政府	乌兰察布
2018年7月30日	关键信息基础设施安全与实践论坛	关键信息基础设施保护标准与实务	全国信息安全标准化技术委员会秘书处	苏州
2018年8月7日	宁夏2018关键信息基础设施安全保障技术论坛会	提高我国关键信息基础设施自主安全水平、不断提高关键信息关键基础设施保障能力	宁夏网络与信息安全行业协会	银川
2018年8月15日	2018中国网络安全年会(第15届)	荟聚安全大脑、护航智能生态	国家互联网应急中心	北京
2018年8月15日	侵犯公民个人信息犯罪的司法处遇	个人信息相关法律、司法实务现状	北师大互联网刑事法治国际研究中心	北京
2018年8月17日	网络与信息法学研究会2018年年会	改革开放40年与网络信息法治发展	中国法学会网络与信息法学研究会	杭州
2018年8月21日	2018网络安全生态峰会	共建安全防线、共治安全环境、共享安全生态	中国互联网协会、阿里巴巴、蚂蚁金服、阿里云	北京
2018年8月22日	2018第五届网络安全(中国)论坛峰会	AI智安全	中国计算机用户协会	上海
2018年8月22日	网络安全法律风险与合规专题峰会	大数据、个人信息、数据跨境及物联网应用合规	中华全国律师协会信息网络与高新技术法律专业委员会	上海

续表

会议时间	会议名称	聚焦主题	主办方	地点
2018 年 8 月 26 日	新型互联网传销态势与治理研讨会	聚焦金融传销骗局	腾讯网络安全、《中国检察官》杂志社	北京
2018 年 8 月 26 日	第三十九期深圳法治论坛	大数据时代的个人数据保护	深圳市法学会	深圳
2018 年 8 月 27 日	第四届互联网安全领袖峰会	安全强驱动，数字新生态	腾讯公司、中国互联网协会、中国网络空间安全协会等联合主办	北京
2018 年 8 月 30 日	物流业数据信息安全探讨会	物流数据与信息安全	中物联电商物流与快递分会、物流沙龙	昆明

二、2018 年重要会议研讨观点综述

（一）网络安全治理理念

2018 年 2 月 6 日，公安部在京召开会议，全面总结 2017 年网络安全管理工作，表彰有突出贡献的 100 家优秀互联网企业安全团队和 50 名优秀个人。会议指出，广大网络运营企业和信息服务企业贯彻落实《网络安全法》，加强网络安全管理，落实社会责任，开展网络治理，为促进国家经济社会发展、营造安全清朗的网络空间做出了贡献，也涌现出一批优秀企业网络安全团队与个人。会议强调，当前，网络安全威胁和风险日益突出。维护网络安全是全社会共同责任，需要政府、企业、社会组织、广大网民共同参与，共筑网络安全防线。会上，与会代表共同签订"履行主体责任净化网络环境承诺书"，承诺严格落实法律责任，共同维护良好网络秩序。[1]

2018 年 4 月 20 日至 21 日，全国网络安全和信息化工作会议在北京召开。中共中央总书记、国家主席、中央军委主席、中央网络安全和信息化委员会主任

---

〔1〕 参见《公安部表彰优秀互联网企业安全团队和个人》，载中华人民共和国中央人民政府网：http://www.gov.cn/xinwen/2018-02/08/content_5264874.htm，最后访问日期：2019 年 1 月 15 日。

习近平出席会议并发表重要讲话。习近平指出,要提高网络综合治理能力,形成党委领导、政府管理、企业履责、社会监督、网民自律等多主体参与,经济、法律、技术等多种手段相结合的综合治网格局。要压实互联网企业的主体责任,绝不能让互联网成为传播有害信息、造谣生事的平台。习近平强调,要落实关键信息基础设施防护责任,行业、企业作为关键信息基础设施运营者承担主体防护责任,主管部门履行好监管责任。要依法严厉打击网络黑客、电信网络诈骗、侵犯公民个人隐私等违法犯罪行为,切断网络犯罪利益链条,持续形成高压态势,维护人民群众合法权益。[1]

2018 年 4 月 21 日,首届中国网络法治高端论坛暨武汉大学网络治理研究院成立大会在武汉大学举行,武汉大学党委副书记沈壮海在开幕式上表示,党的十九大报告指出,互联网不是法外之地,网络治理任重道远,本次论坛的召开以及网络研究院的成立可谓适逢其时,社会各界应加强网络安全研讨合作,为构建网络治理共同体献策,共同探索网络法治的中国样本,把握网络时代的趋势,维护网络法治建设成果。

国家网信办国际合作局副局长王建朝指出,为统筹推进网络安全国际治理,近期中共中央《关于深化党和国家机构改革方案》中强调要优化中央网络安全和信息化委员会办公室职责,从而将国家计算机网络与信息安全管理中心由工业和信息化部管理调整为由中央网络安全和信息化委员会办公室管理,以积极推进网络空间治理。

国家网信办专家委秘书处副秘书长张宏伟表示,互联网给人类生产、生活带来的一系列变化和挑战,需要不断地研究和治理。武汉大学是最早研究网络法的高校之一,国家网信办与武汉大学一直有着良好的合作关系,本次大会暨新成立的网络治理研究院凝聚了高校力量,有利于为国家网络建设建言献策。[2]

2018 年 4 月 28 日,促进大数据发展部际联席会议第三次会议暨政务信息系统整合共享推进落实领导小组第四次会议召开,会议强调各部门要深刻学习领

---

〔1〕 参见《习近平出席全国网络安全和信息化工作会议并发表重要讲话》,载东北网:https://internal.dbw.cn/system/2018/09/07/058067018.shtml,最后访问日期:2019 年 1 月 15 日。

〔2〕 参见《首届中国网络法治高端论坛在汉开幕、探索网络法治中国样本》,载中央人民广播电台:http://www.cnr.cn/hubei/bk/sh/20180421/t20180421_524207049.shtml,最后访问日期:2019 年 1 月 15 日。

会、坚决贯彻落实习近平总书记对建设“网络强国”、实施国家大数据战略作出的一系列重要指示精神，认真落实李克强总理对政务信息系统整合共享提出的工作要求，深刻认识、准确把握实施大数据战略的重大意义，切实增强责任感使命感。一要深入学习习近平总书记“网络强国”战略思想，二要牢固树立大数据思维，三要加速推动大数据核心技术突破，四要准确把握数字经济的发展方向。[1]

2018年5月24～25日，由工业和信息化部指导，国家工业信息安全发展研究中心、工业信息安全产业发展联盟举办的首届中国工业信息安全大会在北京召开。大会是国内首次聚焦工业信息安全领域举办的国际性大会。大会的主题是“筑工信安全，建网络强国”，旨在推进网络安全与信息化融合发展，加快工业信息安全建设，深化工业信息安全产业交流合作，促进我国工业信息安全全面发展。大会聚焦工业信息安全发展趋势、标准制定、应用实践、人才教育等行业关切，搭建了一个世界级的工业信息安全技术交流和产业合作平台，进一步推进我国工业信息安全产业发展。陈因总工程师强调了工业信息安全的重要性，高度概括了工业和信息化部坚决贯彻党中央、国务院关于网络安全和信息化工作的战略部署，高度重视工业信息安全保障体系建设取得的实质性进展，并从加快构建创新体系、持续提升保障体系、健全完善工作体系、加强人才队伍培养等方面，提出了工业信息安全工作的下一步思路和设想。梁斌副局长的讲话主要聚焦工业互联网安全，围绕工业互联网安全的重要意义、工业互联网安全工作情况、下一步工作思路和要求进行了介绍。任利华副司长在综述当前工业信息安全外部形势的基础上，从企业责任落实、产业支撑能力、工业互联网安全保障三个方面，总结提炼了当前工业信息安全存在的突出问题，并结合已有工作基础，提出了下一步工业信息安全工作计划。[2]

为贯彻党中央、国务院关于维护国家网络安全的相关决策部署，落实国家网络安全产业园区领导小组第一次会议精神，2018年6月15日，国家网络安全产

[1] 参见《发展改革委召开促进大数据发展部际联席会议第三次会议暨政务信息系统整合共享推进落实领导小组第四次会议》，载中华人民共和国中央人民政府网：http://www.gov.cn/xinwen/2018-05/04/content_5288087.htm，最后访问日期：2019年1月15日。

[2] 参见《首届中国工业信息安全大会在京召开》，载电子信息产业网：http://www.cena.com.cn/industrynews/20180528/93513.html，最后访问日期：2019年1月15日。

业园区专家咨询委员会召开第一次会议。会议听取了园区工作进展情况及专家委组建情况汇报,审议通过了专家委工作章程,并对园区产业发展规划和选址方案进行了研讨。会议认为,强有力的网络安全保障,离不开坚实的网络安全技术支撑和产业实力。要激发网络安全投入,突出园区专业特色,以技术创新为牵引,建设共性技术平台、试验认证平台和融资平台,创新工作机制和模式,完善园区配套政策和服务体系,充分发挥园区对产业发展的倍增和放大效应。〔1〕

杭州互联网法院成立一周年座谈会上,周强强调,要坚持以习近平新时代中国特色社会主义思想为指导,高举新时代改革开放旗帜,勇于改革创新,持续推进互联网法院建设,探索互联网司法新机制,形成更多可复制、可推广的经验,为推动互联网法治发展、促进网络空间法治治理作出积极贡献。〔2〕

在“2018 中国网络安全年会”上李湘宁在报告中指出,当前互联网虚拟空间与现实空间安全危险叠加交织,对国家安全、社会稳定和人民群众切身利益带来严重影响。推进网络安全工作,要直面挑战,加强数据安全和各类信息保护,加快推动数据安全管理办法、个人信息和重要数据出境安全评估办法出台。要未雨绸缪,积极应对新技术、新应用安全风险,加大新兴技术研究力度,及早谋划、预先布局,努力做到防患于未然,掌握工作主动。要夯实基础,做大做强网络安全产业,加强网络安全产业统筹规划和整体布局,培育壮大网络安全产品服务市场。

赵志国表示,面对技术新发展、形势新挑战、环境新变化,必须要有新思路、新举措、新方法。一是要敏锐抓住网络安全事业发展的历史机遇,积极谋划、主动作为、乘势而上。二是要加快突破网络安全核心技术,集合精锐力量,协同创新攻关,实现重点突破。三是要积极发展壮大网络安全产业,共同推动我国网络安全产业高端化、自主化、体系化发展。四是要不断提升网络安全保障能力,加强国际交流与合作。

李彤表示,当前传统违法犯罪加速向网上蔓延,各类网络新型犯罪不断涌

---

〔1〕 参见《国家网络安全产业园区专家咨询委员会成立并召开第一次会议》,载中华人民共和国工业和信息化部官网:http://www.miit.gov.cn/n1146285/n1146352/n3054355/n3057724/n3057728/c6229220/content.html,最后访问日期:2019 年 1 月 15 日。

〔2〕 参见《周强:探索互联网司法新机制 积极推动互联网法治发展》,载最高人民法院微信公众平台:https://mp.weixin.qq.com/s/kkFvpvkRXJi8SsErt_9VAw,最后访问日期:2019 年 1 月 15 日。

现,网络空间成为公安机关打击犯罪和社会管理的新平台。近年来,公安部门积极开展针对侵犯公民个人信息、电信网络诈骗的专项打击和网站违法有害信息治理,建立健全网络安全等级保护制度和通报预警制度,开展网络安全国际执法合作,希望各行业各单位牢固树立网络安全共担共享理念,齐心协力、携手并进,为建设网络强国、维护网络安全作出新的贡献。

(二)个人信息和数据保护

2018 年 9 月 4 日,2018 ISC 互联网安全大会"网络安全法治论坛"在北京举办。最高人民法院研究室刑事处副处长喻海松指出,中国网络犯罪的规制路径是刑法先行的路径,但个人信息保护问题已超出刑法所能解决的范畴。2013 年起诉到杭州法院的电子商务纠纷类案件为 600 余件,仅时隔 3 年,2016 年就激增至 10,000 多件。随着互联网经济的发展,电子商务纠纷日益增多,互联网法院也应运而生。2017 年,中国首家互联网法院在杭州揭牌,2018 年又增设了北京和广州互联网法院。中国应用法学研究所副所长范明志表示,互联网上的很多活动在法律找不到依据,互联网上的犯罪行为在现实当中很难被惩罚,比如互联网诈骗仅有几分之一的犯罪活动的犯罪分子被缉拿归案。"到底互联网大?还是法网大?我现在的结论是谁跑得快谁大",他表示,"在互联网和法网在共同奔跑的过程中,当法网能够照顾互联网某一部分时,可以认为是对互联网的治理实现了法治化的治理"。对此,浙江大学光华法学院互联网法律研究中心主任高艳东表示,在法网中,有时候跑得最快的恰恰是刑法。这些年来,正是重大的刑事案件推动了网络安全的完善,比如徐玉玉案,因其个人信息泄露导致被精准诈骗一事,推动了我国网络安全法或者公民个人信息保护前进了一大步。"原先我们以为网络不能杀人,现在信息泄露是可以杀人的",高艳东强调。[1]

互联网大会"大数据时代的个人信息保护"分论坛上,最高人民检察院检察长张军指出,个人信息因其重要的数据资源价值,往往成为犯罪分子非法获取和交易的对象,打击和预防侵犯个人信息犯罪是各国检察机关的共同责任。张军就加强各国检察机关在打击侵犯个人信息犯罪、保护个人信息安全领域的合作

---

〔1〕 参见《最高法喻海松:个人信息保护问题已超出刑法所能解决的范畴》,载凤凰网:http://wemedia.ifeng.com/77038675/wemedia.shtml,最后访问日期:2019 年 1 月 15 日。

与交流提出三点倡议:一是坚持开放共赢的理念,携手加强大数据时代个人信息司法保护。二是推动立法完善,构建个人信息多元保护体系。三是参与网络治理,推动形成维护个人信息安全的合力。中共中央宣传部副部长、中央网络安全和信息化委员会办公室主任、国家互联网信息办公室主任庄荣文强调,应当在增强战略互信、共同防范风险方面深化合作,推动信息共享,共同打击各种形式网络违法犯罪活动,探索良性互动、多方治理的新路。应当在发挥数据价值、加强合理利用方面深化合作,平衡好信息开发利用与保护个人信息安全的关系,充分发挥大数据在保障和改善民生方面的作用。中共浙江省委常委、宣传部部长朱国贤表示,要秉持以人民为中心的理念,让数据应用更有温度,以大数据为驱动深化"最多跑一次"改革,让百姓少跑腿、数据多跑路,提升公共服务均等化、普惠化、便捷化水平;将秉持以法治为保障的理念,让数据管理更有法度,依法打击侵犯公民个人信息等违法犯罪行为,加大对个人信息保护力度,为大数据产业稳健发展和个人信息安全创造良好法治环境;将秉持以技术为支撑的理念,让数据内涵更有深度,积极发掘大数据的经济价值、社会价值、文化价值,把有价值的数据变得更加有意思、有意义。[1]

在"个人信息保护论坛在2018(第十七届)中国互联网大会"上,周汉华指出,《个人信息保护法》在立法过程当中,要建立一个激励相容的制度。探索中国个人数据治理之道,必须超越欧美两种模式的简单对比或移植,避免简单立法的可能陷阱,找到解决问题的正确方向。在数据沉睡时代,个人数据实际处于未被开发的受保护状态。大数据时代,开发的力度越大,数据面临的风险就越大,失衡现象就越发严重和常见。个人信息保护需要有效的内部组织架构,培育良性运行外部环境,并循序渐进。如果打破次序,不是先从风险管理角度切入,由易到难,而是反其道而行之,或者一步追求最终目标,势必加大内生机制的形成难度,欲速则不达,事与愿违。申卫星指出,个人信息保护面临着平衡问题。个人可以以隐私的名义阻止数据的流动,政府可以以国家安全阻止数据的流动,数据不流动使得石油的作用发挥不了。从民法学的角度来讲,一切权利取自于企业和私人,一切限制必须有正当的理由和程序,否则仅仅为了行业发展需要使用

〔1〕 参见《互联网大会"大数据时代的个人信息保护"分论坛举行》,载和讯网:http://m.hexun.com/news/2018-11-09/195152077.html,最后访问日期:2019年1月15日。

数据,就可能会肆意侵害个人信息的,显然违反了现代法治的基本理念,但也不意味着二者之间的矛盾没有办法调和。知情同意是平衡个人权利保护和行业对数据的需求发展很好的工具,但告知要充分,知情同意也要有相应的同意能力。知情同意应该有一定的例外,但例外必须有严格的限制。同时,要倡导数据治理的三个平衡原则,个人权益保障和行业发展之间的平衡,公权力和私权利的平衡,法律与技术共同治理的平衡。蔡立东指出,研究个人信息保护不能脱离中国的现实,不能脱离中国国家治理的特点。当下,一劳永逸地解决数据治理问题,时机恐怕还没有来。不如让数据产业先飞一下,看能飞到什么程度。未来数据的治理,要集中在数据利用层面,对实践进行观察、类型化。数据是核心要素,涉及社会阶层的重新分配,也涉及社会利益的重新流动。卢建平指出,我国个人信息保护立法走的是逆常规路线,也就是"最后法先行、刑法先行"。这是迫不得已的,虽然有种种弊端,但《刑法》先出手有一个好处,就是倒逼《个人信息保护法》出来。然而至今,《个人信息保护法》还是"犹抱琵琶半遮面",不肯出来,但《刑法》倒逼出了《网络安全法》《民法总则》第 111 条等。保护个人信息的立法就像筑堤坝一样,刑法只是堤坝最后钢筋水泥的部分,而前置的低度的法,比如说秩序法要先行发挥管理作用,使法律发挥规范、引领、保障的作用。前置法与最后法的时间序列可以打乱,但价值序列即孰重孰轻是绝对不能搞错的。龙卫球指出,数据保护立法或者数据立法的思路,需要从归属走向利用,重利用而不是简单的重归属。从当前数据经济的合理需求逻辑来看,数据保护转向重利用或者归属和利用并重是其基本趋势。将来数据立法的完善,应该立足数据在经济社会和管理上的合理利用,明确数据开发利用者的必要权利,同时确保数据保护的三大底线,一是必要的个人信息和隐私保护底线,二是信息社会保护底线,数据是信息,许多信息与公众知情权紧密相关,三是信息和数据安全以及其他公共利益的底线。此外,要注意数据问题的动态发展和立法调整。数据有很多新的业务场景,会使过去的规范要求发生变化,包括个人信息保护要求,比如人工智能的应用就可能要推翻很多过去确立的关于个人信息保护的具体规则,比如知情同意规则。杨东指出,个人信息保护重要的不在于立法保护本身,而在于有一套保障机制体系,有一个具体的落实政策才是最关键的。同时,要注重新科技带来的挑战,比如,区块链对于个人信息保护的挑战和机遇是巨大的。未来的科技进步可能能够带领法律规则的进步,探索出一个比较好的、有利于中国数字经济发展的个人信息保护模式,建议导入科技驱动型的数据治理体系。时建中指出,在现代信息社会,个人信息保护制度的核心是相关主体的权利及权利体系安排。这就涉及了围绕个人信息或者数据的生成、存储、利用、流动等各个环节来分析在不同主体之间的不同关系、利益。与此同时,与权利配置相对应,就是义务配置和责任配置。对于个人信息保护议题的讨论,无疑是一个法律问题,同时也是一个技术问题。所以,我们不仅要进行法学思考,而且要进行技术方面的思考。如何实现技术的规律、技术程序与法治规律和法律程序的有效连接,确实是我们面临的新问题。〔1〕

在"网络与信息法学研究会 2018 年年会"上,姚辉指出,现行法中对于个人信息的保护存在碎片化、层级低、可操作性差的问题。鉴于个人信息在民法上定位于权利还是利益,现在还存在争议,另一条思路是搞个人信息单行立法,但这部法将不是一个纯粹的民法,而是综合了民法、行政法和刑法的特点。同时,个人信息保护应充分利用既有法律资源,善于通过解释解决问题。石必胜对数据脱敏提出了几点建议:第一,完善数据脱敏的法律规范,在个人信息保护和产业发展之间寻找平衡点;第二,明确数据脱敏的目标或程度,形成明确标准;第三,对脱敏数据的使用需要一系列配套规则,防止个人信息再度识别。虞伟指出,现在的个人信息保护法律碎片化严重,不成体系,针对个人信息的民法条款的出台势在必行,否则很难从根本上保护民众的利益。企业的隐私政策目前还存在用户难以理解、透明度不好的问题,应继续完善。〔2〕

在"数字经济发展与个人信息保护研讨会暨中财数字经济与法治研究中心成立大会"上,吴伟光提出个人信息中包含的法益具有多样性,但个人信息权保护的法益并不明确。现阶段,个人信息权缺乏清晰的理论支撑与实践印证,在全面社会控制的前提下,从保护公共利益的视角出发,具体规范个人信息的收集与使用更为可行。吴沈括指出,对于数据权利的性质、规范和数据权属及相关问题

---

〔1〕 参见《个人信息保护论坛在中国互联网大会期间成功举办》,载中外法制网:http://www.zwfz.net/net/70794.html,最后访问日期:2019 年 1 月 15 日。

〔2〕 参见《网络与信息法学研究会 2018 年年会成功举行(下)》,载网络与信息法学会微信公众平台:https://mp.weixin.qq.com/s?__biz=MzU1NDY3NDgwMQ%3D%3D&idx=2&mid=2247484743&sn=479907ee3a4bae2e6f0cca337d3fc7e9,最后访问日期:2019 年 1 月 15 日。

的研究是非常迫切的问题,这不仅存在于民事层面,也存在于行政层面。并提出在个人信息保护进路中的三个需要、三个期待:第一,我们需要有一个系统完备的立法框架设计;第二,在这个立法框架设计的基础之上,我们还需要有明确可行的制度配套;第三,在权利实现上,我们需要有一个经济、方便的权益保障机制。

王锡锌提出欧盟 GDPR 与传统意义的长臂管辖存在诸多差异,其行使会对国际公法秩序、私法体系、国际贸易一体化产生较大冲击,并提出我国应通过对国际私法的研究积极应对长臂管辖问题。王敬波明确表示在医疗健康数据的权利集合中,公益性与私益性的冲突最为激烈,因此对医疗健康数据的管理应用规则较为复杂;并总结出医疗健康数据采集应用中需遵循依法收集、限制利用限制收集、分层利用、国家保障的基本原则。程啸指出数据权利是权利的集合,公法和私法对数据权利的保护都有重要意义。就私法角度而言,个人数据保护具有以下三点意义:第一,明确了自然人对个人信息享有的保护利益;第二,通过私权制度构建,民事主体的积极性得以发挥;第三,能够有效协调个人、企业与国家、公权力之间的关系。[1]

在"数据治理与网络安全研究联盟"2018 年年度论坛上,张新宝指出一种新的机制建议,即"个别付费模式"与"普遍免费模型"并行的双重机制。在"免费模式"下,用户就其个人信息享有统一的法定保障,网络运营者可在"合法、正当、必要"的范围内收集和使用个人信息。而在"付费模式"下,用户就其个人信息享有订制化和高标准的合同保障,网络运营者一般不得收集个人信息,已收集信息的使用亦应遵守严格的限制,包括但不限于禁止用于广告营销。汪庆华表示,GDPR 将数据保护的职能下放到企业中,也就是说,在一定程度上强制性地要求特定的企业内部必须设立数据保护官。DPO 作为一个跨界人才,需要懂得 IT 防护、安全方面的知识。DPO 在企业中应该具有较高的位置,可以和高层进行直接对话。DPO 还是监管机构、企业和个人之间非常重要的连接点,需要落实 GDPR 的监管理念。欧盟是一种强监管的模式,而美国是一种强市场的模式。美国基本上由联邦贸易委员会(Federal Trade Commission,FTC)来履行个人信

〔1〕 参见《支振锋、周辉参加"数字经济发展与个人信息保护"研讨会》,载中国法学网:https://www.iolaw.org.cn/showNews.aspx?id=66139,最后访问日期:2019 年 1 月 15 日。

息保护的职责。FTC 虽然对谷歌、Uber 等大型互联网企业都采取过非常具体的监管措施,但大部分的监管都是由消费者投诉引发的。汪庆华认为,GDRP 为我国个人信息保护的立法提供了一个特别好的参照。我国目前采取的是一种分散式的立法,个人信息保护分散在很多法律中,比如说《侵权责任法》《消费者权益保护法》《网络安全法》等。分散式的立法必然会带来分散式的监管,如何让分散式的监管走向统一,是我国个人信息保护立法面临的非常紧迫的问题。[1]

在“大数据时代个人信息保护的多重路径研讨会”上,周汉华建议,制定个人信息保护法作为推进方式,探索出激励相容的数据治理机制,同时辅之有效的外部环境形成部门法合力,并以风险防范为最大公约数,逐渐实现权利目标。汪庆华认为,对于个人信息的保护最终需要回归到《宪法》第 38 条有关人格尊严不受侵犯的规定上,对此立法者负有实现的自由和义务。其中实现的自由意味着立法者在立法时可以有优先的考量,既可以选择先制定民事法律规范,也可以先制定公法规范。目前公法领域有关个人信息保护的规定普遍在法律层级上较低,往往是仅仅通过部门规章甚至部门规范性文件就去限制公民的个人信息相关基本权利,而这是有违法律保留原则的,应当由全国人大及其常委会通过狭义的法律加以规定。丁晓东认为,从个人隐私的保护到个人信息的保护存在一个范式转换的过程,其中具有两个核心:一个是以风险控制为导向,另一个是以场景化对待为导向,从中可以更好地理解为什么现代社会要加强对个人信息的保护。同时,对于欧盟 GDPR 应当进行必要的反思,虽然其对于消费者保护整体理念有所助益,但是仍然存在一些问题,例如其中所规定的目的性限定原则是与大数据基本原理相悖的,后者更多地强调全体数据的多样化。程啸认为,在现代社会的大数据时代存在一组矛盾,一方面数据的收集、储存、利用不可避免的趋势,另一方面这又会导致个人以往的人身权益、财产权益处在新的风险当中。因此大数据时代事实上意味着人们参与到一种全新的生活方式中去。如果没有一套科学的个人数据保护规则,身处其中的每个自然人是非常不安全的。在私法上应当构建数据的个人安排,充分发挥民事主体积极性,鼓励其提起民事诉讼,或向有关机关举报,从而形成刑法与私法共同治理的格局。在立法的层面,未来

---

〔1〕 参见《周汉华参加“数据治理和网络安全研究联盟”2018 年年度论坛》,载中国法学网:http://www.iolaw.org.cn/showNews.aspx? id =65859,最后访问日期:2019 年 1 月 15 日。

的《个人信息保护法》不会是单纯的私法，里面会有很多的公法性规范，这两者并不矛盾。归根结底，个人信息的保护应当综合运用公法、私法、刑法的方法，统筹考虑事先预防和事后救济，不可能是某一种法或某一个部门“包打天下”。许可认为，《民法总则》所规定的个人信息保护条款从内部体系定位的角度来看应当采取补充解释说，即个人信息条款由一般人格权条款生发，只有肖像权、隐私权、名誉权等没有提供保护或保护不足的情形下，才有个人信息权适用的余地。这就意味着个人信息权只是一项剩余权，不是框架性的权利，同时是一种开放性、松散性的特别权利，更为准确地来说是一种权利束的概念。从外部体系定位的角度来看应当采取个人信息权利和商业数据权的二分法，由此产生的权利冲突问题可以通过明确权利内容、降低交易成本、促进市场合作等方式解决。

喻海松对我国个人信息保护的“刑法先行”路径进行了梳理，认为其中存在着几个方面的问题。第一，刑法先行的状况亟待克服。一个理想的社会应该先有民法和行政法作为前置，刑法只是这个社会最后一道防线。公民个人信息的保护不能只靠刑法单打独斗，刑法只不过是这个社会最不坏的手段，但不是最好的手段，相应管理措施必须跟上。第二，法律适用的平等性亟待增强。目前在实践中被处理的更多是中小主体，而大公司、大企业如果违反了相应规定，是否受到刑事追究是值得探讨的问题，从目前暴露的案件情况来看恐怕并不乐观。丁宇翔认为，就整体上而言，信息流动的每一个环节都有很大的风险和漏洞，这决定了每一个环节都有存在侵权可能。在实践中，个人信息权的权利属性争议决定了案由选择的困难，存在一般人格权纠纷、名誉权纠纷、隐私权纠纷等多种案由，但是以一般人格权纠纷主张权利时原告会面临额外证明负担的困难，因此目前还是隐私权纠纷的案由更为可行。此外，在个人信息司法保护过程中，侵权人定位往往非常困难，对此实践中的解决思路是直接适用最高人民法院《关于适用〈中华人民共和国民事诉讼法〉的解释》第108条，认定某个被告达到了高度盖然性的证明标准就可以确认。针对信息可传递性突破时空限制所导致的过错认定问题，建议采取过错推定的立法模式。[1]

---

〔1〕 参见《周汉华：个人信息保护治理思路呈现“刑先民后”特征》，载隐私护卫队微信公众平台：https://mp.weixin.qq.com/s?__biz=MjM5NDAyNTQyMQ%3D%3D&idx=1&mid=2649151807&sn=84dbfacbfe3fbb48887d1c6325e10c52，最后访问日期：2019年1月15日。

(三)关键信息基础设施保护

2018年3月23日,在河南郑州"医疗关键信息基础设施保护论坛"由河南省卫生健康委员会、河南省工业和信息化委员会指导,中国信息安全认证中心主办,中国关键信息基础设施技术创新联盟等承办。中国信息安全认证中心魏昊主任表示:"今年年初几次信息安全事件都指向了医疗关键信息基础设施,医疗行业如何有效地应对越来越多的挑战攻击,维护国家网络安全,成为无法回避的网络安全课题。做好关键信息基础设施安全保护工作,绝非一家之所能,需要在国家主管部门指导下,网络运营者以及网络安全教学、科研、测评、认证等相关单位协同配合。"国家信息中心李新友首席工程师介绍了正在建设中的国家电子政务外网二期工程,指出认定工作是关键信息基础设施保护的重要一环。他表示:"要正确认识关键信息基础设施安全保护与等级保护的关系,将国家级攻击作为防范对手,进行综合防御,实现资源共享。"河南省卫生和计划生育委员会党组成员、河南省计划生育协会专职副会长、秘书长刘延军指出:"随着医疗行业信息化建设的不断推进,网络安全的重要性大大突显。医疗系统目前面临两个挑战,一是信息开放的挑战,二是信息安全的挑战。对内要保证患者数据的安全,对外要保证网络不被攻击。"河南省工业和信息化委员会朱鸣副主任指出"在关键信息基础设施保护战略中,医疗系统是最可能遭到攻击的行业。医疗信息系统的安全稳定运行关系到人民群众的生命安全,也关系国家经济社会健康发展。[1]

2018年6月13日至14日,工信部网络安全管理局指导中国信息通信研究院和中国通信企业协会在杭州召开网络安全试点示范工作经验交流会暨第八届电信和互联网行业网络安全年会,会议围绕工业互联网等融合领域安全风险加剧、关键核心技术创新能力不足、安全产业规模小等突出问题,聚焦工业互联网安全、数据安全等重点内容,明确提出要构建工业互联网安全保障体系,建设国家级工业互联网安全技术保障平台,形成国家级工业互联网安全漏洞库等基础

---

〔1〕 参见《2018医疗关键信息基础设施安全保护论坛圆满落幕》,载赛虎网:http://www.sahoo.org.cn/nd.jsp? id=161,最后访问日期:2019年1月15日。

资源库。[1]

在2018年9月17日上午全球AI巅峰盛会——2018世界人工智能大会(WAIC)隆重召开后,"首届华诚论坛暨人工智能法律及知识产权保护峰会"上,华东政法大学法律学院教授,民法研究中心主任,数据法律研究中心主任,电子商务法研究所所长高富平教授认为,在"无时无处不网络"的时代,数据的主体是多样化的,数据经济时代,数据是经济的核心和基础资源。广东财经大学法学院信息网络法治研究中心孙占利教授提到:"目前实践中的研究都是为了解决现实法律问题,而非对智能机器人的'人权'的关心,不应只局限在法律角度对此进行思考。"[2]

在"中国关键信息基础设施安全高峰论坛"上,李新友指出,关键信息基础设施是我国重要的战略资源,"在网络安全等级保护制度的基础上实行关键信息基础设施的重点保护"首先要立法追究胆敢攻击关键信息基础设施的人或组织的刑事责任;其次要在国家层面收集威胁情报,打造一体化的风险识别、监测预警和应急响应机制,实现资源共享、安全威胁情报共享,实现快速威胁响应和联动防御;再次要进行专业防护,以抵御国家级、有组织的网络攻击能力作为标尺。魏昊表示,关键信息基础设施保护要坚持预防为主的战略思想,形成全国一体化,一盘棋的工作格局;要落实运营单位的主体责任;监管部门的监督、检查,企业、运营者内部评估,第三方评估、检测认证相结合的机制是保证安全管理和技术防护措施落实到位的重要保障,也是落实主体责任和监管责任的重要抓手。目前,网络安全审查认证制度框架已基本建立。随着各项工作的推进,审查和认证正在逐步融合,既有共性又各有侧重,既各司其职又互相配合,在国家网络安全保障体系中正在发挥越来越大的作用。郑建华指出当前我国信息安全领域存在七个短板:一是缺乏顶层设计和长期战略;二是核心技术受制于人;三是网络空间美国对我国具有非对称优势,单向透明;四是网络安全优秀人才严重失衡;

---

〔1〕 参见《强化网络基础设施保障,助力工业互联网安全——网络安全试点示范工作经验交流会暨第八届电信和互联网行业网络安全年会在杭州召开》,载中华人民共和国工业和信息化部官网:http://cws.miit.gov.cn/n1146285/n1146352/n3054355/n3057724/n3057728/c6224900/content.html,最后访问日期:2019年1月15日。

〔2〕 参见《首届华诚论坛暨人工智能法律及知识产权保护峰会圆满落幕》,载财经网:http://industry.caijing.com.cn/20180919/4516696.shtml,最后访问日期:2019年1月15日。

五是数据主权顶层设计不足;六是政府、行业、企业的网络安全防护能力不强;七是网络空间博弈的制胜理念不清晰。针对上述短板,郑院士提出七点建议:一是树立安全和发展并重的理念,当前要把安全放在更加优先的地位;二是对内实施自主可控、安全可信战略,鼓励、支持原创型、技术型、产品型的发展模式,对外支持和扶持国际型和产品型企业的发展;三是实施非对称制衡战略;四是建立网络空间国家安全战略实验室,迈开面向全球的步子,打造核心技术、人才、机制的高地;五是制定实用、管用的战略、政策,建立国家统一的大数据中心;六是建设"国家网络空间战略预警与积极防御工程",建立"国家网络边防"系统;七是树立能力制胜的理念,努力、积极打造持续的网络能力。张剑提出,网络安全审查、认证和审计在关键信息基础设施保护中分别在事前、事中、事后等不同阶段,发挥着不同的作用并互为补充,具有十分重要的意义。吕欣提出建设关键信息基础设施安全评价体系。该体系给出了关键基础设施安全保障评价体系框架、保障测量方法与指标体系,可以实现对关键信息基础设施的安全保障情况的综合评价。该项目研究提出的指标体系和模型在相关领域已经进行了多年的应用实践,并在全国信息安全标准化技术委员会立项,目前已经形成了国家标准报批稿。黄道丽指出,世界各国均在加紧关键信息基础设施的立法活动,2018 年以来各国关键信息基础设施立法成效显著。我国《网络安全法》对关键信息基础设施保护做出了明确规定,立法目的是监测、防御、处置境内外网络安全威胁,保护关键信息基础设施免遭侵入、干扰和破坏,惩治网络违法犯罪活动,维护网络空间安全和秩序。张宇翔指出,网络安全等级保护制度是指,根据信息系统在国家安全、经济建设、社会生活中的重要程度,遭到破坏后对国家安全、社会秩序、公共利益以及公民、法人和其他组织的合法权益的危害程度,将信息系统划分为不同的安全保护等级并对其实施不同的保护和监管。网络安全等级保护已经进入 2.0 时代,需要构建相应的法律政策体系、标准体系、技术支撑体系、人才队伍体系、教育训练体系和保障体系。谈到关键信息基础设施保护与网络安全等级保护的关系,张宇翔表示,关键信息基础设施的安全保护等级不低于等级保护第三级。[1]

---

〔1〕 参见《"新环境、新机遇、新挑战"中国关键信息基础设施安全高峰论坛召开》,载企查查:https://www.qichacha.com/postnews_1c89fc335ae530e0951401bfd64f9840.html,最后访问日期:2019 年 1 月 15 日。

在“关键信息基础设施安全与实践论坛”上，梁立军指出，关键信息基础设施是经济社会运行的神经中枢，是网络安全的重中之重，也是建设网络强国的重要基础，切实做好国家关键信息基础设施的安全保护，这个是法律的规定，是国家的重要工作，也是我们经济社会发展的需要。加强国家关键信息基础设施安全保护，第一，树立整体安全观，保证网络安全。第二，持续提升关键信息基础设施安全保护的能力和水平。第三，加强配合协调，共同保护关键信息基础设施。杨建军指出，标准是开展关键信息基础设施安全保护工作的一个基础性的、规范性的作用和手段。《网络安全法》和《关键信息基础设施安全保护条例》对标准提出了明确的要求，全国信息安全标准化技术委员会一直组织开展关键信息基础设施的标准化工作，梳理了关键信息基础设施的标准化需求，初步形成了标准化体系，并制定了一些急需的关键性的标准。下一步工作，一是要继续完善关键信息基础设施的标准体系，支撑《网络安全法》和《关键信息基础设施安全保护条例》的具体落实。二是要尽快推动《关键信息基础设施网络安全基本要求》《关键信息基础设施安全检查评估指南》等关键的、基础性的、当前工作中急需的标准。三是要加快关键信息基础设施安全标准的试点试用，通过试点提高标准质量。[1]

（四）大数据、人工智能与法律规制

2018 年 4 月 7 日，天津大学法学院组织召开“新一代人工智能与法律规制”国际会议，会上正式成立了天津大学中国智慧法治研究院。最高人民法院信息中心主任许建峰指出，我们所处的世界是可以用数据表达的，大数据就是这样一种客观的表达。人工智能目前主要是大数据这种形式的深化和应用，我们尚处于弱人工智能时代。在建设全国一体化的国家大数据中心的时代背景下，人民法院也在积极探索大数据平台和智慧法院的建设。人民法院大数据管理与服务平台通过收集各级法院的数据，形成集中化的数据资源管理库。经过多年建设，构建起跨层级、跨地域、跨系统、跨部门、跨业务的人民法院大数据管理与服务平

---

〔1〕 参见《关键信息基础设施安全与实践论坛在苏州成功召开》，载全国信息安全标准化技术委员会官网：https://www.tc260.org.cn/front/postDetail.html?id=20180731201840，最后访问日期：2019 年 1 月 15 日。

台。目前正在建设的智慧法院系统可以进行类案推送,辅助法官办案;基于大数据可以构建评价审判质量的指标体系,更加有效地评估审判质量。智慧法院系统除了可以提高法官工作效率之外,还可以解决虚假诉讼、同案不同判等社会问题。天津大学法学院院长孙佑海教授认为,在人工智能技术日新月异的时代,人类与机器人关系所引发的各种法律、政策和伦理问题紧迫地摆在我们面前。这些问题包括:如何调整"促进"与"规制"之间的关系;如何应对人工智能技术带来的社会风险;法学教育如何适应新技术的快速发展。中国人民大学法学院教授、最高人民检察院检察技术信息研究中心副主任刘品新提出了新时代法律人面临的问题:如何用大数据或人工智能提高司法效率和司法公正。以智能语音识别系统为例,人工智能在审讯中的应用不仅可以提高效率,节约人力,还可以有效降低刑讯逼供等违法行为的发生,保障犯罪嫌疑人的权利。此外,智能语音识别系统的应用还需要《刑事诉讼法》相关制度进行配套改革,比如允许采用人工智能系统进行远程提审、认可语音系统自动生成的询问笔录等。人工智能技术在司法实践中的运用和推广必将带来诉讼法制度的深刻变革。法律共同体正在积极地面对人工智能带来的机遇和挑战,人工智能也将更好地提升中国的司法公正和社会治理能力。亚太人工智能法治研究院院长、北京师范大学法学院教授刘德良探讨了《人工智能时代的侵权法问题》。他认为,人工智能是基于特定的算法控制能够进行自主运行的智能程序,以此为基础的各种软硬件的总和。人工智能在社会、经济、文化各个方面都影响深远,侵权法亦面临严峻的挑战。刘德良重点分析了人工智能对侵权责任规则原则的影响。传统侵权法上的过错责任原则,在面对人工智能时存在很大的不适应性。人工智能造成的损害填补,常常不是矫正正义的问题,而是分配正义的问题,是对不幸损害在相关各方之间的合理分配。应淡化过错的要求,实行严格责任原则,并辅以责任保险制度。[1]

在首届中国网络信息法治智库论坛上,华东政法大学数据法律研究中心主任高富平指出,网络最重要的特点是产生数据,大数据、人工智能等的发展都依赖于网络产生的数据,网络信息法学解决的问题,应该是其他法律不能调整的东西,要和其他法律打交道、相融合,给其他法律留下空间。对于网络信息法与其

---

〔1〕 参见《"新一代人工智能与法律规制"国际会议综述》,载中国法学创新网:http://fxcxw.org/index.php/Home/Xuejie/artIndex/id/15769.html,最后访问日期:2019年1月15日。

他法律的交融性，北京航空航天大学法学院副院长周学峰认为，网络信息法学科更多的是传统学科交叉融合的平台，要汇聚其他学科力量于网络学习领域，同时，该平台也是科技与法律融合的平台。[1]

聚焦"法律人工智能的真实当下和可能未来"的 PLUS 演说会上，海市人民检察院第三分院公诉部门检察官助理周崇文认为，当下的人工智能，还没有准确地找到法律人的真实需要。"法律人是决策者，人工智能是服务者。我们真正需要的，是它为我们提供决策依据和分析意见。而不同法律人需要的服务又是个性化的。"上海市司法智库学会理事长、上海高院党组成员、二中院院长郭伟清指出，在人工智能逐渐发展并渗透到社会生活的各个领域之时，法律人工智能，作为人工智能在法律领域的深度运用既是人工智能蓬勃发展的大势所趋，也是中国司法界智能化创新的目标所向，对社会发展和公众利益的影响也将更为深远。华东政法大学副校长周立志认为，作为引领未来颠覆性战略性技术，人工智能的发展一方面将促进经济社会进步发展，改善人民群众生活质量，但同时也会带来诸多新型权责、义务等方面关系的重大变革。因此，深度研究人工智能发展中的法律问题，在人工智能时代快速来临前做好法律储备和准备，就显得十分重要和必要。[2]

全国第二届"人工智慧与未来法治"学术研讨会上，西北政法大学校长杨宗科总结了 2018 年年初至今人工智慧和未来法治的研究所呈现出的三大特点：第一，参与研究的主体范围越来越大，研究学者从法理学扩展至部门法；第二，研究的问题越来越广泛，从机器人、人工智慧本身法律属性等问题扩展到人工智慧与整个法律变革；第三，研究的密度、深度越来越大。华东政法大学副校长张明军代表华东政法大学向与会专家表示了最真诚的感谢和热烈的欢迎，同时指出，人工智能对未来法治的影响主要体现引起司法理念的变化、导致条文内部的变化

---

[1] 参见《首届中国网络信息法治智库论坛召开　专家共议网络信息法学科建设》，载隐私护卫队微信公众平台：https://mp.weixin.qq.com/s?__biz=MjM5NDAyNTQyMQ%3D%3D&chksm=be9c63ff89ebeae9d216961bbf8322104a8aaa8a68d84e843c82b17d5157a446ae7249dc6e05&idx=3&mid=2649151837&scene=21&sn=d49f3c57ea5e8235812b7b6ed9d2769a，最后访问日期：2019年1月15日。

[2] 参见《世界人工智能大会开幕在即，看"法律AI"头脑风暴如何燃爆上海法律圈》，载中国长安网：http://www.chinapeace.gov.cn/zixun/2018-09/16/content_11485280.htm，最后访问日期：2019年1月15日。

以及司法活动方式的变化三个方面,需要高度关注和深入研究。四川大学法学院院长左卫民教授提出人工智能在中国司法实践中的运用最大的现实困境,是缺乏海量和优质的数据,并且存在数据不够真实、不够客观,以及结构性不强的问题,第二个困境是我们并未有真正的算法,第三个困境则是我国兼具法律和算法知识的人才非常匮乏,因此,法律人工智能在我国的实际运用并不乐观。最高人民法院司改办指导处龙飞处长介绍了智慧法院建设给中国司法带来的十大变化,提出面对新技术带来机遇和挑战,我们既要冷静思考,也要积极拥抱,希望法学界、科技界和司法实务界能共同投身到人工智能改变司法的大潮当中。上海市高级人民法院立案庭陈佳玉副庭长介绍了上海高院在智慧法院建设中以"让民众无门槛平等的享受到智慧法院的诉讼服务产品"为理念的多项举措,提出通过12358平台嵌入人工智能的方式,找好、找准了人工智能与法院诉讼服务的结合点。中国社会科学院助理研究员胡昌明通过社会科学院法学所近年来对智慧法院建设进行的全方面评估,认为其在电子卷宗应用裁判文书自动生成、网上庭审、审判信息公开四个方面存在的问题,提出应当建立研发团队,将法官团队、科技公司和法院技术部门结合起来,在智慧法院应用基础上进行更为深层次的运用。中国人民大学未来法治研究院执行院长张吉豫就社会实践阶段各个环节中应用的人工智能算法作出分析,认为当前人工智能算法蕴含的风险不可避免,在对其进行规制时,要考虑到应用的领域,与职业伦理相衔接,并考虑到特定领域影响人工智能算法最终行为的多维主体。上海交通大学凯原法学院郑戈教授提出,人工智能已经改变了传统国际法和国内宪法关注的主权问题,商业力量也进入国际政治舞台,私人企业运营的商业平台比政府掌握了更多的个人数据,若还试图用传统的隐私权的方法来保护个人数据,在今天技术环境里已变得不再可能。上海财经大学法学院副院长胡凌副教授提出,面对动态价格(因人而异的价格)可能造成的价格歧视问题,应当由政府介入,由工商部门直接对市场进行监管,还应运用一些比价软件或插件向消费者加大信息披露的程度,并通过智能代理人在同样的数据里面挖掘或者讨价还价,进而为消费者算出最优的结果。上海交通大学何渊副教授提出弱人工智能系统已经客观存在,面对由此产生的公民隐私、数据保护,及国家能力被侵犯的风险,应当建立四重双向法律治理系统,即"政府和市场""立法和行政""中央和地方""国家和社会",同时平台的自我规制也是非常重要的一环，是国家治理和国家规制所不能取代的。腾讯研究院研究员曹建峰提出，新技术对于法律影响存在四个阶段：法律信息与流程数字化和在线化，法律活动的智能化和自动化，通过代码规制以及区块链的智能合约。中国政法大学副教授李晓辉认为，人工智能的发展必定会逐步替代越来越多的人类劳动，可能会产生人类当中超级的社会分化现象，也即技术精英和政治精英结成一个超级精英团体，绝大多数的人会陷入"无用"的状态，这需要通过积极对能力的干预和培育加以预防。西南政法大学教授张建文提出，必须重视技术变革给人类带来了尊严和安全的保障问题，有必要对机器人法则加以研究，这类法则即使在人类和机器人共同组成一个社会时也必须加以遵守。华东政法大学教授龙文懋认为，科技发展给人类带来最大的改变是改变了人的自身，改变了人的本质，从而改变了法律的结构和未来，我们必须正视这样的可能。山东大学法学院副教授马得华就无人驾驶的法律责任分配问题提出了自己的观点，认为由于无人驾驶不具有自由意志的特征，其不能作为道德主体，能否作为法律上的人格目前并无定论，不宜将人工智能理解为有认识能力及控制能力。西南政法大学讲师郑志峰提出，可以通过隐私设计理论来实现个人信息与数据利用的平衡，该理论强调个人信息保护的技术路径以及积极预防的事先保护模式，并关注系统开发者和制造者行为，这一理论对于中国而言具有现实的必要和可能。海华永泰律师事务所高级合伙人马靖云提出，针对大数据、人工智能在司法审判中存在的局限，应当确定算法合法性和合理性论证规则，重视独特性案件的司法意义，完善司法体系来避免技术隐患，并且推行司法商谈机制，以提高司法裁决的公共理性。天津师范大学法学院教授王春梅提出，作为法律人还有更多的责任，更多的担当，面对科技的发展，我们需要更多地去思考法律如何为、怎样为的问题。华东政法大学科学研究院副研究员陆宇峰认为必须遵守人类中心主义，不要畏惧、也不要高估人工智能可能对法律带来的影响。[1]

首届上海市大数据社会应用研究会年会上，上海市法学会党组书记、二级大法官、浙江清华长三角研究院司法改革与社会治理研究中心首席研究员崔亚东书记强调人工智能时代的到来，司法一方面要抓住机遇，跟上时代的步伐，主动

---

〔1〕 参见《全国第二届"人工智慧与未来法治"学术研讨会举行》，载中国新闻网：http://www.sh.chinanews.com.cn/kjjy/2018-09-17/44984.shtml，最后访问日期：2019年1月15日。

作为,准确把握司法规律与人工智能特征的结合,积极拓展司法应用的空间,使人工智能更好地服务司法,推进司法本身现代化的实现;另一方面要针对人工智能在法律、安全、就业、道德伦理和政府治理等方面提出的新课题,加强人工智能发展与法治的前瞻性研究,积极构建人工智能未来法治体系,用法治保障人工智能健康持续发展,为人工智能国家战略的实施提供法治保障。江苏省人民检察院党组副书记,副检察长,一级高级检察官王方林检察长强调把现代科技作为检察工作创新发展的“新引擎”,阐述了人工智能技术在检务智能化建设中的具体应用及成果,强调以信息化、智能化助推检察工作规范化、便利化,着力提升检察工作效率和质量,加速创新、升级检察工作方式和管理方式,全面推进智慧检务建设,努力提升服务大局能级和司法便民水平。[1]

(五)网络犯罪规制

2月6日,公安部在京召开会议,会议强调,当前,网络安全威胁和风险日益突出。维护网络安全是全社会共同责任。公安部将组织开展“净网2018”专项行动,依法治理、综合治理、系统治理和源头治理并举,组织指导互联网企业和网络安全行业协会共同参与、共同治理,整治网络乱象、净化网络环境。[2]

6月21~22日,工业和信息化部网络安全管理局在河南郑州组织开展2018年网络与信息安全责任考核培训及年度重点工作交流座谈会议。网络安全管理局通报了当前网络信息安全工作面临的新形势新任务新要求,围绕纵深推进防范打击通讯信息诈骗、持续强化互联网新技术新业务安全评估、大力提升互联网信息安全管理系统能力、规范开展网络信息安全执法检查等方面介绍了工作思路和安排,并就2018年省级基础电信企业网络与信息安全工作考核要点与评分标准进行了宣贯讲解。[3]

---

〔1〕 参见《腾讯助力检法智能化建设　共同探讨智慧检法大数据》,载搜狐网:http://news.sohu.com/20181022/n552991339.shtml,最后访问日期:2019年1月15日。

〔2〕 参见《公安部表彰优秀互联网企业安全团队和个人》,载中华人民共和国中央人民政府官网:http://www.gov.cn/xinwen/2018-02/08/content_5264874.htm,最后访问日期:2019年1月15日。

〔3〕 参见《工信部网络安全管理局部署推进2018年网络与信息安全责任考核和重点工作》,载中国电子银行网:https://www.cebnet.com.cn/20180628/102502927.html,最后访问日期:2019年1月15日。

2018 ISC 互联网安全大会“网络安全法治论坛”上，喻海松表示，一般的行为应先让行政法、民法进行规制，只有解决不了的时候，刑法作为最后的保护法进行处罚，这应是社会最理想的状况。但遗憾的是，中国网络犯罪的规制路径是刑法先行的路径，比如公民个人信息保护问题。刑法对个人信息保护能起到多大作用呢？刑法能真正解决个人信息保护问题吗？中国行为法学会副秘书长陈惊天指出，侵犯公民个人信息罪的法定刑最高为 7 年有期徒刑。他指出，曾对 133 份判决书进行统计，其中，没有 1 例是被判处 3 年以上有期徒刑，接近一半侵犯公民个人信息犯罪判处拘役和非监禁刑；只有 10% 的案件能查出来“内鬼”是谁；不到 30% 的人判处 2 至 3 年有期徒刑，其余属于“内鬼”作案的被判处拘役或者非监禁刑。“我对刑法的作用也是持怀疑态度”，陈惊天表示。喻海松表示，中国网络犯罪问题已经领先国际 5 至 10 年的时间，网络犯罪不仅数量高，而且质量高。中国网络犯罪刑事规制模式是一个有中国特色的行之有效的模式，但在其中某些地方仍需要反思。[1]

江溯指出，相比于传统犯罪，网络犯罪具有智能性、隐蔽性、匿名性、跨国性等特征，这些特征要求刑法必须对网络犯罪采取与传统犯罪不同的应对手段。在实体法方面，网络犯罪可以分为三种类型：一是以计算机作为对象的网络犯罪，二是以网络作为犯罪工具的网络犯罪，三是以网络作为犯罪空间的网络犯罪。后两种网络犯罪是我国当前网络犯罪的主要表现形式。晚近的刑事立法对于新兴网络犯罪给予了大量关注，在制定、解释规范的过程中，应当着眼于网络犯罪自身的特征，强化刑事政策角度的思考，而不能完全拘泥于传统刑法理论。在程序法方面，网络犯罪的兴起也对程序法产生了许多影响，尤其给司法机关的侦查活动带来了极大挑战。由于网络犯罪涉及大量电子数据，此类证据如何鉴真、提取、收集、保存，也值得进一步研究。李佳指出，网络时代的四个标签：第一，网络时代是大数据的时代。庞大的数据给法律界和产业界带来了一系列复杂的问题，如数据的存储安全问题、传输问题、资产属性问题等。第二，网络时代是“互联网 +”的时代，互联网未来的发展方向之一就是“互联网 +”。第三，在网络时代，新技术的应用与发展将给企业带来深刻影响。如人工智能就是一个

---

〔1〕 参见《最高法喻海松：个人信息保护问题已超出刑法所能解决的范畴》，载凤凰网：http://wemedia.ifeng.com/77038675/wemedia.shtml，最后访问日期：2019 年 1 月 15 日。

十分典型的例子。第四,网络时代将产生新的安全威胁。随着人工智能与大数据的发展,数据的权属问题、用户的个人隐私问题都为互联网企业带来新的挑战。在网络空间中,犯罪的智能化程度逐步加强,犯罪不断从线下转移到线上,且上下游的联系越来越紧密。这使对网络犯罪的侦查与证明都变得更加困难。李乐指出,互联网金融是网络时代背景下互联网技术和金融行业的融合,这种融合极大降低了金融交易的时间成本,扩大了服务的边界。其具体的体现形式,包括移动支付和移动金融等。伴随互联网金融的飞速发展,中国网络黑灰产业也正以极快的速度蔓延。随着移动智能设备的普及,大量缺乏网络犯罪抵抗力的中老年人和青少年首先就成为了网络犯罪的受害人。互联网的虚拟性和跨地域性使得犯罪分子更容易利用它从事犯罪活动。互联网金融犯罪往往可能发展成为涉众型犯罪,给地区稳定造成隐患。互联网金融犯罪的另一个特点是其国际化趋势。

在“新型互联网传销态势与治理研讨会”上,徐鹤喃指出,新型互联网传销背后的金融风险不容忽视,金融风险防控则是当前经济法律工作的重点之一,是打好防范化解重大风险攻坚战的重要任务。最新的《中国互联网络发展状况统计报告》显示,我国网民规模已达 8.02 亿,互联网理财用户半年增长率达 30.9% 。随着互联网基础设施建设不断优化升级,互联网与行业融合不断加深。其中,基于互联网的违法集资、传销等问题不容忽视,呼唤理论研究、司法实务和立法工作跟进研究和应对。李海浩指出,当前网络违法犯罪线上线下互相结合,更具隐蔽性和迷惑性。如果新型网络传销治理不力,将严重危害金融安全、市场经济秩序,希望通过号召社会各界共同协作,推动网络传销乃至金融违法犯罪多元共治机制的建立。劳东燕指出,领导传销活动罪,学界对该问题存在一个基本共识:本罪中的传销仅限于骗取财物型的传销。但是,除此之外,对于其他可归入经营活动但又未涉及骗取财物的传销行为,是否可以以其他罪名处罚,成为争议性问题。对此,应采取“单轨制”,即不再处罚团队计酬型传销,骗取财物类传销统以本罪处罚。就组织领导传销活动罪与非法吸收公众存款罪、诈骗类犯罪的关系而言,劳东燕认为,宜将三者理解为想象竞合的关系,按从一重罪的原理进行处断。江溯表示,组织、领导传销活动罪与集资诈骗罪的关系是排斥关系而不是竞合关系。虽然在组织、领导传销活动罪中必然存在欺骗行为,但是这里的欺骗与集资诈骗罪中的欺骗不同。组织、领导传销活动罪中的欺骗并不是为了直接非法占有参与者的财物，而是骗取他人加入传销网络，通过层级结构获得非法利益；而集资诈骗罪中的欺骗是以非法占有受害人的财物为目的。如果表面上是传销，而实际上具有非法占有受害人财物的目的，就不能构成组织、领导传销活动罪，而是集资诈骗罪。从网络传销的现状看，现行法存在一定的局限性。

（六）电子商务法

《电子商务法》三审稿公开征求意见以来，引起了各界的广泛关注与热议。7 月 28 日，中国社会科学院大学互联网法治研究中心组织召开第六期社科大互联网法治论坛——“《电子商务法》三审稿立法建议专题研讨会”，研讨会专门针对电商法三审稿中广受关注的多个条款修改展开深度研讨，中国法学会研究部副主任彭伶致开幕词，她表示电子商务法的立法目的是为了促进产业发展，在促进产业发展过程中需要分清平台的道义责任和法律责任，二者不能混为一谈，要通过立法唤醒、强化或者激励平台履行道义责任。中国政法大学民商法学院任启明助理教授从商法基础理论出发探讨了商事主体登记与营业登记的价值以及各自在电子商务环境中的意义，建议将三审稿第 11 条修改为“电子商务经营者应当依法办理市场主体登记。自然人电子商务经营者，可自愿选择办理市场主体登记。”电子商务平台经营者作为电子商务法规制的重要对象，其定义在法律草案审议过程中也数易其稿。针对三审稿第 10 条中提出的定义，对外经济贸易大学法学院宁红丽教授以新近获得蓬勃发展的微商业态以及拼多多为代表的新型业态作为切入点，建议《电子商务法》第 10 条应建立开放的、描述性的“电子商务平台经营者”的概念，以应对未来新经济形态的出现；中国社会科学院大学政法学院伏创宇副教授建议应充分考虑平台的复杂形态与发展的开放性，规定类型化的分层责任，不宜用过于宽泛的平台概念施加“一揽子”的比较严格的平台责任。除主体登记、定义方面的条款外，与会部分专家对电商法三审稿中规定的电商平台责任条款提出了修改意见。《电子商务法》三审稿中要求平台经营者向税务部门报送平台内经营者的身份信息和与纳税有关的信息，即电商平台的税收协力义务。针对此义务，中国社会科学院大学政法学院汤洁茵副教授认为税收协力义务的界定需要考虑到以下几点:第一,信息提供与税收征收效率的关系,相关信息的提供是否能够提升税收机关的征管效率;第二,对私人信息会不会造成过分的侵扰;第三,信息必须是易得的和原始的。基于上述考量因素,汤教授建议将第27条第2款修改为"电子商务平台经营者应当依照税收征收管理法律、行政法规的规定,向税务部门报送平台内经营者的身份信息。针对《电子商务法》三审稿第37条第2款新增的平台经营者安全保障义务,清华大学法学院党委副书记程啸教授和北京航空航天大学法学院副院长周友军教授均认为相关条款的表述需要考虑到和现行法律的协调,如《侵权责任法》《消费者权益保护法》;同时条款规定的模糊性需要加以克服,避免在法律通过后的实践中引发不必要的争议。关于第37条第2款的确定性上,程啸教授建议在法律中明确将安全保障义务进行详细列举,从事先的资质审核义务,至事中事后的协力、保护等义务。电商平台经营者的知识产权保障责任也是电子商务法审议过程中热议的焦点问题,中国法学会网络与信息法学研究会副秘书长周辉认为,电商平台的知识产权保障义务应当充分考虑平台的专业能力,需要明确平台责任的边界,根据具体的权利类型确定"合理措施"的内容,同时需要给平台制定内部规则留出空间。[1]

(七)平台责任

网络法治30人论坛上,中国法学会网络与信息法研究会常务理事、南京邮电大学信息产业发展战略研究院教授王春晖指出,我国互联网的应用已进入超级网络平台时代,超级网络平台已经载体化,已经成为数字经济时代重要的基础设施。对于超级平台的责任研究,不能从孤立和片面的角度去审视平台责任,应当建立一种整体观与全局观的平台责任环。他首次提出了"超级网络平台的'同心圆'责任",即平台的"三环责任论":经济责任环、法律责任环、社会责任环。首先,超级网络平台的内层圆是平台的经济责任,平台提供者的逐利性和对平台内商业利益相关方经济利益的维护是平台的经济责任。其次,超级网络平

〔1〕 参见《社科大互联网法治论坛第六期:专家热议〈电子商务法〉三审稿》,载社科大互联网法学微信公众平台:https://mp.weixin.qq.com/s?__biz=MzU1OTU5Mzk3Nw%3D%3D&idx=1&mid=2247483711&sn=f7acfe7b86a88f00fb6186c941b40886,最后访问日期:2019年1月15日。

台的中层圆是平台的法律责任，平台具有维护平台秩序和保护平台利益相关者的法定义务，在其不履行法律义务或怠于履行法律义务时，超级平台提供者应承担的法律责任。再次，超级网络平台的外层圆是平台的社会责任，平台的提供者应当以一种有利于社会的方式运营和管理平台，这种责任超越了法律对平台提供者所要求的义务。[1]

（八）互联网+其他

2018强国知识产权论坛上沈昌祥院士指出，保护知识产权、有意识的去产生知识产权，而且要保护，要抢注专利是有必要的。在网络时代，信息的公开不再是一个简单行为，而是被信息安全技术左右的控制行为。在这一背景下知识产权的前提和基础发生了改变。最后沈院士介绍了我国可信技术的巨大发展和应用，并提出基于科学的网络安全观和可信的信息系统，保障信息时代知识产权的基本构想。[2]

工业和信息化部与欧盟委员会通信网络、内容和技术总司共同召开的第九次中欧信息技术、电信和信息化对话会议上，双方回顾了第八次对话会议以来中欧在信息通信领域合作进展，重点围绕ICT政策和数字经济、ICT监管、5G研发、工业数字化等议题进行了深入交流，达成了共识，增进了了解。双方表示，中欧在信息通信领域拥有广泛的共同利益和巨大的合作潜力，应认真落实第二十次中国—欧盟领导人会晤联合声明，充分利用中欧信息技术、电信和信息化对话机制，进一步加强政策沟通和相互了解，促进增信释疑，积极拓展5G、工业互联网、人工智能等领域合作。[3]

关于沉迷治理，中国网络空间安全协会在京师大厦举办第三期“网安沙龙”暨网络安全社会评议活动中，首都医科大学附属北京儿童医院精神心理科闫春

---

〔1〕 参见《王春晖教授出席“网络法治30人论坛”并发表主旨演讲》，载北京邮电大学官网：http://www.njupt.edu.cn/2018/1024/c53a136277/page.htm，最后访问日期：2019年1月15日。

〔2〕 参见《2018强国知识产权论坛在北京举行》，载中国日报网：https://www.chinadaily.com.cn/interface/zaker/1142842/2018-06-04/cd_36324203.html，最后访问日期：2019年1月15日。

〔3〕 参见《工业和信息化部：第九次中欧信息技术、电信和信息化对话会议在京召开》，载中华人民共和国中央人民政府官网：http://www.gov.cn/xinwen/2018-09/28/content_5326276.htm，最后访问日期：2019年1月15日。

梅副主任在对青春期的孩子心理进行探讨的过程中,关注到了未成年人网络成瘾的问题。闫春梅主任主要从医学的角度,结合多种理论与临床实践中网络成瘾的表现与原因,提出要用法律法规来规范网络和游戏的使用,应加强游戏准入的监管和游戏运行中的监管,加强父母和教师对孩子游戏行为的正确培养和引导。闫主任强调,游戏成瘾是一个多因素精神心理疾病,应该多方努力,各司其职,综合治理,预防游戏成瘾。成瘾者自身的时间管理和行为管理能力提升是治疗成瘾的关键。中国互联网协会版权联盟王斌秘书长提出要共建游戏网瘾救治机制,这个机制可能涉及现有的医疗机构、专门恢复人体健康机能的人员、游戏平台以及未来基于医疗制度的针对特殊病患的长期监督机制。王斌秘书长创造性地提出由游戏平台组织玩家对网瘾患者进行一对一的远程沟通,与医疗机构建立合作平台的治疗方案。中国移动信息安全管理与运行中心张滨总经理在会议上分享了“青少年健康上网的思考和实践”。他提出,要科学看待青少年的网瘾问题,认为“表面上看是孩子的问题,但实际上更多是家长的,甚至是社会的问题。所以,这个问题要有效解决,需要政府、企业、社会、家长各方面的共同努力,家庭不缺位很重要”。张滨总经理建议,有针对性采取“白名单”的治理模式,通过标准制定、意识教育、法治完善等多措并举,彻底解决青少年的网瘾问题。中国信息通信研究院互联网法律研究中心研究员沈达提出对未成年人的保护应该是公平优先兼顾效率的原则,具体包括保障未成年人上网权利、识别未成年人并对内容进行分类管理,尤其是沉迷、欺凌等问题,最后回归到提升未成年人的网络素养方面,倡导学校和家庭一起努力。中国法学会研究部彭伶副主任重点关注未成年人的发展权问题,认为“在我们目前的立法和实践当中大家可能更多关注的是未成年人的保护,保护的思路大多是怎么样不让未成年人接触网络上面的不良信息,减少上网”,通过其研究总结的未成年人生活方式的10个重大的变化,明确提出要与时俱进,关注未成年人的发展权,并探讨了现行立法的不足,最后提出增加游玩场地与游戏课两条路径以帮助未成年人远离网络沉迷。中国互联网协会法工委胡钢副秘书长从我国有关网络沉迷的法律法规梳理入手,提出我国已经建立起了具有中国特色的比较完善的有关网络沉迷的法律体系,以欧盟 GDPR 和习近平主席 2016 年“4·19”讲话为例,建议全面引入强制性的网瘾责任保险制度,对可能引起网络游戏上瘾或者网络上瘾或者网络沉迷的事情,由法律明确规定禁止宣传。全国信息安全标准化技术委员会委员王新杰认为：网络和游戏给青少年，乃至成年人造成的精神和行为障碍，从根儿上看是“人祸”，是网络和游戏的利益相关者人为造成的社会顽疾。所以首先应该从根上治，其次才是从受害者、受害者家庭、学校、社会入手。在治理方式上建议，从提供网络和游戏服务的一方，要从法律和舆论等方面营造“不作恶”的社会文化环境。从青少年一方要强化安全利用和使用网络的教育。从家庭和学习方面，要提供有效保障青少年安全使用网络的措施和手段。比如限制使用网络终端设备的时间，限制使用网络的内容等。[1]

关于网络安全漏洞与爬虫治理，在第二届“无名”论坛上，郝永乐首先围绕“网络安全漏洞治理”的话题，就漏洞治理技术的现状与问题等进行阐释，并就世界技术领先国家和地区的治理特点与模式展开分析，强调了漏洞治理存在的问题及重要性。来自安恒信息的张百川以“漏洞从挖掘到披露的法律风险及应对”为题，主要从技术的角度对漏洞挖掘、漏洞披露的风险等进行了形象地解释，在避免法律风险的基础上提出了自己的应对措施。四叶草安全公司马坤从安全现状、威胁分析、漏洞挖掘和协调防护四个方面就物联网漏洞挖掘和协同问题进行了分析。原浩则就“网络飞地的爬虫案例观察”展开阐述，从不同的典型案例中提炼问题并作深入探究。点评环节，陕西省高级人民法院刑庭高延文法官结合自己的执业经历，阐释了现行制度下互联网有关犯罪治理存在的问题，并分析其中的原因，认为刑法的谦抑性与技术的专业性应当有一定的平衡，在强调法律治理的同时，也应当考虑适当的行政管理效用。下午阶段的会议由公安部第三研究所网络安全法律研究中心主任黄道丽主持，主要围绕网络安全治理中的法律问题展开。首先，西安新城区法院院长姚建军从实践和理论的高度指出了网络爬虫带来的法律挑战；谢君泽以“漏洞规制之道”为题，从网络法理学和法哲学问题谈到多样性的技术及其分类，由抽象的概念到具体的事物，提出一系列问题并作进一步探讨，在场势论和工具论的交织与讨论中，逐步明晰观点，最后落脚于技术现象的规制之术。朱雁新就网络漏洞与《塔林手册》及网络战等话题

〔1〕 参见《中国网安协会成功举办第三期“网安沙龙”暨网络安全社会评议活动》，载中国网络空间安全协会微信公众平台：https://mp.weixin.qq.com/s/PzfYFEI018U0Tyq7kr1LWw，最后访问日期：2019年1月15日。

论述了自己的见解与观点。[1]

三、年度观察和展望

2018 年围绕网络安全,学术界和实务界举办了为数众多的会议,针对的主题也几乎涵盖了互联网安全的所有重要领域,讨论了很多值得重视的问题,也提出了诸多有益的对策与建议,主要包括以下方面:

一是关于网络安全治理理念,有学者认为,加强法制建设可以使网络空间安全工作有法可依,从而可以依法对网络产品、网络服务开展安全性评估与提升。不同于传统安全,网络空间安全属于非传统安全范畴,不但要求安全性,还要求可控性。而这种可控性,超越了一般概念上的技术可控,还要拓展到产业链,即国产自主可控。要从法律的角度重视个人隐私的保护,包括指纹、虹膜在内的强个人隐私信息,需要通过法律加以妥善保护。

二是关于个人信息和数据保护,实务部门提到,加强网络安全法律风险的防控,要严格遵守国际认可的信息安全管理体系,结合业务流程,加强信息系统的建设。明确数据使用的合法性及授权原则,严格遵守最小缺陷原则,确保信息使用的安全。

三是关于关键信息基础设施保护,世界各国均在加紧关键信息基础设施的立法活动,2018 年以来各国关键信息基础设施立法成效显著。加强国家关键信息基础设施安全保护,第一要树立整体安全观,保证网络安全。第二要持续提升关键信息基础设施安全保护的能力和水平。第三要加强配合协调,共同保护关键信息基础设施。

四是关于大数据、人工智能与法律规制,大数据、人工智能不但成为互联网公司运行的“石油”,也成为金融业、制造业等传统行业的重要资源。在司法体制改革背景下,智慧法院的建设更需要依托大数据与人工智能技术。大数据与人工智能一方面形塑了法律的发展,另一方面法律也对大数据与人工智能的发展产生积极或者消极影响。

---

〔1〕 参见《第二届“无名”论坛举行|聚焦安全漏洞和网络爬虫法律治理》,载网络法前哨微信公众平台:https://mp.weixin.qq.com/s/BcbSxailw-KA_odVANVB0w,最后访问日期:2019 年 1 月 15 日。

五是关于网络犯罪规制，网络犯罪对现有的刑法体系和刑法理论造成了极大冲击，甚至是颠覆。互联网刑事司法应持谦抑理念，固守被动性与事后性立法原则，刑法与刑事政策应注重传统罪名体系与构成要件模式的稳定。但同时，法官在个案中应当采用恰当的法律解释等司法技艺进行裁决。

六是关于《电子商务法》，互联网电子商务的健康发展离不开国家的政策与法律，但司法积极作为、通过民事裁判贯彻监管政策的前提是，互联网行业难以自行克服失序乱象、引入监管手段确实必要，而不是一遇到问题就将其作为首选方案。否则，只会降低互联网行业的调控能力和自律能力，并阻碍其自由有序发展的实现。互联网领域的民事问题，要坚持市场的主导地位，立法和司法的介入应当是审慎的。

七是关于平台责任，平台责任的相关政策立场、法律基调极大地重塑、影响了互联网行业的发展，但同时，互联网企业并非被动地、单向度地受到前述政策影响，二者是一种双向的作用关系。涉及平台的突发事件、司法案件的出现，都会影响相关政策或者立法的出台与走向。互联网技术创新以及商业模式应当作为确定平台责任的重要考量因素与思考起点。

刑事案例篇

中国人民公安大学法学院讲师　林凯

一、年度综述

《中国网络安全法治绿皮书(2018)》综述了八类案件的情况。分别是:侵犯公民个人信息罪;非法利用信息网络罪;帮助信息网络犯罪活动罪;非法侵入计算机信息系统罪;破坏计算机信息系统罪;非法获取计算机信息系统数据罪;非法控制计算机信息系统罪;提供侵入、非法控制计算机信息系统程序、工具罪。2018 年度新增拒不履行信息网络安全管理义务罪的综述,并更新上述八罪年度数量、裁判最新进展的情况总结。

2018 年度比较显著的变化趋势,是非法利用信息网络罪的激增、以及帮助类网络犯罪的明显增长。数量上,非法控制计算机信息系统罪增长约 188%;非法利用信息网络罪增长约 700%;帮助信息网络犯罪活动罪增长约 218%。其他基本持平。从这一意义上可以认为,网络"中立技术"不是法益侵害违法性豁免的事由,是当前刑事司法实践的共识。

较为细微的发展趋势包括且不限于:(1)网络游戏用户账号、网游公司系统的侵害事件,取代用户邮箱、收集系统的侵害事件,成为非法获取计算机信息系统数据罪的首要事实类型。(2)在破坏类网络犯罪中,使用具有系统篡改、拦截等破坏性功能的 Fiddler 软件的频率,由 2017 年的至少约 20%,明显下降到 2018 年的 14%(且来自同一法院、同一组案件)。(3)侵犯公民个人信息罪相关统计显示,公安机关内网,尤其是车管所和交通部门的信息系统,成为信息泄露日益严重的重灾区。2017 年,自公安机关初始泄密的比例约为 21% ,2018 年该数字上升为约 40% 。

二、案例评析

(一)非法侵入计算机信息系统案

由于本罪犯罪客体仅限于“国家重要领域和要害部门的计算机信息系统安全”,因此此类案例数量较少。2018 年亦仅收集到 5 例。关键要素列表如下(见表 23):

表 23　非法侵入计算机信息系统案例

案号	手段	对象	目的
(2018)豫 1623 刑初 36 号	自制软件,通过网线、无线路由器	央行内网的征信系统	查询征信信息获利
(2018)鲁 1402 刑初 73 号	侵入手段不详	江苏建筑业监管信息平台等地方政府网站	不详;另将拿到的管理权限转卖获利
(2018)鲁 0126 刑初 140 号	使用黑客软件扫描等手段	鞍山市公安局网站等地方政府网站	做百度快照劫持
(2018)川 0781 刑初 137 号	自有权限的人处获得登录账号与密码	四川省公安交警警务云平台	查询机动车违章信息,并非法利用
(2018)川 0811 刑初 18 号	购买非法扫站软件,入侵、挟持网站	四川省青川县、广元市等地政府网站	挟持网站、发布虚假广告

解读如下:(1)限于客体性质,本案发案量明显较少。(2)主体并非如想象的那样限于具备高度网络技能的人群。相反,具备初步网络技能的人,反而是该类主体的主力。其技能虽有限,但并不妨碍其购买黑客软件,或者非法获得他人权限,侵入国家重要系统和要害部门的信息系统。(3)地方政府网站占入侵对象的 80% 。唯一被侵害的中央政府网站,是中国人民银行。(4)某地方公安机关交警内网被侵害。结合信息泄露源头的统计情况,公安机关内网安全、协警的

使用权限管理、公安机关内部交通与车管部门的信息安全,似宜引起足够重视。(5)目的均为盈利,如获取征信数据、发布虚假广告等,并无直接威胁国家安全的企图。处于好奇、报复社会、炫耀才能等非理性动机,也没有出现。这可能折射出此类犯罪嫌疑人高度理性、商业化的现代犯罪动机,即以获取实际利益为目的,且避免触发最高风险的阀门。

在2018年未发现本类案例在定罪量刑上有突出的新发展、新趋势。本类案件在客体上的明显特殊性,也令其易于区别于他罪。因此不做规范分析。

(二)非法获取计算机信息系统数据案

表24显示,游戏系统是本罪行为所侵害的第一目标。企业内部信息数据系统、苹果手机系统次之。与2017年相比,个人邮箱、手机等账号密码系统被侵害的情况有所遏制;游戏系统的被侵害依然严重,并上升为主要威胁。(见表24)

表24 非法获取计算机信息系统数据案例

案号	手段	对象	目的
(2017)皖0404刑初340号	利用网络黑客攻击方式	学校计算机系统	获取个人信息
(2018)皖0121刑初104号	利用网购软件随机扫描破解他人网络摄像头	他人电脑系统	获取个人信息
(2017)京0108刑初1915号	通过互联网非法获取系统账号密码	经营网络游戏的科技公司信息系统	窃取游戏装备
(2018)京0105刑初1577号	利用其下载至U盾内的密码破解软件	公司4台员工电脑	窃取基金交易系统代码数据
(2018)京0108刑初114号	违规登录	单位运营的《问道》网络游戏服务器	擅自利用软件生成虚拟装备
(2018)京0112刑初418号	扫描IP段,对摄像头进行登录口令破解	他人摄像头	破解IP地址、用户名及密码
(2018)闽0721刑初36号)	多次进行扫号撞库	“魔域”游戏信息数据库	获取游戏的身份认证信息
(2017)粤0883刑初587号	使用非法技术获取	他人游戏账号系统	盗取游戏金币、装备并出售

续表

案号	手段	对象	目的
(2017)粤 0902 刑初 625 号	使用扫码器非法获取	他人游戏账号系统	盗取游戏金币、装备并出售
(2018)粤 0104 刑初 461 号	超越权限登录	广州医科大学附属第三医院内部系统	获取医药统方数据
(2018)粤 0307 刑初 1293 号	在网上购买程序对他人网站进行扫描和控制	他人的网站	转售被控制的网站
(2018)粤 0802 刑初 17 号	发送带有木马病毒的图片给玩家	其他玩家的游戏账号和密码	占有其他游戏玩家的虚拟财产
(2018)粤 0802 刑初 41 号	同上	同上	同上
(2018)粤 0811 刑初 38 号	发送病毒图片给游戏玩家,远程操控	其他游戏玩家的游戏账号	窃取游戏币
(2018)粤 0823 刑初 87 号	利用木马病毒	某网络游戏系统	窃取游戏币及虚拟装备
(2018)粤 0823 刑初 88 号	同上	同上	同上
(2018)粤 0823 刑初 96 号	同上	同上	同上
(2018)粤 0825 刑初 63 号	同上	同上	同上
(2018)粤 0883 刑初 51 号	同上	同上	同上
(2018)粤 0891 刑初 45 号	同上	同上	同上
(2018)粤 1521 刑初 518 号	在计算机内植入木马,盗取 QQ 账号密码	玩家的 QQ 游戏账号密码	同上

续表

案号	手段	对象	目的
(2018)粤1802刑初22号	利用黑客技术攻击并获取后门程序控制权限	上海世基投资顾问有限公司网站服务器	获取用户个人数据
(2018)粤1521刑初518号	利用木马程序盗	玩家的网友账号密码	窃取虚拟财产
(2018)粤1971刑初507号	利用木马程序,实施远程控制	“上古世纪”网络游戏玩家的账号	窃取虚拟财产
(2018)粤1972刑初259号	利用木马程序控制	被害人电脑	获取被害人信息
(2018)粤5103刑初73号	互联网上利用“神山镇”抢购软件抢购	电商的网购系统	抢购小米、华为等品牌手机
(2018)黔0303刑初135号	以安装漏洞软件的方式	广东等地的招生网站	获取考生个人信息
(2018)豫1221刑初401号	以非法技术手段盗取	他人游戏账号	窃取虚拟装备
(2018)豫1481刑初215号	秘密手段	他人计算机系统	个人信息
(2018)黑0502刑初33号	利用游戏程序漏洞非法获取	他人的网络游戏账号	虚拟财产
(2018)湘0302刑初359号	在腾讯网申诉的方法修改了被害人QQ密码,并设置QQ邮件转发	被害人的域名交易账户和微信账户	骗取他人财物
(2017)苏0281刑初2471号	通过让被害人登录假冒热血传奇官网网址的方式获取被害人的游戏账号及密码后,将账号内“元宝”11,981个转移售卖,造成被害人共计人民币13,620元。 诱使被害人登录,假冒网址获取	被害人游戏账号密码及虚拟币	转售获利

续表

案号	手段	对象	目的
(2017)苏 0404 刑初 705 号	购入并转售外挂程序	网络游戏系统	出售牟利
(2017)苏 0507 刑初 808 号	暗中装设设备及程序,远程控制	汽车商家电脑系统	非法获取维修保养记录,出售牟利
(2017)苏 0830 刑初 585 号	购买并使用两款软件非法破解他人邮箱密码	邮箱系统及苹果手机系统	不详
(2017)苏 0830 刑初 586 号	同上	同上	同上
(2017)苏 1324 刑初 793 号	购买或者下载等获取他人账户密码数据	软件、游戏账户	窃取信息,并出售获利
(2018)苏 0206 刑初 95 号	通过钓鱼网站非法获取	十余家百度推广商户的账号信息	未提及
(2018)苏 0281 刑初 407 号	诱骗被害人点击钓鱼网站	游戏账号系统	窃取游戏装备
(2018)苏 0311 刑初 3 号	解锁苹果系统	苹果账户系统	非法获取他人身份认证信息
(2018)苏 0311 刑初 220 号	以维修装备为由获得被害人游戏账号密码	游戏系统	窃取装备并出售获利
(2018)苏 0311 刑初 252 号	利用游戏系统设计漏洞侵入系统	游戏账户系统	同上
(2018)苏 0312 刑初 76 号	将通过"扫号"和购买账号密码	苹果 ID 账号密码	不详
(2018)苏 0321 刑初 400 号	通过木马程序获取	魔域游戏账号和密码	转卖获利
(2018)苏 0508 刑初 149 号	将含"灰鸽子"木马软件的网页挂在服务器上	他人游戏账号、密码	不详

续表

案号	手段	对象	目的
(2018)苏0509刑初38号	采用制作钓鱼网站、发送虚假链接等手段	他人游戏账号	获取游戏数据
(2018)苏0602刑初239号	使用“Fiddler”软件非法窃取、破解	碧桂园公司微信选房系统	获取加密传输数据
(2018)苏0804刑初414号	利用钓鱼网站链接盗取	玩家游戏账号和密码	出售给他人使用
(2018)苏0830刑初168号	使用软件非法破解	邮箱与苹果账户系统	不详
(2018)苏1003刑初407号	利用钓鱼网站窃取	他人游戏账号及密码	出售
(2018)辽0921刑初41号	多次利用黑客手段入侵	全国多家网络充值平台	盗取手机话费及Q币等财物
(2018)鲁0613刑初256号	利用木马工具和远程程序侵入并控制	集团服务器和部分员工电脑	获取员工身份认证信息、简历
(2017)沪0105刑初1186号	利用手机软件破解	“duang网”公司系统	WiFi热点密码数据89万余条
(2018)沪0104刑初483号	不详	25组游戏账号密码信息	窃取积分,出售获利
(2018)川0922刑初29号	修改、制作苹果钓鱼网站	受害者苹果iCloud用户名及密码	不详
(2018)川3401刑初141号	通过购买搭建好的钓鱼网站、发送钓鱼短信	被害人苹果iCloud用户名及密码	不详
(2018)津0116刑初60329号	使用复制密钥文件非法进入	Ripple官网上的被害人账户内	出售电子数据获利
(2016)浙0702刑初1557号	不详	辰龙游戏平台账号和密码	销售给他人获利

续表

案号	手段	对象	目的
(2017)浙0304刑初1107号	建立破保工作组来破解	苹果账号数千个	不详
(2017)浙0522刑初681号	采用技术手段盗取	“剑灵”等游戏中的玩家身份认证信息	非法获利
(2017)浙0702刑初191号	通过在网吧电脑上盗取	被害人的凤凰山庄游戏账号及密码	非法转移装备,并出售
(2017)浙0702刑初526号	不详	辰龙游戏平台账号和密码	转卖他人获利
(2017)浙0702刑初1172号	通过交警总队系统后台获取	交警总队系统	获取转发验证码,做题消分获利
(2017)浙0902刑初322号	通过手动数据注入的方式非法侵入	舟山天海网络科技有限公司的数据库	盗取虚拟财产
(2018)浙0108刑初24号	共同利用“wvs”“sqlmap”“菜刀”等工具侵入	“铃铛游戏”等网站	非法获取数据获利
(2018)浙0226刑初115号	以代做任务等为由骗知部分玩家的游戏账号	游戏账号系统	将装备、游戏币出售获利
(2018)浙0681刑初761号	利用非法程序,并撞库	淘宝公司储存的用户身份信息	销售给他人获利
(2018)浙0702刑初55号	从他人处获权限	浙江高速交通违法网上消分系统	做题消分,非法获利
(2018)浙0702刑初160号	不详	被害人游戏账号	获取虚拟财产并出售
(2018)浙0702刑初215号	同上	同上	同上
(2018)浙0702刑初244号	利用木马病毒	同上	同上

本罪实务疑点,多体现在此罪与彼罪的区别上。

一是获取性犯罪与控制性犯罪的区分,时有争议。以“陈某非法获取计算机信息系统数据、非法控制计算机信息系统案”[(2018)粤5103刑初73号]为例。经审理查明的事实是,被告人使用某恶意软件在淘宝网通过抢购、秒杀等方式,购入华为、小米等手机,再通过咸鱼网加价转售获利。该恶意软件的工作原理是,突破淘宝服务器的安全保护措施,“以非常规的方式构造和发送网络请求调用淘宝服务器中专门为手机APP提供服务的接口”,并获取淘宝服务器中的商品和订单数据的功能。本案被定性为“非法获取计算机信息系统数据罪”,略有疑问。一般认为,获取计算机信息系统数据,是指非法获取存储、处理、传输的数据。本案中,被告确有获取淘宝服务器订单数据的行为,但该行为无疑只是次要的、附带的行为。而具有关键危害性的行为,是突破系统安全防护措施,发送抢购或者秒杀指令的行为。突破防护措施、密码系统往往是控制的第1步;以非常规方式请求调用某种服务往往是控制的第2步。因此,该行为与获取数据无关,似乎更接近控制计算机信息系统的行为。

二是本罪与盗窃罪的差异。针对实务中大量盗取他人游戏账号的虚拟装备、游戏币的行为,当前通常做法是定为本罪。与2017年《网络安全绿皮书》的观点一致,本书坚持认为,该行为应考虑以盗窃罪定罪量刑。除原有理由外,进一步阐释两个理由:第一,“虚拟财产”也是财产,至少也可能是财产。概念都是人定、人工、人为的,没有任何一个概念静止不变。所有法律概念的发展过程,都是发展扬弃的过程。且不论法律上的“财产”概念外延并不清晰,就算清晰,这也不是排斥“虚拟财产”进入财产概念的理由。因为这里存在一个实践误区,即把过去难免有局限性的实践,及其所产生的自我拘束效果,作为反对某种发展革新的理由。这在逻辑上属于同语反复。第二,把该行为界定为非法获取数据,反映了人们在实践早期对于数据概念把握不清,进而将其扩大化的错误倾向。虚拟装备当然可以解释为数据,但如果这么处理,一切互联网领域内的非实体性事物,都可以解释为数据。甚至在未来,随着物联网技术、3D打印技术等普及,一切现实世界中的实体物质,也可以解释为数据。所以,数据这个概念是可伸缩的,不是关键所在。关键还是对法益的侵害。盗窃犯罪所侵害的法益,表现为在物理上独占性和排他性的法益,典型的是物权。某种权利因盗窃行为,原权利人完全丧失对客体的占有、使用、收益、处分的特定利益。非法获取数据犯罪所侵害的法益,虽然在法律上具有排他性,但在物理上不具有排他性,相反具有可复制性。典型的是知识产权。某种权利因非法获取行为,原权利人并未丧失对客体的支配和利用,只是此种利益被加害人的行为所分摊、稀释、挤占和影响了而已。所以,虚拟装备的丧失,近前1种而远后1种,应定为盗窃。

(三)非法控制计算机信息系统案

控制类犯罪2017年采集31例,2018年58例,呈增加趋势。与2017年类似,2018年的此类犯罪,目的、手段、对象均多样化,没有一种占据压倒性多数的类型(见表25)。

表25　非法控制计算机信息系统案例

案号	行为
(2018)皖12刑终31号	利用黑客工具扫描他人计算机信息系统漏洞、破解服务器账号密码,使用远程控制的方式控制
(2018)皖0191刑初391号	在境外服务器上使用远程控制程序(controller3.0控制程序,存放在其百度网盘中)控制他人计算机
(2018)皖0421刑初16号	违反国家规定,安装作弊软件实施控制
(2018)皖0421刑初31号	同上
(2018)皖0421刑初280号	同上
(2018)皖1124刑初178号	通过黑客工具,破解管理员账号密码,实施控制
(2018)京0112刑初418号	非法获取该计算机信息系统中的数据并控制
(2017)粤1972刑初2368号	违法使用他人账号、密码登录被害单位的生产管理系统,非法控制该系统不合格产品的审批
(2018)粤0307刑初1293号	在网上购买webshell程序对他人网站扫描和控制
(2018)粤0891刑初45号	利用木马病毒获取他人计算机信息系统数据并控制
(2018)粤1971刑初404号	通过木马程序非法控制他人计算机信息系统
(2018)粤1971刑初405号	同上
(2018)粤1971刑初474号	利用木马软件远程控制对方的电脑和游戏操作
(2018)粤1971刑初493号	同上
(2018)粤1971刑初507号	利用木马程序非法控制他人计算机

续表

案号	行为
(2018)粤1971刑初511号	同上
(2018)粤1972刑初223号	同上
(2018)粤1972刑初234号	同上
(2018)粤1972刑初235号	同上
(2018)粤1972刑初236号	同上
(2018)冀0225刑初64号	通过"st2"漏洞工具扫描存在漏洞的IP地址,非法获取计算机的登录信息,控制计算机系统22台
(2018)豫1102刑初4号	将木马程序伪装成图文文件发送,非法控制
(2018)豫1102刑初141号	通过黑客工具扫描爆破他人电脑IP端口,向被控制的计算机上下载"挖矿"木马程序
(2018)黑0111刑初227号	利用国际互联网他人路由器的漏洞,使用自行编写的程序通过国际互联网非法控制他人计算机
(2018)鄂0222刑初03号	利用软件暴力破解服务器密码并植入木马程序控制
(2018)鄂0503刑初52号	在某社区警务工作平台,违规录入居住证信息
(2018)吉0581刑初342号	利用"钻石换IP软件"变更IP地址,进入某联通公司的计算机信息系统,调低若干客户月最低消费额
(2017)苏0612刑初506号	购买网站的非法控制权限,将虚假广告网页植入
(2018)苏0322刑初108号	利用非法获取的后台账户密码,未经许可进入26家企业网站的FTP空间,添加链接修改网页代码
(2018)苏0381刑初96号	破解、种植木马等非法控制他人计算机获取流量,并将流量进行出租,用于DDOS流量攻击
(2018)苏0602刑初239号	用Fiddler软件窃取碧桂园微信选房系统加密传输数据,并绕过安全防护控制某销售项目计算机系统
(2018)苏0612刑初297号	植入木马程序等方式获取网站后台管理控制权限
(2018)苏0621刑初1号	利用webshell软件非法控制计算机信息系统956台
(2018)苏0681刑初4号	植入木马文件,使用黑客工具webshell及ASP网页FTP程序连接,非法控制的网站28个

续表

案号	行为
(2018)苏0831刑初88号	将木马程序植入他人计算机,非法控制
(2018)辽0203刑初20号	通过黑客软件对网站计算机信息系统进行控制
(2018)辽0811刑初46号	在计算机远程服务器上通过植入木马病毒和购买"肉鸡"方式非法控制他人计算机,并实施DDOS攻击
(2018)鲁0613刑初256号	利用木马工具和远程程序侵入烟台某集团服务器和部分员工电脑并进行非法控制
(2018)鲁1391刑初36号	采用技术手段非法控制他人服务器368台,并出售非法控制的服务器的控制信息30余台
(2018)鲁1402刑初73号	利用软件对网站进行渗透攻击,获取网站shell,上传劫持文件、寄生虫等方式进行百度关键词推广
(2018)晋0502刑初154号	木马程序非法控制他人电脑、修改游戏安装根目录
(2018)晋0828刑初31号	购买总计203个网站的控制权限,将某游戏链接通过"菜刀"软件强行放置到相应的网站后台
(2018)沪0115刑初2100号	将木马程序植入计算机信息系统并进行非法控制
(2017)川1502刑初244号	篡改动态链接库的方式,制作了非常规打印机动车合格证的仿制U盾,实施控制
(2018)津0116刑初80064号	购买网络黑客,实施控制
(2018)津0117刑初483号	同上
(2017)浙07刑终1272号	制作黑客软件,对用户主机进行远程勘验
(2017)浙0212刑初889号	向计算机服务器植入木马程序,完成远程控制
(2018)浙03刑终322号	利用"挖矿程序"非法控制98台计算机
(2018)浙11刑再2号	利用"IPcameraViewer"软件登录破解后的家庭摄像头IP地址,实施控制
(2018)浙0303刑初153号	编写、出售具有入侵、非法控制计算机信息系统功能的程序"波尔远程控制"软件
(2018)浙0303刑初223号	利用装了木马的计算机,供非法控制
(2018)浙0381刑初64号	利用"挖矿程序"非法控制98台计算机

续表

案号	行为
(2018)浙0681刑初149号	使用网络扫描工具扫描VNC的5900端口,利用漏洞获取服务器权限,植入木马,非法控制
(2018)浙1127刑初11号	利用"IPcameraViewer"软件登录破解后的家庭摄像头IP地址,实施控制
(2018)渝0117刑初42号	通过黑客软件侵入并远程操控多台计算机系统作为"傀儡机",对他人网站或者服务器DDOS攻击
(2018)渝0230刑初208号	用养鸡场木马程序,控制服务器及客户端计算机

控制类与获取类网络犯罪的区别难度不大。大体的区分原则是简单而明晰的,即判断主要法益的侵害类型。控制类犯罪所侵害的是排除、挤占、影响、妨碍权利人对计算机信息系统的自主使用权,使被控制的计算机成为加害人的工具。获取类犯罪所侵害的是盗取、复制、下载计算机系统储存、处理、传输中的数据,本质上是侵害数据权利。

也有模糊地带。有时某行为难免同时侵害控制权与数据权。此时应判断目的、后果的主次。上述(2018)粤5103刑初73号,主要侵害控制权,次要侵害数据权。(2018)京0112刑初418号、(2018)苏0602刑初239号亦是如此。此时应定非法控制计算机信息系统罪。

(四)破坏计算机信息系统案

本类案件数量2017年为79例,2018年收录88例。与整个网络犯罪同步,本罪数量亦在上升(见表26)。

表26 破坏计算机信息系统案例

案号	行为方式
(2018)皖0403刑初14号	利用黑客技术侵入并获取网站管理权限
(2017)京0108刑初2862号	违规登录后台服务器,私自修改游戏程序
(2017)京0113刑初1302号	修改官方网站网页源代码
(2017)京0113刑初1317号	同上

续表

案号	行为方式
(2018)京0102刑初115号	侵入网站并修改网络数据
(2018)京0113刑初47号	修改官方网站网页源代码
(2017)闽0426刑初316号	非法获取他人苹果电子设备账号并远程控制
(2017)甘0802刑初429号	非法入侵网站信息系统并植入木马程序
(2017)粤0307刑初2593号	非法将数据重新写入组装苹果机或旧苹果机
(2018)粤0113刑初391号	使用有关webshell对网站的数据和应用程序进行修改,改变网站的互联网搜索排名
(2018)粤0113刑初524号	利用黑客技术攻击网站
(2018)粤0305刑初418号	非法入侵多台高效能网络服务器,并夺取控制权
(2018)桂0202刑初124号	对手游APP或博彩网站进行攻击
(2018)冀0404刑初45号	出售规避公安机关实名制登记的"免刷"软件,并远程进行调试安装
(2018)冀0435刑初107号	破坏安装在计算机系统内的PUBWIN网吧安全管理系统的身份证实名上网功能
(2018)冀0525刑初32号	创建恶意定时任务脚本,破坏今麦郎饮品终端管理系统
(2018)豫0721刑初2号	出售、安装非法软件,破解公安机关系统管理网吧电脑的身份证实名登记功能
(2018)豫0725刑初508号	破坏网吧身份验证系统,逃避公安机关的实名监管
(2018)豫0811刑初110号	擅自登录公安交通管理平台异地审验驾驶证
(2018)鄂0117刑初518号	利用国外网络平台,对IP进行DDOS攻击
(2018)鄂0222刑初03号	对网站实施DDOS网络攻击;利用木马程序,对他人服务器的控制
(2018)鄂0704刑初143号	通过"DDOS"对服务器实施攻击
(2018)湘01刑终152号	用解锁程序对泵车控制器非法解锁
(2018)湘3101刑初42号	非法获取苹果手机用户原始数据并远程控制
(2018)吉0113刑初178号	进入系统并删除公安部网逃人员信息
(2017)苏0506刑初1159号	通过FD软件对数据进行修改

续表

案号	行为方式
(2017)苏0509刑初1435号	非法获取他人苹果电子设备账号并远程控制
(2018)苏0281刑初943号	同上
(2018)苏0282刑初436号	同上
(2018)苏0381刑初32号	通过fiddler软件篡改话费充值系统数据
(2018)苏0381刑初33号	同上
(2018)苏0381刑初34号	同上
(2018)苏0381刑初43号	同上
(2018)苏0381刑初44号	同上
(2018)苏0381刑初67号	同上
(2018)苏0381刑初89号	同上
(2018)苏0381刑初91号	同上
(2018)苏0381刑初174号	同上
(2018)苏0381刑初530号	同上
(2018)苏0381刑初579号	同上
(2018)苏0381刑初625号	同上
(2018)苏0412刑初14号	利用诈骗网站源代码,获得推广账号信息并控制
(2018)苏0506刑初56号	非法获取他人苹果电子设备账号并远程控制
(2018)苏0506刑初763号	同上
(2018)苏0507刑初19号	同上
(2018)苏0509刑初21号	同上
(2018)苏0581刑初13号	同上
(2018)苏0581刑初1242号	同上
(2018)苏0582刑初708号	同上
(2018)苏0602刑初290号	同上
(2018)苏0612刑初585号	同上
(2018)苏0707刑初48号	对网站进行攻击
(2018)苏1081刑初23号	非法获取他人苹果电子设备账号并远程控制

续表

案号	行为方式
(2018)赣0191刑初11号	利用免刷卡软件,破坏网吧实名制管理软件
(2018)赣0902刑初46号	利用免刷开卡软件,绕开网盾实名登记系统
(2018)宁0522刑初25号	公开提供分布式拒绝服务攻击,即DDOS攻击
(2018)鲁0781刑初117号	利用免刷卡软件,破坏网吧实名制管理软件
(2018)鲁0781刑初186号	安装“免刷”软件,逃避公安机关的实名监管
(2018)陕0582刑初47号	植入病毒,非法控制计算机
(2017)沪0110刑初1177号	将恶意代码文件上传至服务器内,破坏性删除流量业务平台系统相关数据库数据
(2018)沪0112刑初754号	将恶意文件上传至爱数公司运行KOM系统的服务器
(2018)沪0114刑初120号	非法对蜂电公司智能电表执行批量断电命令
(2018)川0603刑初97号	利用外挂破坏网吧收银管理的网络安全管理系统
(2018)川0683刑初73号	使用攻击软件对网吧进行攻击
(2018)川0683刑初100号	实施信息POST注入,干扰网站系统的正常运行
(2018)川1703刑初25号	上传木马取得网站管理员权限,并修改网站代码
(2016)津0111刑初760号	使用SQL语句注入该系统漏洞并修改数据库数据
(2018)津0104刑初44号	在服务器内安装某U盘控制软件,阻止审计单位拷贝电子账数据,删除服务器上的系统工作日志
(2018)津0114刑初203号	对站内污染物的后台参数进行篡改
(2018)津0116刑初20134号	采取“DDOS攻击”的方式攻击网站服务器
(2018)津0118刑初626号	修改服务器的IP地址
(2017)浙0110刑初1308号	使用抓包软件抓取、修改网络订单的支付数据
(2017)浙0185刑初597号	私自登录电信平台,非法篡改资费套餐
(2017)浙0921刑初160号	出售DDOS网络攻击服务
(2018)浙0110刑初181号	使用黑客工具Sbooter对“贝贝直播”平台服务器进行网络流量攻击
(2018)浙0110刑初266号	通过租用境外云服务器、攻击流量等,架设了网站sboot.org,后对其他网站进行DDOS攻击
(2018)浙0110刑初999号	对阿里云服务器进行DDOS攻击

续表

案号	行为方式
(2018)浙 0303 刑初 28 号	非法获取他人苹果电子设备账号并远程控制
(2018)浙 0303 刑初 71 号	同上
(2018)浙 0304 刑初 182 号	利用黑客网站 DDOS 攻击功能对攻击计算机服务器
(2018)浙 0481 刑初 181 号	非法获取他人苹果电子设备账号并远程控制
(2018)浙 0502 刑初 260 号	修改总磷总氮污染源自动检测仪中总氮的检测系数
(2018)浙 0702 刑初 24 号	违法登录金华交警网络违章处理平台,篡改数据
(2018)浙 0702 刑初 124 号	使用网络攻击软件对游戏平台服务器进行攻击
(2018)浙 1002 刑初 293 号	非法获取他人苹果电子设备账号并远程控制
(2018)浙 1023 刑初 78 号	偷用数字证书进入交警违章系统并违规操作
(2018)浙 1124 刑初 144 号	同上
(2018)渝 0112 刑初 183 号	登录公司的阿里云服务器,删除部分数据

本罪在实务中的问题,同样突出表现为此罪与彼罪的区分问题。主要体现在破坏性犯罪与控制性犯罪的区别。焦点在于,删除、篡改、增加计算机信息系统数据的行为,到底是非法控制还是破坏,实务处理似乎有冲突之处。(2018)渝 0112 刑初 183 号中“登录公司的阿里云服务器,删除部分数据”的行为,被定性为破坏。(2018)吉 0581 刑初 342 号中,“非法侵入进入某联通公司的计算机信息系统,调低若干客户月最低消费额”的行为,却被定性为控制。本书坚持《中国网络安全法治绿皮书(2018)》的观点:只要删除、篡改、增加的数据不会从根本上影响信息系统的正常运行,原则上宜界定为控制。[1] 理由在于,非法控制是对权限的破坏,并不损及系统本身的运行,其目的的实现反而离不开系统机能的完好。而破坏则必然意味着系统功能的毁损。

(五)提供侵入、非法控制计算机信息系统程序、工具案

本类案件 2017 年计有 40 例,2018 年 31 例,略有减少。2017 年,提供外挂程序(15 例)和用于盗取信息的木马程序(9 例)为最主要的两种行为。2018 年

〔1〕 360 法律研究院编写:《中国网络安全法治绿皮书(2018)》,法律出版社 2018 年版,第 106 页。

度，外挂程序（12 例）和木马程序（5 例）依然排名前两位，格局不变（见表 27）。

表 27　提供侵入、非法控制计算机信息系统程序、工具案例

案号	行为
（2018）粤 5122 刑初 149 号	制作并出租钓鱼软件
（2018）冀 0528 刑初 63 号	获取网站的控制权限，转让向网站添加数据的程序
（2017）豫 0105 刑初 1616 号	制作绕过淘宝安全防护系统、获取数据的抢拍软件
（2018）豫 02 刑终 129 号	自制 22 个钓鱼网站，后出租、出售或自用
（2018）豫 9001 刑初 35 号	修改网上购买的钓鱼网站，并将其出租
（2018）鄂 0525 刑初 17 号	向他人提供具有截取手机短信功能的“木马”程序
（2018）鄂 0703 刑初 25 号	销售具有破坏性的“天龙八部”游戏的外挂程序
（2018）鄂 0703 刑初 26 号	销售属于破坏性程序的游戏外挂程序
（2018）吉 2403 刑初 1 号	销售非法软件（套取网络游戏账号、密码、验证码）
（2017）苏 0412 刑初 1520 号	销售“BOL”类型外挂
（2017）苏 0481 刑初 813 号	销售“奇迹 MU 主宰”外挂程序
（2018）苏 0281 刑初 184 号	销售相应游戏外挂程序的激活码
（2018）苏 0281 刑初 705 号	销售《王者荣耀》外挂程序源代码
（2018）苏 0404 刑初 561 号	销售外挂程序
（2018）苏 0411 刑初 22 号	向他人提供防封程序“ED”“EDM”卡密
（2018）苏 1091 刑初 92 号	销售能够绕过 YY 公司安全策略的 YY 外挂软件
（2018）辽 0103 刑初 546 号	制作并销售网络游戏外挂软件
（2018）青 0104 刑初 41 号	提供 DOSS 攻击软件下载及出售 DOSS 攻击器卡密
（2018）晋 0321 刑初 23 号	出租、出售黑客工具
（2018）晋 0321 刑初 25 号	同上
（2018）陕 0523 刑初 81 号	转卖外挂软件、销售网吧免刷软件
（2017）浙 0683 刑初 811 号	出售攻击软件、在线攻击服务账号
（2017）浙 0702 刑初 1151 号	出售“小鸡蛋”木马病毒程序
（2018）浙 0205 刑初 270 号	销售木马软件
（2018）浙 0303 刑初 153 号	编写并销售具有入侵、非法控制计算机信息系统功能的程序
（2018）浙 0681 刑初 42 号	销售木马软件

续表

案号	行为
(2018)浙0681刑初686号	同上
(2018)浙1127刑初11号	提供控制他人家庭摄像头信息系统的软件和方式
(2018)浙1127刑初21号	上传并免费共享“刺客. zip”等入侵软件
(2018)苏0402刑初569号	制作并出售奇迹网游“奇迹NP多开外挂”程序
(2018)苏0404刑初15号	购入《天龙八部ONLINE网络游戏软件》的“智能助手”外挂程序后，转售

《中国网络安全法治绿皮书(2018)》区分了本罪与盗窃罪、诈骗罪的区别，以及本罪与帮助信息网络犯罪活动罪的区别。本罪与盗窃、诈骗罪的区别，意见维持不变。本罪与帮助类网络犯罪的区别，《中国网络安全法治绿皮书(2018)》提出，应以行为标的是否合法、是否限于程序和工具两项标准判断，进而得出“制作虚假网站、木马网站的行为属本罪”的结论。稍值修正的是，第二项标准应进一步限制到“专门用于侵入、非法控制”的工具和程序。[1] 其他非专用性程序和工具不算。因此，提供虚假网站的行为，还要考察是否符合此种专用性标准再做结论。

(六)拒不履行信息网络安全管理义务案

本罪是《刑法修正案(九)》新增罪名。本年度涉及案例2例：胡某拒不履行信息网络安全管理义务案[(2018)沪0115刑初2974号]，何某、李某开设赌场案[(2018)赣0102刑初585号]。前案事实是，被告人租用服务器，并制作和出租翻墙软件。公安机关两次约谈、一次处罚后，被告人拒不改正，继续租用。后案事实是，被告人利用其所经营的游戏平台，设置了本质为赌博的射幸游戏情节。具体而言，是“在捕鱼游戏中，通过以炮打鱼的方式消耗虚拟游戏币，每炮消耗10～9900游戏币不等，捕鱼成功则获取2～100倍不等的游戏币返还”。该行为被认定为同时构成开设赌场罪、本罪和帮助信息网络犯罪活动罪。择一重处罚，以开设赌场罪定罪量刑。

---

〔1〕《最新执法办案实务丛书》编写组编：《图解立案证据定罪量刑标准与法律适用第四分册，妨害社会管理秩序案》，中国法制出版社2017年版，第100页。

(七)非法利用信息网络案

本罪在《中国网络安全法治绿皮书(2018)》中仅收录10例,2018年增至70例,为增幅最大者。2018年的特色是:第一,利用QQ、微信发布卖淫嫖娼、违禁品买卖等非法信息,跃升为最常见类型,占到全部案例2/3以上;第二,出现了“利用神马引擎发布虚假广告”“制作网络交易平台用以非法买卖个人信息”等新的行为类型(见表28)。

表28　非法利用信息网络案例

案号	事实
(2018)苏0117刑初518号	被告人利用信息网络发布信息销售违禁药品
(2017)川0116刑初581号	明知他人仿冒国家机关网站违法套取住房公积金牟利,按照其要求制作网站,并提供后台管理等技术支持
(2018)新0104刑初632号	利用QQ群发布招嫖违法信息
(2018)苏0922刑初428号	利用百度贴吧、QQ群等发布招嫖违法信息
(2018)苏0922刑初10号	利用微信、百度贴吧等销售毒品、迷药、弓弩等违禁品
(2018)新0104刑初641号	利用QQ群发布卖淫嫖娼违法信息
(2017)川1602刑初315号	利用微信销售毒品、枪支等
(2018)琼97刑终296号	被告人帮助他人发送虚假中奖短信
(2018)浙0681刑初42号	设立QQ群出售木马软件和钓鱼软件
(2018)沪01刑终233号	利用网络发布招嫖信息
(2018)新0104刑初633号	利用QQ群发布卖淫嫖娼活动违法信息
(2018)新0104刑初413号	同上
(2018)新0104刑初503号	同上
(2018)新0104刑初447号	同上
(2017)粤0404刑初340号	利用微信号发布“户籍查询”等隐私查询非法服务信息
(2018)新0104刑初571号	利用QQ群发布卖淫嫖娼活动违法信息
(2018)鲁14刑终186号	利用QQ联系需求方,并制作虚假的信用卡查询进度网站
(2018)苏0581刑初654号	利用微信发布违禁品信息
(2018)新0104刑初435号	利用QQ发布招嫖信息
(2018)豫0611刑初176号	利用QQ发布违禁品信息

续表

案号	事实
(2018)京03刑终1019号	建立网站发布招嫖信息
(2018)新0104刑初511号	利用QQ发布招嫖信息
(2018)苏1181刑初533号	在“神马引擎”发布手机定位监听卡虚假广告
(2018)新0104刑初461号	利用QQ发布招嫖信息
(2017)苏0506刑初1050号	设立用于组织他人吸毒的网站、通信群组
(2018)新0104刑初512号	利用QQ发布招嫖信息
(2017)京0108刑初1987号	在互联网上发布大量助考类违法犯罪信息
(2018)新0104刑初631号	利用QQ发布招嫖信息
(2018)新0104刑初504号	同上
(2018)苏0581刑初321号	利用QQ发布违禁品信息
(2018)新0103刑初581号	利用QQ发布招嫖信息
(2018)粤0306刑初1623号	同上
(2018)粤03刑终74号	同上
(2018)新0104刑初617号	同上
(2017)苏0691刑初198号	制作各类虚假网站
(2018)苏1084刑初20号	利用QQ发布考试作弊信息
(2017)渝0112刑初533号	通过微信发布招嫖信息
(2017)云0102刑初1250号	利用QQ等发布虚假投资理财信息
(2017)苏0205刑初789号	制作用于实施诈骗的网站
(2018)新0104刑初615号	利用QQ发布卖淫嫖娼违法信息
(2018)浙1123刑初131号	通过企业信使短信运营平台发送违法信息
(2018)新0104刑初509号	利用QQ发布卖淫嫖娼违法信息
(2018)冀0108刑初310号	利用QQ群贩卖钓鱼软件
(2018)苏1181刑初341号	利用QQ群组进行扫号软件等非法交易
(2018)粤07刑终441号	被告人购买多个网站域名用于设立钓鱼网站;且利用伪基站发送诈骗短信
(2018)新0104刑初616号	利用QQ发布卖淫嫖娼违法信息

续表

案号	事实
(2018)鲁0283刑初224号	利用微信账号销售弓弩、迷药等违禁品
(2018)苏02刑终149号	应他人要求制作仿冒的顺丰快递网站
(2018)新0104刑初758号	利用QQ发布卖淫嫖娼违法信息
(2018)新0104刑初502号	同上
(2018)鄂1202刑初182号	利用伪基站发送诈骗短信
(2018)苏09刑终262号	利用QQ发送卖淫嫖娼违法信息
(2017)陕0502刑初17号	利用无线电设备发射器发送作弊信息
(2018)苏1181刑初1106号	在神马引擎发布手机定位监听广告
(2018)新0104刑初432号	利用QQ发送卖淫嫖娼违法信息
(2018)新0104刑初518号	同上
(2018)新0104刑初642号	同上
(2018)新0104刑初505号	同上
(2018)辽0303刑初241号	设立网站用于非法买卖枪支
(2018)新01刑终283号	利用QQ发送卖淫嫖娼违法信息
(2018)辽10刑终192号	利用网络发布销售枪支及配件的广告
(2018)新0104刑初469号	利用QQ发送卖淫嫖娼违法信息
(2018)新0104刑初501号	同上
(2018)新0104刑初508号	同上
(2018)粤0104刑初339号	同上
(2018)新0104刑初506号	同上
(2018)赣0502刑初158号	利用网络发布涉枪非法信息等
(2018)苏0923刑初76号	利用微信发布色情淫秽信息
(2018)浙06刑终270号	开发PEAS云网络交易平台用于个人信息非法交易
(2017)浙0602刑初293号	制作网络交易平台供个人信息非法交易

本罪在适用上，与帮助信息网络犯罪活动罪容易产生混淆。本罪是本人利用信息网络实施犯罪；后罪是他人利用信息网络犯罪，而本人对此提供互联网介入、服务器托管、网络储存、通信传输、广告推广、支付结算等技术帮助的行为。

在这一意义上,(2018)苏02刑终149号“应他人要求制作仿冒的顺丰快递网站”,被定性为本罪,是不无疑问的。

(八)帮助信息网络犯罪活动案

本罪在《中国网络安全法治绿皮书(2018)》收集收录11例,2018年24例,数量增长明显(见表29)。

表29 帮助信息网络犯罪活动案例

案号	事实
(2018)皖03刑终453号	明知该网站不具有YY挂机功能,为网站提供更改域名等技术支持,以保证网站能够正常使用
(2018)闽0211刑初1044号	在明知他人利用信息网络实施诈骗等,为他人实施上述犯罪活动提供广告推广网站链接等服务
(2018)闽08刑终259号	明知他人利用信息网络实施网络赌博犯罪,仍为其犯罪提供服务器托管等技术支持和服务
(2018)闽0203刑初275号	明知他人利用网络进行“六合彩”特码诈骗和赌博等,仍为他人提供广告推广服务,并收费
(2018)闽0211刑初1044号	同上
(2018)闽0212刑初204号	明知他人利用信息网络实施犯罪,为其提供广告推广
(2018)粤1972刑初932号	明知他人利用信息网络实施犯罪,为其提供软件开发及维护等技术服务
(2018)冀08刑终117号	同上
(2018)豫1221刑初94号	明知他人实施网络诈骗,仍为其进行网络广告推广
(2018)鄂11刑终21号	明知他人利用信息网络实施犯罪,仍为其提供接入互联网、投放广告、资金结算等帮助
(2018)吉0322刑初356号	明知他人利用信息网络实施犯罪,为其犯罪制作网站、搭建维护数据库
(2017)苏0303刑初369号	明知他人利用网络实施犯罪,仍提供支付结算等帮助
(2018)苏0117刑初291号	明知他人针对不特定对象非法吸收公众存款,仍将构建好的融资网站解析到他人提供的域名上并维护

续表

案号	事实
(2018)苏0411刑初17号	明知他人从事出售公民住宿信息的犯罪活动,仍为其实施犯罪所用的网站提供服务器托管等技术支持
(2018)苏0611刑初2号	明知其他人窃取他人银行卡账户信息的情况下,仍租赁网络服务器后转租给其他人
(2018)苏0681刑初292号	明知他人利用信息网络实施犯罪,仍为其犯罪设计制作能人为操纵数据涨跌的网络微交易网站
(2017)赣1127刑初283号	明知他人利用彩铃系统实施“重金求子”诈骗活动,仍为其制作、安装、维护彩铃系统
(2017)赣1127刑初284号	明知他人利用彩铃系统实施“重金求子”诈骗活动,仍为其制作、安装、维护彩铃系统
(2017)鲁0323刑初46号	明知他人利用信息网络传播淫秽电子信息牟利,仍为其提供服务器托管、租赁及互联网接入等技术服务
(2018)鲁04刑终45号	明知他人实施网络诈骗犯罪,仍提供网络平台、技术维护、服务器托管、域名更改等技术支持
(2018)鲁14刑终73号	明知他人推广的信用卡网络链接涉嫌诈骗的情况下,仍为其提供广告推广
(2018)鲁17刑终293号	明知他人利用信息网络实施犯罪,仍为其提供广告推广、公民信息收集等帮助
(2017)川0116刑初581号	明知他人仿冒国家机关网站违法套取住房公积金牟利,按照其要求制作网站,提供后台管理等技术支持

本罪是将过去作为其他犯罪的共犯而处罚的行为作为独立犯罪而加以规定的类型。[1] 本罪与非法利用信息网络罪的区别,前已述及,不赘。本罪与提供侵入、非法控制计算机信息系统程序、工具罪的最明显区别在于,本罪所提供的技术支持外延较广,且限于“中立”技术;后罪所提供的程序和工具,具有非法侵入计算机系统的专门功能。

〔1〕 黎宏:《刑法学各论》,法律出版社2016年版,第369页。

认定本罪的主观"明知"要件在司法实践中通常争议不大。第一,被告人通常持认罪态度,辩护人也只是泛泛提出不具有"共犯(如诈骗等)的故意"等。第二,绝大多数情况下,被告人的主观意图,可以明确推知。第三,依据相关司法解释,行政机关书面告知的、接到举报的、所提供技术服务的对象为淫秽网站的、淫秽网站广告点击率明显异常的,除非另有证据,应当认定明知。此外还设有兜底条款,即"其他能够认定行为人明知的情形"。[1]

(九)侵犯公民个人信息案

业界流行的说法是,2018 年是数据保护元年。此语注脚甚多,其中之一是,2017 年,采集自各类公开数据库的侵犯公民个人信息罪案例共计 485 例。2018 年,该数字为 452 例。

报告提供两个视角。一是在法律意义上,观察本类案型审判的新发展。二是在社会意义上,观察本类案型所涉罪行的新情况。

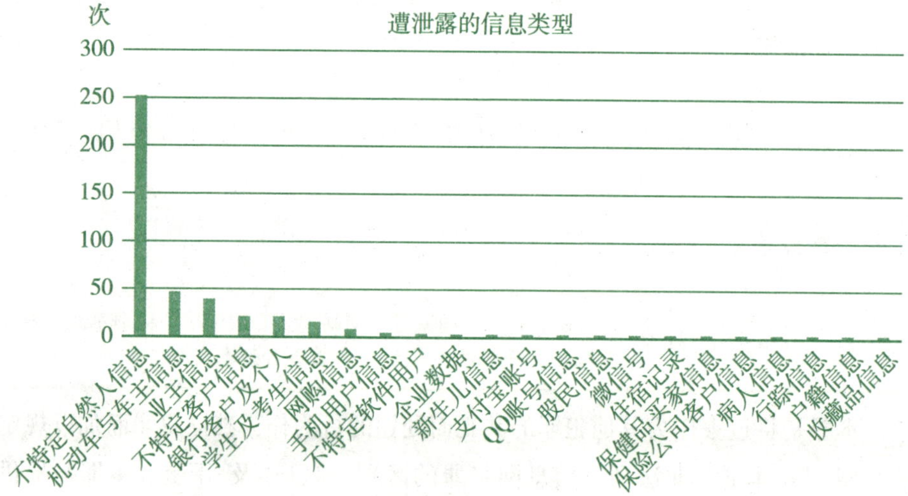

图 1 泄露的信息类型

与 2017 年的分析类似,本书依然关注 3 个指标:泄露的信息类型(见图 1)、信息泄露的初始源头、被泄露信息的最终渠道。以刑事诉讼打击震慑犯罪,毕竟

[1] 参见最高人民法院、最高人民检察院《关于办理利用互联网、移动通讯终端、声讯台制作、复制、出版、贩卖、传播淫秽电子信息刑事案件具体应用法律若干问题的解释(二)》。

是事后。事前的防范,扼止,乃至疏导、分化方是上策。上述3个指标是筹划个人信息泄露防治的重要依据。

在可识别的类型中,机动车信息、业主信息、银行客户与银行相关信息、学生信息四类泄露频次最高。对此有四点解读:第一,业主、车主、学生信息在2017年的统计中便是重灾区,2018年依旧。这足以说明,公安机关内网尤其是车管部门的内部信息系统亟待加强管理,即便犯罪嫌疑人多为辅警、协警;物业公司工作人员对业主信息的泄露屡禁不止,需引起更高注意;学校校内收集、使用、管理学生信息的环节链条较长、接触人多,个人信息保护难度大。第二,上述信息泄露源头,无一不是"内鬼"。而公安、物业、学校,与其他储存有海量信息的行业如快递相比,又有一定的特殊性,即较低级别权限的人,即有机会轻易接触大体量的个人信息。此类行业从业人员几乎无须费心收集,违法成本极低,若没有完善的内控和严格的法律责任,毫无疑问将是泄露重灾区。第三,信息的泄露大多与商业利用有关,但分几种。机动车信息、业主信息、银行客户信息之所以泄露,主要是因其本身具有较大使用价值;新生儿信息、学生信息、病人信息之所以被泄露,不仅因为数据较为集中且保密措施不完善,也因潜在的付费者存在急迫需求;保健品买家信息、特定游戏APP玩家信息的泄露,恐怕主要是因为,是否购买保金品、是否选择某种特定游戏,本身就是针对潜在受众文化水平、识别能力的辨别机制。显然,保健品的长期忠实买家接受推销话术的概率,恐怕远超均值。

同样的信息可能多次被泄露。道理上,针对首次泄露和中间环节的流转防治措施应当有别。针对首次泄露的防止,或许目标更清晰、成本更低廉。案例现实,最常见的中间环节泄露是转售和交换,表30排除之,并筛选出初始泄露的源头(见表30)。

表30 信息首次泄露方式

案号	泄露源头
(2018)皖0102刑初12号	利用木马程序获取被害人手机信息
(2018)皖0102刑初43号	利用辅警的职务便利,非法查询内网
(2018)皖0103刑初21号	利用保险公司工作之便,非法收集投保人车辆信息

续表

案号	泄露源头
(2018)皖0222刑初9号	经营安徽出众教育文化咨询公司期间获取
(2018)皖0503刑初20号	利用工作便利,非法获取公民个人信息
(2018)皖03刑终347号	侵入多家互联网公司服务器非法获取
(2018)皖0111刑初4号	利用物业工作便利获取楼盘业主信息
(2018)皖0124刑初109号	通过日常工作获取客户信息
(2018)皖1522刑初12号	利用经营活动而获得公民信息
(2018)皖1522刑初26号	从钓鱼网站后台直接获取等非法手段获取
(2018)皖1623刑初24号	利用工作之便,非法查询
(2018)皖1881刑初99号	通过妇幼保健计划生育服务中心工作的朋友获取
(2018)京0105刑初526号	通过技术手段非法套取
(2018)闽0203刑初142号	利用辅警便利,在公安综合查询网查询
(2018)闽0303刑初37号	利用辅警职务便利查询
(2017)粤0604刑初1658号	利用银行工作之便,查询企业征信信息
(2018)黔0325刑初34号	利用派出所协警之便,非法查询个人信息
(2018)冀0803刑初23号	利用工作之便获取
(2018)豫0482刑初103号	通过窃取、拾捡等方式收集他人身份证共计24张
(2018)豫0902刑初223号	虚开淘宝网铺,以低价出售虚假商品吸引买家下单的手段,获取客户个人信息
(2018)豫1002刑初30号	付费定位他人手机号码和购买含有基站位置信息的公民话单的方式,非法获取公民行踪轨迹信息
(2018)豫1002刑初34号	通过定位他人手机号码,非法获取他人行踪轨迹信息
(2018)豫1402刑初41号	利用搭建的QQ钓鱼网站,获取
(2018)黑07刑终36号	利用协警工作之便,违规使用安全秘钥获取
(2018)鄂0105刑初298号	利用公司工作之便,通过公司邮箱非法下载
(2017)鄂0922刑初191号	利用仓库管理员的便利条件,非法获取
(2017)鄂1321刑初241号	利用非法采集公民个人信息软件,在网上抓取
(2018)鄂0111刑初902号	利用金融公司上班便利,购买大量公民个人电话号码

续表

案号	泄露源头
(2018)鄂0324刑初6号	发送钓鱼链接等方式非法获取
(2018)鄂0607刑初16号	利用房地产业协会工作之便,非法导出
(2018)鄂1122刑初196号	索要糖尿病客户的信息资料
(2017)湘0111刑初967号	非法使用公司"网店管家"软件导出
(2017)湘1202刑初491号	窃取警务通加密卡,非法获取
(2017)苏1283刑初774号	利用物业工作之便获取
(2018)苏0312刑初51号	利用公安工作之便非法查询机动车信息
(2018)苏0312刑初69号	利用公安工作之便非法查询机动车信息
(2018)苏0312刑初88号	利用从事辅警的职务便利,非法查询
(2018)苏0581刑初563号	利用教育机构供职之便获取
(2018)苏0691刑初45号	利用房产销售代理工作之便,获得
(2018)苏0812刑初34号	非法登录顺丰、圆通系统等手法非法获取
(2018)苏1202刑初8号	利用交警内勤工作便利非法获取
(2018)苏1283刑初96号	利用担任物业公司保安队长的工作之便,获取
(2018)苏0509刑初1928号	利用物业管理处经理助理的职务便利,收集
(2017)苏0104刑初1166号	利用仓库管理员之便,从打单软件中导出
(2017)苏0205刑初782号	从事小额贷款工作中获取
(2017)苏0282刑初1497号	利用收派员和仓库管理员之便非法获取
(2017)苏0481刑初840号	利用职务之便非法拷贝
(2017)苏1181刑初910号	通过"百度"网络搜索引擎非法获取
(2018)苏0206刑初5号	通过"红铃铛"软件等抓取
(2018)苏0214刑初16号	公司工作之便获取
(2018)苏0281刑初44号	辅警工作之便获取
(2018)苏0281刑初111号	辅警之便获取
(2018)苏0281刑初112号	协警之便获取
(2018)苏0281刑初113号	售楼工作之便获取
(2018)苏0281刑初114号	协警之便获取

续表

案号	泄露源头
(2018)苏0281刑初157号	协警之便获取
(2018)苏0281刑初160号	协警之便获取
(2018)苏0281刑初168号	协警之便于内网获取
(2018)苏0281刑初169号	车管所协警之便于内网获取
(2018)苏0281刑初170号	派出所辅警之便于内网获取
(2018)苏0281刑初176号	交警协警之便于内网获取
(2018)苏0281刑初179号	交警协警之便于内网非法获取
(2018)苏0281刑初181号	车管所协警之便获取
(2018)苏0281刑初182号	利用交警辅警之便于内网非法获取
(2018)苏0281刑初183号	利用交警辅警之便于内网非法获取
(2018)苏0312刑初3号	公安工作之便获取
(2018)苏0312刑初21号	车管所工作之便获取
(2018)苏0312刑初50号	车管所辅警之便获取
(2018)苏0312刑初54号	利用汽车检车公司工作之便,非法登录公安网获取
(2018)苏0312刑初56号	公安工作之便获取
(2018)苏0312刑初64号	车管所工作之便获取
(2018)苏0312刑初91号	交警辅警工作之便获取
(2018)苏0411刑初665号	电信营业厅工作之便获取
(2018)苏0411刑初674号	从他人处获得内网账号密码非法获取
(2018)苏0581刑初570号	利用学校任职之便获取
(2018)苏0924刑初39号	利用交警辅警工作获取
(2017)赣0102刑初933号	物业工作之便获取
(2017)赣0702刑初487号	以车辆追踪器、单筒望远镜等设备非法获取
(2017)赣1127刑初151号	利用辅警之便获取
(2018)赣0102刑初95号	在工作中获取的业主信息
(2018)辽0104刑初182号	利用交警协勤工作之便非法获取
(2018)辽0104刑初202号	利用公安工作之便非法获取

续表

案号	泄露源头
(2018)辽0104刑初203号	利用交警临时工作人员之便非法获取
(2018)鲁1324刑初80号	利用工作便利,查询公民个人信息
(2017)鲁0281刑初866号	自行制作盗取公民个人信息的软件
(2017)鲁0791刑初162号	利用公安工作之便非法获取
(2018)鲁0211刑初376号	利用公司工作之便非法获取
(2018)鲁0304刑初73号	利用交警内勤之便非法获取
(2018)鲁1302刑初172号	利用辅警工作之便非法获取
(2018)鲁1321刑初128号	利用房产公司交易员之便非法获取
(2018)鲁1324刑初17号	利用交警大队工作之便非法获取
(2018)鲁1324刑初69号	利用派出所工作之便非法获取
(2018)鲁1324刑初81号	利用车管所工作之便非法获取
(2017)陕0113刑初1415号	利用汽车商行工作之便,越权使用他人密码盗取
(2018)陕0404刑初44号	利用做销售的职务便利从公司盗取
(2018)陕0881刑初520号	在工作中获取的信息
(2017)沪0113刑初2263号	利用协警之便从内网非法获取
(2018)沪0120刑初265号	利用在苏宁公司的员工账号非法获取
(2017)沪0117刑初1853号	在房地产交易中心履职中非法收集
(2017)沪0117刑初1943号	假借招工之名获取
(2018)沪0107刑初6号	在履行职务中掌握公司员工的信息
(2018)沪0113刑初1181号	从公司同事处获取
(2018)沪0118刑初111号	非法登入快递公司信息系统后盗取
(2018)川0504刑初9号	利用工作之便获取
(2018)津0104刑初753号	利用公司职务之便,从"赶集网"非法获取
(2018)津0116刑初20142号	非法进入警务查询系统,非法查询
(2017)浙0211刑初482号	利用派出所值班之便,使用他人数字证书查询获得
(2017)浙0802刑初578号	利用为淘宝网店服务修改中差评之机收集
(2018)浙0302刑初95号	通过工作获取

续表

案号	泄露源头
(2018)浙0303刑初57号	利用某远程控制软件侵入并控制他人电脑窃取
(2018)浙0326刑初116号	工作中获取
(2018)浙0503刑初73号	从广告业务商处非法获取
(2017)浙0109刑初2007号	利用职务之便,从公司电脑非法下载
(2017)浙0702刑初618号	利用发送木马短信非法获取
(2017)浙1023刑初416号	通过群发机软件及QQ采集器,声称被害人的QQ账号异常,要求填写个人信息,发送木马链接
(2017)浙1122刑初309号	通过"财神"等软件获取苹果用户iCloud账号密码等
(2017)浙1127刑初63号	从其工作的公司中获取
(2018)浙1082刑初184号	利用协警之便,通过公安系统查询
(2017)渝0106刑初1417号	利用软件从某快递公司网站非法获取

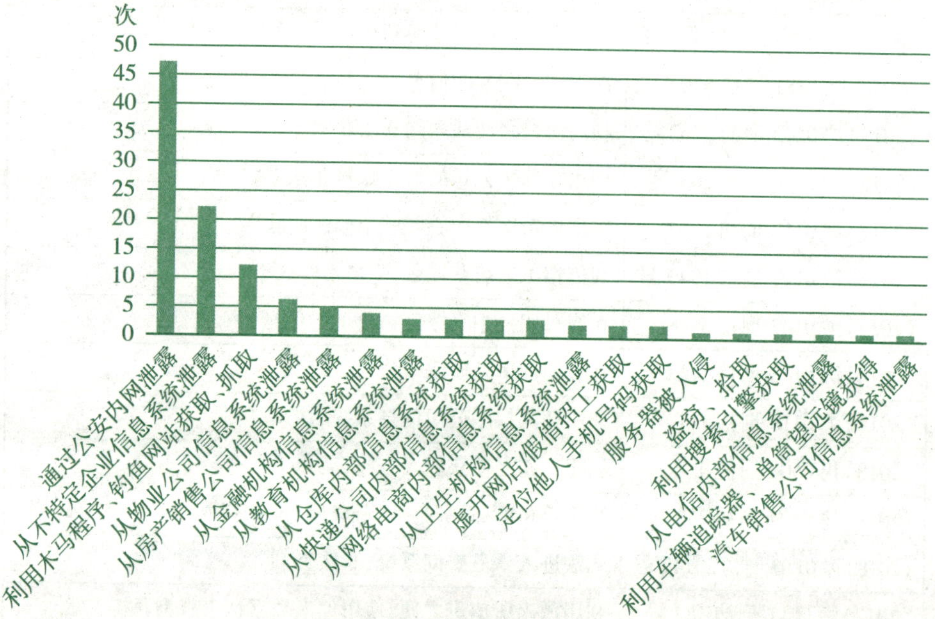

图2　信息首次泄露的方式

就图2和表30评述如下。第一,公安内网是泄密的第一渠道,远超其他。再次印证:公安部门虽然是打击信息泄露的首要力量,但往往祸起萧墙。进一步观察,公安内湾泄密的具体渠道,主体上多协警、部门上多是车管所和交警。需要说明,由于统计数据样本的偏差,该情况未必完全反映现实。刑事案件这一样本,在全部的信息泄露集合中,具有显而易见的特殊性,不具代表性。比如,公安协警作案,显然更容易留下痕迹,无意间会放大公安内网泄密的比例。第二,利用非法技术手段获取,是可以识别的第二大泄密渠道。具体手段包括发送木马短信或网站木马链接、入侵信息系统、制作非法软件于互联网抓取、制造钓鱼网站获取等。整体来看,泄露渠道有两种:一是以非法的网络技术获取,二是违反工作管理程序获取。后者的比例远甚于前者。“内鬼”的数量远多于外敌。这也许说明,思维定式与路径依赖是强大的。至少在当前,泄密者还是习惯于用传统的犯罪方式获取利益,哪怕是在互联网领域。

表 31　被泄露信息的终端利用方式

案号	利用方式
(2017)皖 0803 刑初 132 号	实施诈骗
(2018)皖 0103 刑初 21 号	推销产品、拓展业务
(2018)皖 0222 刑初 9 号	用于招生
(2017)皖 0103 刑初 604 号	转卖学生信息;用于培训宣传,扩大生源使用
(2017)皖 0104 刑初 776 号	办理手机 SIM 卡,帮他人 QQ 账号“开钻”
(2017)皖 1002 刑初 341 号	用于经营业务
(2018)皖 03 刑终 347 号	利用数据进行广告推广
(2018)皖 0103 刑初 26 号	用于其从事的股票推广业务
(2018)皖 0421 刑初 44 号	实施犯罪行为
(2018)皖 1102 刑初 43 号	用于电话销售男士保健内裤
(2017)闽 0524 刑初 905 号	实施犯罪行为
(2018)闽 0524 刑初 116 号	商业促销活动
(2018)闽 0524 刑初 301 号	商业促销活动
(2018)闽 0123 刑初 6 号	拓展装修业务
(2018)闽 0203 刑初 142 号	出售给他人供其用于银行信用卡欠款催收
(2017)粤 0606 刑初 3851 号	网上刷单获利
(2017)粤 0904 刑初 1040 号	实施诈骗行为

续表

案号	利用方式
(2017)粤5103刑初760号	利用他人真实个人信息通过支付宝申诉平台取得他人实名认证的支付宝账号,并出售
(2018)粤18刑终261号	用于诈骗消费者的网络短信推广
(2018)粤0306刑初6356号	拓展业务
(2018)粤0607刑初60号	实施诈骗他人钱财的犯罪活动
(2018)粤0904刑初26号	实施电信网络诈骗
(2018)粤0904刑初81号	实施电信诈骗
(2018)粤0904刑初113号	实施电信诈骗
(2018)桂1228刑初45号	盗取游戏装备和游戏币
(2018)桂0126刑初314号	实施诈骗行为
(2018)琼9022刑初12号	增加销售业绩
(2018)冀0126刑初1号	非法销售保健品
(2018)冀0129刑初5号	拓展英语教育业务
(2018)冀0425刑初172号	从事电话销售贷款活动
(2018)冀0803刑初23号	电话推销减肥保健产品
(2018)冀0821刑初4号	实施诈骗行为
(2017)豫0105刑初2097号	用于拓展客户
(2017)豫0728刑初350号	实施诈骗行为
(2018)豫0482刑初50号	给未带身份证的人员登记上网
(2018)豫0482刑初103号	给未带身份证的人员登记上网
(2018)豫1002刑初30号	开展找人、调查等业务
(2018)豫1325刑初45号	向微信好友推销茶叶提高销售业绩
(2018)豫1628刑初65号	电话推销保健品
(2018)豫1628刑初91号	推销保健品
(2017)鄂0303刑初463号	扩大客户信息资源
(2017)鄂0302刑初635号	提高招生业务
(2018)鄂0106刑初143号	推销产品

续表

案号	利用方式
(2018)鄂0112刑初55号	推销保健品
(2018)鄂1122刑初196号	推销伪劣糖尿病药品
(2018)鄂1281刑初34号	做微商推广产品
(2017)湘1202刑初491号	方便催收债务
(2018)苏0581刑初563号	提供给他人用于招生
(2017)苏0116刑初1004号	扩大公司客户渠道
(2017)苏0205刑初736号	从事贷款相关业务
(2017)苏0205刑初743号	将非法获取的信息出售给他人用于推销贷款
(2017)苏0211刑初657号	将获取的信息销售给从事家装业务的人员
(2017)苏0509刑初2138号	非法出售给房产中介店
(2017)苏1181刑初910号	测试其编写的扫号软件的效果
(2017)苏1302刑初969号	出售给链家等房地产经纪有限公司负责人
(2018)苏0104刑初6号	帮助车主违规消除车辆违章信息获利
(2018)苏0106刑初184号	用于招生宣传
(2018)苏0116刑初25号	扩大公司客户渠道
(2018)苏0211刑初15号	拓展房屋租赁业务
(2018)苏0214刑初16号	拓展客户、提升工作业绩
(2018)苏0281刑初115号	为催收债务,寻找债务人
(2018)苏0311刑初67号	用于发展小额信贷业务
(2018)苏0311刑初68号	用于发展小额信贷业务
(2018)苏0312刑初33号	开展贷款业务
(2018)苏0312刑初37号	开展信贷中介业务
(2018)苏0312刑初48号	为了提高业绩
(2018)苏0312刑初49号	为提高业绩
(2018)苏0312刑初60号	为了推销贷款
(2018)苏0312刑初71号	用于推销贷款业务
(2018)苏0312刑初74号	为了推销POS刷卡机业务

续表

案号	利用方式
(2018)苏0312刑初79号	用于打电话推销贷款业务
(2018)苏0312刑初107号	用于解锁苹果手机
(2018)苏0321刑初33号	用于诈骗行为
(2018)苏0506刑初68号	用于电话团队拨打营销电话
(2018)苏0506刑初878号	用于公司开展业务
(2017)赣0102刑初717号	为拓展公司油卡销售业务;出售车主信息
(2017)赣0102刑初1020号	进行电话业务
(2017)赣0702刑初487号	胁迫被害人为其提供贷款
(2018)赣0102刑初172号	开展业务
(2018)赣1127刑初35号	利用公民个人信息在网上套钱
(2018)辽0103刑初280号	扩展业务资源
(2018)辽0291刑初110号	用于公司拓展业务
(2018)鲁0211刑初94号	用于销售房屋、提高业绩
(2018)鲁0982刑初98号	用于推销产品
(2018)鲁1324刑初121号	利用公民个人信息预约纪念币牟利
(2018)鲁1721刑初132号	发送带有木马病毒链接的短信,实施犯罪行为
(2017)陕0113刑初1415号	通过打电话、发短信的方式邀约客户
(2018)陕0404刑初44号	用于其实际经营、销售产品
(2017)沪0113刑初2263号	实施盗窃行为
(2018)沪0106刑初275号	用于推销房产
(2018)沪0112刑初400号	用于公司业务员房产推销
(2018)沪0113刑初1181号	推广业务
(2018)沪0117刑初925号	方便开展办理贷款的业务
(2017)川0504刑初330号	为拓展业务
(2018)川0302刑初98号	实施犯罪行为
(2018)津0116刑初80030号	实行诈骗行为
(2018)津0103刑初71号	拓展公司业务

续表

案号	利用方式
(2018)津0104刑初202号	为增加业绩,获取更多利润
(2018)津0104刑初268号	开展业务
(2018)津0116刑初20142号	为催收银行欠款
(2016)浙0203刑初627号	实施电话诈骗
(2018)浙0109刑初13号	为了招揽生意拓展业务
(2018)浙0326刑初107号	为了拓展业务需要
(2018)浙0326刑初116号	拓展业务需要
(2018)浙0326刑初312号	拓展业务需要
(2018)浙0503刑初73号	为寻找客户,提升业绩
(2018)浙1004刑初191号	业务拓展需要
(2017)浙0302刑初1610号	用于招生
(2017)浙0304刑初904号	推广房地产营销业务
(2017)浙0522刑初525号	实施诈骗行为
(2017)浙0603刑初1055号	进行犯罪活动
(2017)浙0702刑初618号	实行盗窃行为
(2017)浙1081刑初1979号	拓展公司业务
(2018)浙0211刑初6号	实施诈骗行为
(2018)浙0326刑初72号	拓展业务
(2018)浙0702刑初30号	用于非法制作假冒机动车驾驶证
(2018)浙0702刑初53号	用于给客户销抵驾驶证违法扣分,以此获利
(2018)浙0921刑初42号	实施犯罪行为
(2018)浙1082刑初184号	为了实施犯罪行为
(2018)浙1121刑初21号	实施犯罪行为
(2018)浙0109刑初10号	招揽生意拓展业务
(2018)浙0602刑初35号	实施网络诈骗
(2017)渝0154刑初342号	提高公司业绩
(2018)渝0104刑初42号	推广业务

续表

案号	利用方式
(2018)渝0104刑初43号	用于电话推销保险业务
(2018)渝0104刑初55号	推广工作业务
(2018)渝0104刑初78号	推广工作业务
(2018)渝0107刑初305号	拓展装修业务
(2018)渝0101刑初306号	通过拨打电话推销公司业务
(2018)渝0103刑初21号	用于开发客户使用
(2018)渝0104刑初40号	推广工作业务
(2018)渝0104刑初57号	推广工作业务
(2018)渝0104刑初58号	推广工作业务
(2018)渝0104刑初61号	推广工作业务
(2018)渝0104刑初67号	用于推销装修业务
(2018)渝0104刑初68号	推广工作业务
(2018)渝0104刑初71号	拓展业务
(2018)渝0104刑初75号	拓展业务
(2018)渝0104刑初80号	推广工作业务
(2018)渝0104刑初82号	推广工作业务
(2018)渝0104刑初99号	推广工作业务
(2018)渝0104刑初115号	用于推广业务
(2018)渝0107刑初23号	拓展其房屋中介业务
(2018)渝0241刑初210号	冒充金融贷款公司工作人员骗取财物

表31和图3所透露的信息有两点:第一,带有商业目的的定向推广,是信息利用的最重要类型,占比2/3强。而推销与影响的具体方式上,依据图3、表31以外的信息,电话推销占压倒性多数。其他还有电子短信、电子邮件等。由此得知,针对此类营销推广类信息利用所引发的信息泄露,治理方法在下游而不是上游。因为类似骚扰电话标准一类的以毒攻毒的纯技术手段,一直是低成本、高效率的应对措施,只需要在法理上明确肯定其合法性即可。第二,正当目的的利用(尽管可能利用方式有所不当)为主,不当目的的利用并不占多数。这说明,数

据的正当利用的需求是客观存在的，仅仅以对立、打击的手段实施数据泄露治理非上策。根本之策是，在刑事法律之外，制定更加完备的民商事法律，将信息利用的合法方式明确下来，以疏代堵；同时在立场上，不应将数据泄露视为洪水猛兽，总是"高压打击""冒头就打"，而是应当认识到如同财产被窃一样，将是消灭不尽的现象，只需在有限成本下实现动态控制就好。

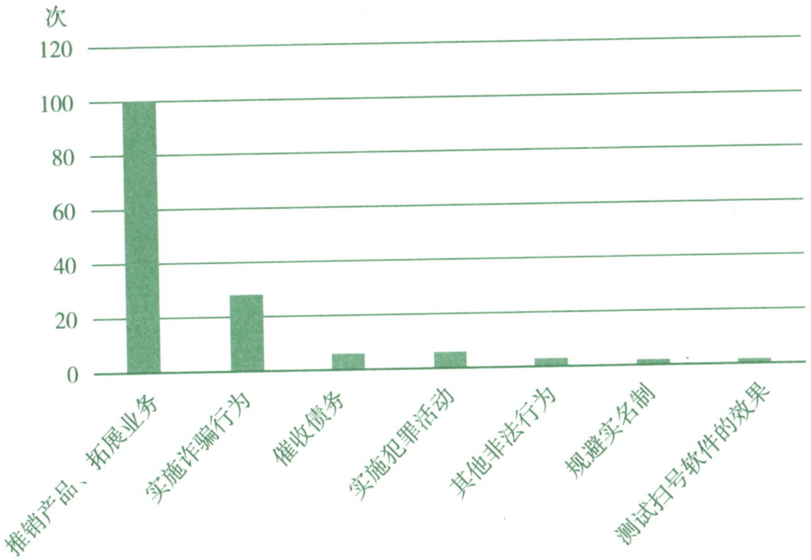

图3　被泄露信息的终端利用方式

民事案例篇

中国人民公安大学法学院讲师　林凯

一、年度综述

2018年度，涉及网络安全的民事诉讼可分为四类案型。名誉权侵权纠纷、信用卡合同纠纷、电信服务合同纠纷是2017年既已出现的类型。隐私权与个人信息权利侵权纠纷，则是新增种类，背景是《民法总则》第111条随整部法律的生效而具有成为裁判依据。2018年度的民事诉讼有如下特色。

第一，从数量看，本年度的民事诉讼并未显著增长。综观案件整体，纠纷当时人对诉讼成本与收益的预期评估、损失的分散性、加害人高度专业化因而不易锁定等，都可能是重要的制约因素。在此方面，随着未来互联网对市民社会的进一步渗透，纠纷体量增加，而社会对国家介入裁决的需求不减，案件数量还会增长。

第二，从质量看，本年度民事诉讼案件的整体质量，不可谓非常理想。大量案件偏离核心问题，或者虽找准了要害，却没有探索出明晰可用的规则。遗留问题例如，以较为激烈言辞发表基本符合事实的批评性言论，导致被批评人社会评价降低的，是否构成侵害其名誉权；e支付环境下盗刷的，银行承担何种资金安全保障义务，又能否直接推定其过错；实名制补卡或换卡的，如第三人盗取相关信息操作，网络运营商对此是否负有责任，等等。已经探索出明确规则共识的，是互联网中介商的信息内容审核义务，以及伪卡盗刷场景下银行的过错推定原则等。

第三，从性质看，合同纠纷多于侵权纠纷。理由大概是，互联网安全与其说是一种权利，不如说是特定合同下的商品或服务内容。因此网络安全的违反和破坏对当事人法益的损害往往是通过违约进行解释，如信用卡合同纠纷、电信服务合同纠纷。严格来说，名誉权、隐私权、个人信息权利的侵害虽然是侵权纠纷，但其核心问题不是网络运营安全，而是网络内容安全。

第四，从内容看，潜在的被害人即原告，多为自然人。企业不是网络安全环境下的第1潜在受害人。部分理由可能在于：(1)企业的数据权利尚未见明确的法律定性，而相关纠纷大量通过商业秘密保护等渠道而引流分担。(2)企业的自我保护意识强，相对不易成为盗刷者的目标。而潜在的加害人即被告其实相当有限，有3类：电信服务商、银行、互联网信息中介。而且，其加害行为的最大特征是非个性化，即加害行为往往不是基于民事主体个性化的主观过错，而是为现阶段全行业的技术、制度瑕疵埋单。

第五，从趋势看，首先，个人信息类侵权数量会增加，这是无疑的。而且公益诉讼会进一步发展。其次，除了银行、网络运营商外，其他与自然人主体深度、频繁进行民事互动的医院、学校等网络运营者，有可能成为民事被告。再次，一旦企业数据权利被确认，以企业为原告的数据权利侵害案件将会产生。最后，随着信用卡技术的升级换代，银行与客户之间的权利义务分配界限，还会微调。但万变不离其宗，核心问题是，银行所提供的信用卡技术的安全性能与不法分子的盗取技术会长期竞争下去。只要后者攻破银行的安全之盾，银行就有可能承担过错推定责任，为全行业整体的技术风险买单。同时预测，人民法院有可能会更精细地考虑排除原告监守自盗、贼喊捉贼的问题，以及更加重视事实的查明。毕竟，单一的过错推定，虽为追求审判效率所迫，但逻辑上毕竟过于粗糙。

二、案例分析

案型一、名誉权侵权纠纷

此类案型，涉诉典型行为是民事主体涉嫌在互联网上侮辱、诽谤他人。这并非新事物，互联网发明和普及前，于公共场所以公开散布方式侮辱诽谤的，同样可能构成名誉侵权。互联网只不过是一种特殊的“公共场所”而已。不过,新的问题是网络运营者如果违反信息内容审核义务,可能成为共同侵权人。

旧场景下,一般不存在类似地位的信息内容审核人。因为,一是能力问题。互联网并非泛指,而是特指网站、社区、贴吧、微信朋友圈等具体媒介,相应管理义务人也是具体的。基于特定技术和流程,如敏感字识别、图像过滤、接受投诉和举报等,媒介可低成本实现实时监控、即时处理。而现实场景下,很少存在民事主体对随机、偶发、离散、不期而至的侮辱诽谤事件拥有掌控力。政府、自治组织也许有类似的监控管理能力,但还是力有不逮。因此,要求行政管理者对性质较轻、频率高发的侮辱诽谤进行时时控制,否则就视为共同侵权人,实在过于苛责。二是法律问题。现实空间中,纵使侮辱诽谤发生且当地政府机构未能履责,在法律上也未必构成民事共同侵权人。如果仅为程度轻微的民事侵权,行政机关——具体多是公安机关——本就无义务甚至也无权力处理,应由当事人选择是否诉至法院。如果涉嫌违反《治安管理处罚法》而政府不作为,则政府也不是民事侵权人,而是违反行政管理作为义务,可能成为行政诉讼被告。

因此,线上名誉权侵权,相比线下侵权,最大特征就是判断网络运营者是否共同侵权人。核心问题是:网络经营者具体承担何种信息审核义务。可以说,一切判例无不是围绕上述规则的识别和建构而展开。

此类案型涉及两类法律关系。一是侵权人(通常是发帖人)与被害人之间的潜在法律关系。此为旧有的侵权关系,其成立与否,以名誉权侵权行为构成要件衡量即可。二是网络运营商(通常是网站、贴吧等)与被害人之间的潜在法律关系。此为新型法律关系。在此关系框架下,运营商对被害人承担两种义务:一是不作为义务,即不得明知发帖人侵权,依然协助、安排其言论的发表;二是作为义务,即不知情的网络运营商,在接到当事人通知后应当采取屏蔽、删除、断开连接等必要措施。两类义务为法定义务,均为《侵权责任法》第36条创设。

至于网络运营商有无第3种义务,即应被害人请求提供加害人身份信息的义务,(2018)浙0782民初9873号等案件提出了这一问题。该案中,被害人委托律师发送律师函,除要求采取必要措施外,还要求“在三日内提供三名发帖人的注册登记的身份登记信息材料和联系方式”。对此,法律没有明文对上述请求权提供支持,人民法院也回避了这一问题。

应当认为，运营商的实名制审核、管理义务是在运营商与政府之间的法律关系中，运营商作为行政相对人所承担的一项公法上的义务。其依据是《移动互联网应用程序信息服务管理规定》第7条等。但尚不能明确认定在运营商和被害人的平等主体之间存在该项私法意义上的注意义务。

表32 利用互联网侵犯名誉权案件

案件字号	涉诉行为	权益	法院认为
（2018）粤03民终11465号	被告于百度贴吧发帖称被告学校是“黑学校”，并称校领导存在暴力驱逐维权家长的行为。百度贴吧协议有不得侮辱诽谤他人的约定，且设有投诉程序。收到原告律师函后，断开连接、删除原帖	名誉权	要求被告其对每篇网贴的真实性和是否违法一一审查，显然不尽合理。被告仅有一般性审查的义务。据《侵权法》第36条第2款规定，只有原告就涉嫌侵权事宜通知被告，而被告接到通知后未及时采取措施时，才需就扩大的损害承担责任
（2018）京02民终4557号	被告浙江苍南龙港传媒公司，于龙港网发表文章《一男一女“持三农内参”调研员证冒充中央干部来龙港行骗》，内容为王某、昌某冒充国家工作人员，到浙江苍南龙港镇行骗	名誉权	虽然网文有部分内容确系真实信息，但大量使用诸如“冒充中央干部”“行骗”等语言对王某、昌某进行指名道姓地负面评论且将王某、昌某肖像、身份证号等明显会造成王某、昌某的社会评价降低的信息泄露，可以认定侵权
（2018）粤0403民初2252	原被告因借贷一事发生争议。被告于朋友圈先后4次发出信息，公开声称原告迟延给付，并公布欠条、原告身份证复印件照片等	人格权	被告为解决与原告之间的民间借贷纷争，未经原告同意，连续4次在其微信朋友圈发放包含有原告身份证信息等内容在内的信息，其行为主观上具有过错，侵害了原告的人格权
（2017）京0115民初11370号	被告在其官网上发表5篇对京东的评论性文章，称“京东曝出50亿条信息泄露可谓触目惊心”、京东存在大面积刷单等严重不实信息	名誉权	文章的内容与客观事实严重背离，足以造成阅读该篇文章的第三人对于京东公司社会评价的降低；该篇文章并未标明系转载。并且其所提交的佐证文章，该文章的作者身份都无从核实，被告又依据什么相信该文章的内容真实

续表

案件字号	涉诉行为	权益	法院认为
(2018)晋05民终153号	甲与乙是夫妻,甲与丙婚外情,3人产生情感纠葛。丙将乙的照片作为头像,并以各种侮辱性的用户名在腾讯公司开发的全民K歌平台使用。乙向全民K歌后台投诉,未处理	名誉权	网络运营者应当加强对其用户发布的信息的管理,发现违法信息,应当立即停止传输,采取消除等措施,防止信息扩散,保存有关记录,并向有关主管部门报告。被告没有尽到管理职责,致使他人名誉权被侵犯,应当承担民事责任
(2018)赣0102民初662号	某网络用户在原告经营的网站上发表批评聚仁堂所开发楼盘的过激言论,"祸害百姓""造假药不成造假房"等。被告在收到原告律师函当天删除了涉案文帖	名誉权	被告对用户在其经营的网络平台发表的言论,仅在被侵权人告知侵权事实后,有义务采取删除、屏蔽、断开链接等必要措施。本案中,被告收到律师函当天才采取删除等措施。故原告主张,本院不予支持
(2018)鄂11民终1635号	被告为网络公司。其所属论坛出现了"原告被查,涉嫌非法集资"的言论。原告送达律师函后,被告当即进行屏蔽、删除处理	名誉权	被告并不知道网上帖子内容对原告构成侵权,受到投诉后便立即对相关帖子作出了删除和屏蔽,完全尽到了法律规定应尽的责任和义务。并不违反《侵权责任法》第36条之规定
(2018)粤04民终541号	因经济联合社的社内纠纷,被告在本社的4个微信群中发表未经证实的原告负面信息,并发布原告照片。有"不赔当共产党员,知法犯法"等批评性言辞	名誉权	被告未经原告同意,未经查证属实,非法公开被告个人信息,并添加带有贬低被告名誉的词语,同时引来一些不明真相的群众也跟贴发表侮辱性评论,构成对被告名誉权的侵害
(2018)浙0782民初9873号	被告为互联网论坛社区。原告为医院。被告上出现批评原告的帖子,使用"黑心""坑人"等言辞。原告律师函要求删除,并提供发帖人信息。被告2日后删除,未提供信息	名誉权	被告向法庭提供了发帖人信息,视为履行了实名制义务。被告不知情,且接到律师函后删帖处理。原告并无证据证明被告导致其名誉权的损害程度有所扩大。驳回原告的诉讼请求

上诉案件所涉及的其他法律问题如下：

问题一：全国人大常委会《关于加强网络信息保护的决定》第6条、第11条是否侵权责任法上的请求权基础。

(2018)粤03民终11465号案件中，被告百度贴吧的行为并未违反《侵权责任法》第36条第2款之规定。原告遂于上诉中提出，全国人大常委会《关于加强网络信息保护的决定》第6条、第11条也构成己方要求被告百度贴吧承担名誉权侵权责任的请求权基础。

该决定第6条规定，网络服务提供者为用户办理网站接入服务，办理固定电话、移动电话等入网手续，或者为用户提供信息发布服务应当在与用户签订协议或者确认提供服务时要求用户提供真实身份信息。该决定第11条规定，对有违反本决定行为的，依法给予警告、罚款、没收违法所得、吊销许可证或者取消备案、关闭网站、禁止有关责任人员从事网络服务业等处罚，记入社会信用档案并予以公布；构成违反治安管理行为的，依法给予治安管理处罚；构成犯罪的，依法追究刑事责任；侵害他人民事权益的，依法承担民事责任。

广东省深圳市中级人民法院认为：第一，针对该决定第6条，其并未明文规定如果违反该义务是否应当承担用户对第三人的侵权责任。第二，该决定的大部分条款是限制网络服务提供者和其他企事业单位收集、使用个人信息，意在保护公民个人身份和隐私的电子信息。这些与名誉权侵害问题缺乏直接关联。结合该决定的开篇词句，结论是，不能肯定该决定含有保护第三人权益免受不明网络用户侵犯的本旨。因此，该决定第6条无法作为当事人的请求权基础。

问题二：侵害名誉权认定中客观行为要件的把握尺度。

(2018)京02民终4557号是一起传统的名誉权纠纷案件，本质上不涉及网络媒介的信息审核义务。本案所提出的问题是一个传统但迄今没有解决和很大程度上为人所有意回避的问题：侵害名誉权的客观行为要件，究竟应该如何把握。就此，(2018)京02民终4557号展示了对被告而言相当苛刻的构成要件标准和相当苛刻的举证责任标准。

侵害名誉权的言辞行为，以其事实性表述部分是否失实大体可以归为两类：一类是基本上基于客观事实，但表述失当；另一类是基本背离主要的客观事实，发表言辞，即言论失实。此两类行为约分别相当于所谓的侮辱与诽谤。

其中,诽谤行为认定的模糊地带有二:一是如何把握言辞与客观真实的背离程度。其权衡的核心在于近乎完全符合客观实际才能排除诽谤,还是主要、基本事实符合客观真实就能排除诽谤。二是如何认定过错。其权衡的核心在于,一般认为言辞背离事实宜推定被告存在过错,这同时意味着被告也有权通过举证推翻过错推定。问题是,被告人履行了何种程度上的审慎义务(但所发表的言辞依然背离事实)就能排除过错。

而侮辱行为认定的模糊地带则是,行为表述失当毕竟是一个模糊的概念,达到何种程度构成表述失当,固然以社会一般认知、词典解释等做参照,但不可谓没有相当的自由裁量权。

一般而言,判断的顺序,宜首先进行事实判断,即判断是否诽谤;随后进行价值判断,即判断是否侮辱。某种行为,可能因言论失实构成单纯诽谤,可能因言论有据但表述失当构成侮辱,可能言论既失实又表述不当同时构成诽谤和侮辱。

(2018)京02民终4557号判决最终认定被告行为侵害原告名誉权,但其没有指明是诽谤还是侮辱。从判词"某传媒公司、陈某在本案中出示的证据不足以证明王某、昌某存在冒充他人身份进行行骗的事实"看,是认定为诽谤。从判词"案涉网文中大量使用诸如'冒充中央干部''行骗''冒充国家机关工作人员行骗'等语言对王志刚、昌敬进行指名道姓的负面评论"看,是认定为侮辱。所以,判决实际认定被告的言论既存在失实,又存在失当。

第一,关于言论失实(诽谤)的认定存在商榷空间。

首先,对原告所举证据证明的如下关键性重大事实,法庭似乎完全不予考虑:一是被告声称自己为副厅局级国家工作人员,受中央领导指派前来调研三农问题并形成内参。二是被告对案外人范某声称可以帮其解决房屋强拆问题,并向其收取5500元,其中包括4000元的稿费和1500元的路费及住宿费。三是被告名片地址为北京月坛北街中直机关25号院2号楼2425室。但经当地警方与北京警方协调查实,并无此处。四是被告证件表明所谓"《三农内参》调研证"是人民网《网络舆情》编辑部工作人员,且有记者证未随身携带。但经核查,《三农内参》早在2010年就停刊。人民网《网络舆情》编辑部回复,查无此人。中国记者网记者查询平台也查无此人。

判决只是简单地认为,"被告出示的证据不足以证明原告存在冒充他人身份进行行骗的事实”。但为什么证据不足，何处不足，还应当补充何种证据，如何才算是充足，没有任何解释。

其次，判决对被告设置的信息核实义务标准，似乎过高。舆论监督不是司法判决，更不是科学研究，对舆论监督信息真实性的核查义务，不应当超过后者。但实际上，法庭对被告设置的审慎义务，几乎相当于当前学术研究的审慎标准。但凡舆论监督所声称之事没有100%绝对核实便不能发表，这难谓合理。照此标准，大比例的批评性新闻报道都涉嫌侵权。因为严格来看，所有的批评意见都不是100%正确的，至少不够全面、不够精确、不够辩证、不够发展，没有排除一切合理怀疑。

最后，判决对原告分配的举证责任，似乎过轻，甚至是分配错误。本案属于侵权责任纠纷，应秉承“谁主张，谁举证”的一般原则，不适用最高人民法院《关于民事诉讼证据的若干规定》第4条的举证责任倒置。但综观判决全文，本来应当由原告证明被告行为背离事实，即证明己方并非冒充国家工作人员行骗。然而判决并不关注原告的举证情况。相反，判决却相当注意追究本无举证责任的被告的瑕疵。这不能不说令人费解。

第二，其关于言论不当(侮辱)的认定亦存在可商榷空间。

系争网文是事实判断占压倒性比重的文章。判决所列举的所谓不当言辞，居然仅仅是“冒充中央干部”“行骗”“冒充国家机关工作人员行骗”，实在令人费解。首先，上述言辞基本属于事实判断，而且有大量的村民证人证言、警方调查结果等为依据。其次，上述言辞并未见明显的人身侮辱性，激烈程度也不高，没有任何形容词或者副词等修饰语，用语均明显在社会一般容忍限度以内。

问题三：擅自公开散布他人不法行为的真实信息，是否侵害名誉权。

(2019)粤0403民初2252号中，被告对原告违约，原告未经被告同意擅自将其违约的事实及其身份证复印件在被告的微信朋友圈发布。作为违约者的原告诉至法院，请求被告“停止侵害原告隐私权、名誉权、肖像权的行为”。人民法院只是模糊地认为被告行为侵害了原告的“合法权益”和“人格权”，但从相关表述可推知，人民法院认为该行为侵犯了原告的名誉权。[1]

---

[1] 最明显的证据是，人民法院判令被告承担公开道歉的民事责任。假如仅仅侵犯隐私权而不侵犯名誉权，一般不宜以公开道歉的方式担责，以免构成二次侵害。

问题产生:擅自公开散布他人的民事不法行为,且言论符合客观情况,也无侮辱性言辞的,该行为是否侵害他人的名誉权?

该行为在现实中有典型的应用场景。例如本案,行为人将违约人的违约事实及本人身份在微信朋友圈公开。又如演员王某某将其妻子马某出轨的事实在微博公开。再如,行为人将竞争对手真实存在的生活作风瑕疵,公之于众。

法释〔1998〕26号之九规定,“消费者对生产者、经营者、销售者的产品质量或者服务质量进行批评、评论,不应当认定为侵害他人名誉权”。另规定,“新闻单位对生产者、经营者、销售者的产品质量或者服务质量进行批评、评论,内容基本属实,没有侮辱内容的,不应当认定为侵害其名誉权”。

据其精神,司法解释并没有一般性地认定,只要是未经他人同意的公开批评性言论,给他人造成损害的,一律认定为侵害名誉权。基本属实,且没有侮辱性内容是重要的考量点。问题在于,法释〔1998〕26号的语境有限制,不得随意扩张。在一般社会观念中,消费者和新闻媒体对商家构成监督与被监督关系。因此,公开性的批评言论应当具有一定的容忍度,其他缺乏监督关系的民事主体间,则未必如此。

本书认为,擅自公开他人真实的不法行为的,不侵害他人名誉权。理由在于,名誉权的本质在于维护权利人的社会真实的评价水准不贬损。而权利人的社会评价,正是由,也应该是由此人全部的行为的综合所构成的。那些不法的行为和高尚的行为,本来就属于此人的行为总和,本来就应该成为本人社会评价所依托的全部完整样本。反之,第一,如果禁止擅自公开他人的不法行为,那么每个人社会评价指数就是一个虚假,且藏污纳垢的美好数字。第二,如果禁止擅自公开他人的不法行为,那么同理,也应该禁止擅自公开他人的高尚行为,禁止公开他人的一切行为。那么每个人的社会评价指数,将仅仅取决于那些此人在公开场域所为的行为与言论,这样的社会将成为一个表演型人格社会。

但此类行为,有可能构成侵害隐私权。这取决于言辞所涉及的事实类型。如果是私密场景中、私人关系中、家庭伦理秩序下的事实公开,可能构成侵害隐私权。因为隐私权的本旨就在于排除他人对权利人私生活的干扰。例如,演员王某某公开其妻子马某出轨的事实没有侵害马某的名誉权,但涉嫌侵害马某的隐私权。针对此类事实的批评,宜由私密关系圈的道德评价做出,或者通过内部渠道举报的方式作出。如果是在公开场景中、陌生人社会中,不涉及当事人私生活之事,则一般不构成隐私权的侵害。本案即是此例。因为违约行为与个人私密性基本不相关,相反却是构成一个人社会信用评价的必要依据。

值得注意的是,对公开散布言论是否背离客观真实,人民法院似乎倾向于并不要求原告予以证明。(2018)鄂11民终1635号即是此例。

问题四:名誉权与隐私权的界分。

(2018)粤04民终541号案件中,珠海中院援引1993年最高人民法院《关于审理名誉权案件若干问题的解答》第7条之规定,即"对未经他人同意,擅自公布他人的隐私材料或以书面、口头形式宣扬他人隐私,致他人名誉受到损害的,按照侵害他人名誉权处理",认定原告行为构成名誉权侵权。实际上,这条26年前的规定,在当时具有合理性,如今却已经颇受质疑。该规定在当时未能清晰界分名誉权和隐私权是在法律暂不承认隐私权前提下的权宜之计。

2009年《侵权责任法》、2017年《民法总则》等已经明确肯定了隐私权。隐私权早已不再是1项法益,而是1项明确的、独立的权利。隐私权不需要借用名誉权进行保护。(2018)粤04民终541号案件中,宣扬他人的隐私信息,同时对此进行侮辱性评价,该行为既涉嫌侵害当事人的隐私权,也涉嫌侵害名誉权,此处构成权利竞合。只不过,从策略上来讲,受害人以名誉权侵害为由提起诉讼更佳。因为,能证明隐私权的侵害也无法适用恢复名誉、消除影响的民事责任。无论如何,人民法院不宜依据业已被实质上废除的1993年最高人民法院《关于审理名誉权案件若干问题的解答》这一司法解释下结论说,本案构成名誉权的侵害是因为隐私利益的侵害以名誉权侵权的方式救济。

案型二、隐私权与个人信息权利侵权纠纷

关于《民法总则》第211条规定的自然人对其个人信息所拥有的权利,业界多认为是一种以人格权为主兼有财产权的独立的新型权利。其与经典人格权中最为近似的是隐私权。两种权利各自独立,但权利的主旨、权利的内容、权利的客体等有所重叠。仅仅从其区别来看:第一,权利主旨上,隐私权侧重于保护其隐秘、安宁的私人生活秩序不被干扰;个人信息权侧重于保护自然人对其个人信息的支配。第二,隐私权的客体为个人隐私这一人格要素,其一定具有非公开

性,未必具有数据性和格式化特点;个人信息权的客体为个人信息,其一定具有数据性、标准化和格式化特点,但未必是非公开的。第三,权利内容,隐私权是纯粹的人身权;个人信息权利则有财产权性质的相当权重在内。

个人信息权利在法律上确认较晚,相关案例也少(见表33)。

表33 利用互联网侵犯隐私权、个人信息权益案件

案件字号	涉诉行为	权益	法院认为
(2018)京03民终3553号	原告至被告诊所做牙齿美容,后于互联网发表侮辱性言辞批评被告。被告则于网站回击,并公开了原告的身份证号、电话号码、家庭住址、工作单位等信息	隐私权	原告的就诊病历、电话号码、身份证号、工作单位及家庭住址等属于原告的个人隐私,在未经原告同意的情况下,被告即将原告的个人病历及载有原告个人信息的起诉状公布在社交平台上,为不特定第三人所知,侵犯了原告的隐私权
(2018)京0107民初2442号	原告诉称:被告"开心消消乐"APP在未进行任何告知、询问的情况下,开启了全部可授权的应用权限	隐私权	被告提出管辖权异议,人民法院裁定异议成立
(2018)苏01民初1号	原告诉称:被告百度系列APP在安装前未告知用户所获取的各种权限及获取信息的目的、方式、范围,并利用上述权限违法获取用户个人信息	个人信息权利	被告提出管辖权异议,人民法院裁定驳回异议(后,原告鉴于被告整改到位,申请撤回起诉。3月12日,南京市中级人民法院裁定,准予原告撤回)

问题一:收集APP违反必要性、最小化原则收集用户信息,涉嫌侵害何种权利。

(2019)京0107民初2442号中,被告为1款APP,其未经用户准许即擅自收集用户信息,原告提起隐私权侵权之诉。(2018)苏01民初1号中,被告实施了类似行为,但原告提起的是个人信息权利侵害之诉。个人信息权利已经为《民法总则》第111条所明确规定,这自不待言。问题是,隐私权与个人信息权利有何区别?参考业界若干表述,总结如下:[1]

---

[1] 参见王利明:《个人信息权与隐私权到底有何区别》,载《北京日报》2014年3月24日。转引自浙江潮评论:http://opinion.zjol.com.cn/system/2014/03/24/019927675.shtml,最后访问日期:2019年3月27日;程啸:《侵权责任法》,法律出版社2015年版,第168~174页;张鹏:《个人信息与隐私权的区分》,载《中国社会科学报》2017年12月13日。

相同点:第一,性质上,隐私权为人格权,个人信息权利有人格权属性。第二,客体上,部分个人信息属于个人隐私,两者是包含关系,甚至,"现代社会的隐私权保护的中心是个人信息的保护"。

不同点:第一,性质上,个人信息权既有人格权属性又有财产权属性,是复合性的新型权利;而隐私权则只有人格权属性。第二,由性质所决定,在权能上,个人信息权既有积极权能又有消极权能,[1]而人格权几乎仅有消极权能,即排除他人对安宁生活的打扰、要求他人停止公开私密信息的权利。第三,客体上,两者是交叉关系。一方面,有些个人信息是公开性信息,不属于个人隐私,如有关经济适用房的户籍、家庭人均收入、家庭人均居住面积等信息是应当公开的信息,房管局无权以涉嫌隐私为由拒绝公开。另一方面,有些隐私不以信息的方式表现出来,如个人私生活的安宁。

本书认为,当某种行为若不经通知或者违反承诺,大规模标准化获取用户个人的隐私类信息时,如短信、通讯录、GPS 定位等,则被害人既有依据个人信息权利又有依据隐私权请求其停止侵害与赔偿损失的权利,此时发生请求权竞合。上述两案中,消消乐与百度 APP 过度收集信息,原告诉求不同,均有依据。从诉讼考虑,一般来说主张个人信息权利更有利。理由是:第一,主张隐私权,在证明信息的私密性以及原告行为构成对该私密信息的不当披露上有难度,而主张个人信息权利只需证明该行为构成《民法总则》第 111 条"非法收集"行为即可。第二,主张隐私权,一般仅能获得停止侵害、赔礼道歉的救济,至于损害赔偿,隐私权只能获得精神损害赔偿,但前提是必须造成严重后果。[2] 主张个人信息权利,特定情形下,有可能获得经济损害赔偿。

案型三、信用卡纠纷

信用卡纠纷,2018 年度有两类案型:伪卡盗刷与网银盗刷。严格来说,仅第二种涉及网络安全。而在网银 e 支付环境下,2018 年度出现了三种盗刷引发的民诉:一是以截取短信动态码的方式盗刷,二是以电话或短信诈骗方式套取,三

---

[1] 本书区分个人对其信息的权利,以及收集者对所获得集合信息的权利。本书认为这是两种权利。前引张鹏问似乎认为两者是一种权利,都是个人信息权利。

[2] 参见 2001 年最高人民法院《关于精神损害赔偿的司法解释》第 8 条之规定。

是以补办 SIM 卡的方式盗取。

伪卡盗刷类案件的审判规则趋于明确。程序上,原告有义务通过举证人卡不分离、盗刷地点与人卡地不一致,初步排除自身恶意的可能。如果被告不能提出有力的抗辩意见,则人民法院倾向于依据最高人民法院《关于适用〈中华人民共和国民事诉讼法〉的解释》(以下简称《民诉法司法解释》)第 108 条推断盗刷的事实。

e 支付环境下的盗刷类案件的审判规则不明。类似(2017)新 01 民终 689 号与(2018)豫 01 民终 5078 号这样,案情高度类似但判决截然不同的对照例并不鲜见。最终结果往往是原被告分担损失,但双方各自承担何种义务不明确。核心问题是,在出现第三方行为是盗刷主因的情况下——例如短信截取、伪造身份证更换预留电话卡等,银行方面应不应该就动态码技术本身的不完美承担类似伪卡盗刷那样的风险。这方面,当前判决呈现迂回闪避、含糊其词状态,未见成熟结论。

表 34　e 支付环境下的信用卡纠纷案件

字号	事实	诉求	判决
(2018)豫 01 民终 5078 号	原被告为客户与开户行。被告后台短信发送记录显示,先后向被告发送短信,内容为重置电子登录密码、开通 e 支付验证码、交易验证码等十余条短信。后,被告发现银行卡被盗刷,并声称从未收到过上述短信提示。相关刑事案件正在侦办中	被告赔偿因违资金安全义务造成的损失	被告有义务为客户提供安全的交易设备和技术保障,并对可能发生的网络支付风险加强识别和防控。原告的信用卡被盗刷,说明被告提供的交易系统存在技术缺陷,应承担相应的赔偿责任。另外,原告对自己办理信用卡的个人信息及电话号码负有妥善保管责任
(2016)[1]京 0108 民初 14417 号	原告的手机被案外第三人补办了 SIM 卡,并以充值网银登录密码等方式,网上盗刷人民币若干。原告表示,从未泄露手机卡号、银行账号、密码信息、动态码信息等	银行对业务办理中的过错承担侵权责任	原告对其主张构成侵权的行为、过错、损害后果及因果关系要件事实负有举证责任。但原告未能就被告关于违反业务规则、以及实际掌握、使用相关个人信息之主张,向本院充分举证

〔1〕 本案于 2018 年 6 月 20 日作出一审判决。

续表

字号	事实	诉求	判决
(2018)粤01民终15054号	原告与被告系客户与开卡银行关系。原告的手机被案外第三人更改了持卡人手机，而后通过第三方支付平台盗刷。经查，更改手机卡后连续发生两笔交易，后又临时调整信用卡额度	无须偿还被盗刷的两笔款项本金及滞纳金	本案不同于伪卡案件。从交易细节看，可以排除原告与他人串通的可能性。持卡人对个人信息负有审慎保管义务。上诉人没有证据证明自己妥善保管，也没有证据证明被上诉人存在过错的违约行为
(2018)湘08民终318号	原告与被告系客户与开户银行关系。原告的信用卡因故被盗刷。原告未主动开通短信通知功能，被告未告知其相应风险。人民法院推定伪卡交易具有高度可能性	没说清楚是承担违约责任抑或侵权责任	原告完成了初步举证责任，证明有构成伪卡交易的高度可能性。即使银行卡被伪造系无法避免的技术风险，该风险也应当由银行承担，被告对诉争信用卡交易应当承担赔偿责任
(2018)豫0105民初520号	原告与被告系客户与开户银行关系。原告接到诈骗电话，称可使用信用卡积分兑换话费，遂将短信验证码告知对方。数分钟后，被盗刷15,000元。经查，被告在短信动态码，及其他多种形式提醒原告留意诈骗	要求银行承担安全保障义务的违约责任	涉案交易通过网上支付完成，被告已经向原告发送动态密码，并提醒原告不要泄露给他人，但原告仍将动态密码透露给他人。原告的信用卡被盗刷系因其泄露了动态密码，被告并不存在过错，故原告的诉请于法无据，本院不予支持
(2018)京02民终6214号	原告与被告系客户与开户银行关系。原告收到被告短信，称信用卡分三笔款项支出，随即挂失。经查，人民法院依据相关证据，推定其为伪卡盗刷	未言明是承担违约还是侵权责任	综合考量双方当事人的举证质证情况，推定涉案信用卡在交易发生时不在盗刷地点，属伪卡盗刷。被告应当保证信用卡不易被复制且能够识别伪卡，防止他人利用获取的信息制作伪卡实施盗刷

续表

字号	事实	诉求	判决
(2018)桂03民终102号	原告与被告系客户与开户行关系。原告收到案外第三方套取动态码的短信而泄露动态码,形成4笔"易宝支付"的网上交易,被盗取20,000元,后挂失	主张赔偿,未说明请求权基础	原告将该卡的动态密码泄露给他人,导致卡内20,000元款项发生信用卡网络消费交易。另,申请挂失的时间在交易之后。故,原告的主张没有事实根据

问题一:银行在e支付环境下保障资金安全的具体义务。

(2018)豫01民终5078号案件中,原告的银行卡被案外人通过获取交易验证码等手段盗刷,人民法院认为银行"有义务为原告提供更加安全的交易设备和技术保障,并对可能发生的网络支付风险加强识别和防控",基于银行违反了保障资金安全的义务,判令其承担60%的损失。

被告上诉的核心主张是,"原审法院没有明确界定在e支付过程中银行承担的义务范围"。被告认为,法院不仅对银行具体应当承担何种义务语焉不详,也不当扩大了银行所应当承担的义务。不过二审法院维持原判,无实质性回应,仅是将一审法院的主张重复一遍。

法院拒绝就银行在e支付环境下的资金保障义务做出具体化论述可理解。一是摄于大陆法系下法官不得造法的禁则,二是规避自由裁量权的反向侵害风险,三是避免积极作为所隐含的个人追责风险,四是该问题尚需实践的哺育,冒然以司法判决方式下结论,反而轻率。

不过,银行到底承担何种具体的资金安全义务、到底有何内容,长期缺乏准确科学的说法。本案判例称,银行"有义务为客户提供安全的交易设备和技术保障,并对可能发生的网络支付风险加强识别和防控"。这看似是具体化,实际还是模糊不清。安全到什么程度、识别和防控到什么程度才是关键。第一,银行所提供的设备与技术的安全性永远是相对的。如果说银行不能绝对保障安全就要承担责任,逻辑略显粗糙。第二,银行理论上可以提供现有最先进的技术确保交易安全,这对银行而言也不是无法完成的任务,问题是成本最终还是消费者承担。第三,关键是,类似本案的短信被截留的情况是否归咎于整体的互联网安全、网络运营商、当前银行整体所采用的动态码发送信息系统的技术水平、用户本人接受信息的手机网络安全等不确定。但本案被告一定是难以归责的主体。据此如果认为银行承担违约责任，则信用卡协议上根本不可能规定银行具有上述高度严格的安全保障义务；如果认为银行承担的是侵权责任，则因果关系要件无法证成。

事实上，近年来很多同类案例，判决标准可谓千差万别。仅举一例比照，(2017)新01民终689号案情类似，原告存在“对来历不明短信中的可疑链接进行点击”行为，比本案过错更大，却仅仅承担比原告更少的20%责任。

问题二：e支付环境下盗刷的事实查明问题。

常识上，信用卡盗刷类案件查明盗刷原因不可谓不重要。例如，如果是通过伪卡盗刷，则有理由推断银行方面对损失的过错更大。因为伪卡的克隆，只需要原卡的信息，盗取的场景常见于ATM插卡口、POS机刷卡等，对此，用户很难防范。换言之，将防范义务施加于股东，要求过于苛刻。如果是e支付环境下的盗刷，则有理由推断客户方面对损失的过错更大。因为电子支付需要手机短信验证码，验证码被盗取无非两种情况，一是客户方面主动泄露，二是不法分子通过技术手段将验证信息中途截取。对此，银行很难防范，至少没有首要的义务去防范。

(2018)豫01民终5078号案件对事实问题就有意回避。第一，验证码到底有没有发送到客户手机而完成送达，实际上本案已经有相关证据说明此事实。被告举出的后台短信记录证明，短信确实已经发出；原告举出的中国移动通话短信详单证明，短信确实没有到达，可以推断，短信被中途截取的可能性显著较大，但判决对此语焉不详。第二，法庭的基本判断不仅模糊，而且基本错误。本案中，人民法院对事实问题做出的基本判断是，“由此可见，由‘95588’发送的动态密码或手机验证码，正常情况下只能由使用该手机号码的本人获知，其他人无法知晓”。可证据显示，本案异常情况的可能性极大。第三，如果不严格按照常识和证据规则推定事实，也有另一条路径可选择，即暂时中止审理。然而法院依然在事实不清的情况下作出了判决。

(2018)京02民终6214号的诉争点依然是事实问题的判断。人民法院认定伪卡盗刷的依据是：第一，盗刷地点发生于安徽省境内。第二，盗刷时原告身在四川省成都市，既然人卡合一，伪卡盗刷的概率较大。被告的抗辩是：第一，POS

机商户注册地在安徽,不等于刷卡地必然在安徽省。第二,盗刷日为9月13日,而在盗刷前原告使用信用卡时间是在9月11日,地点为成都市。之后,在9月14日原告持涉案信用卡向北京市公安局西城分局报案。因此,不能排除12日、13日人卡分离的可能性。本书认为,首先,伪卡盗刷依然是可能性最大的情况。其次,这一推断是否达到《民诉法司法解释》第108条"确信待证事实的存在具有高度可能性的,应当认定该事实存在"中的高度可能性,有讨论空间。

问题三:网银盗刷类案件的归责原则。

信用卡盗刷类案件包括且不限于伪卡盗刷和网银盗刷。伪卡盗刷类案件,人民法院一般要求原告就"伪卡交易"的事实初步举证,即初步举证证明银行卡被复制、被盗刷且初步排除本人不存在明显的与第三人串通的事实。一旦被告无法举证证明其抗辩意见,则人民法院推定伪卡交易具有高度可能性,其后以伪卡交易推定银行过错。正如法院认为:"即使银行卡被伪造系无法避免的技术风险,该风险也应当由提供银行卡服务的发卡人承担,工商银行张家界分行对诉争信用卡交易应当承担赔偿责任。"至于e支付盗刷类案件是否采取过错推定原则存在争议。

采取过错原则的案件如(2018)京0108民初14417号、(2018)粤01民终15054号。这些案件中,人民法院要求原告就被告的过错承担举证义务。"上诉人没有证据证明自己妥善保管,也没有证据证明被上诉人存在过错的违约行为"的类似表述是依据。

采取过错推定原则的案件如(2018)豫01民终5078号。人民法院认为,"原告的信用卡被盗刷,说明被告提供的交易系统存在技术缺陷,应承担相应的赔偿责任"。

本书认为,伪卡现象的产生虽有诸多原因,但银行作为行业整体,未能提供更好的防范技术是诸多原因中的主要因素,此时推定银行存在过错,并非全无道理。换言之,银行享受了信用卡技术带来的行业整体利润,并承担信用卡技术缺陷带来的行业整体风险,可自圆其说。可以预期,付出更多研发成本、采用更安全技术的银行,其承受的诉讼赔偿风险相应更低。

网银盗刷的情况有所不同。银行网银系统的技术瑕疵——所谓瑕疵都是相对的,只要网银技术不能100%防范不法盗刷行为就必定会被认为有瑕疵——

固然是造成盗刷的原因之一,但未必是主因。电信通信技术的漏洞、互联网安全漏洞、当事人手机安全漏洞、当事人未能识别欺诈而泄露密码都可能是决定性因素。此时,就不宜不分青红皂白直接推定银行过错。此外,以上列举的还都是第三人侵害债权的情形,原告监守自盗、贼喊捉贼、恶意串通的可能也不是没有。在上述案例中,被告对这种可能性也进行了提示,只不过限于私人的技术侦查条件,不太可能拿出积极的证据,只是列出一两项外围证据,主张不得完全排除此种可能。人民法院可能为了简化案情,对原告故意的可能性重视程度似稍显不足。

案型四、电信服务合同纠纷

2018 年度涉及网络安全的电信合同纠纷共发现 2 例。1 例涉及手机卡补卡的安全性问题,另 1 例涉及互联网接入服务是否符合网安法规定的上网实名认证、上网行为审计、日志留存等技术要求的问题。其中,第 2 例发生于《网络安全法》实施前后,具有偶然性和暂时性。此外,该例的焦点是合同法定解除事由的构成,网络安全问题并非要害。

第 1 例所反映的问题则有考虑空间。补卡盗刷的问题现实中时有发生,实名制补卡的程序设置和技术安全性不可谓毫无改进的必要。本来,道理上类似银行需要为伪卡盗刷的损失承担全部责任、需要为动态码系统盗取盗刷的损失承担部分责任,电信运营商似乎也需要为实名制补卡、换卡的程序瑕疵带来的损失承担部分损失。然而(2016)京 0108 民初 14417 号案例,一方面将举证责任全部推给原告,使电信运营商处于天然有利地位;另一方面也回避了推定电信运营商过错的问题。该案的判决,难谓令人信服。

表 35 电信服务合同纠纷案件

案号	事实	判决
(2016)京 0108 民初 14417 号	原告为客户,被告为电信服务商。原告的非实名手机卡,被案外第三人樊某,在营业厅某网点自助办理了手机实名和补卡手续。后,又通过更改网银绑定的手机号等手段,盗刷钱财若干	案外第三人进行实名及补卡时均通过了客服密码验证,且被告已提示其注意保密。原告对上述个人信息负有妥善保管义务,现其没有证据证明被告实际掌握、使用其上述个人信息,故原告请求,本院不予支持

续表

案号	事实	判决
(2018)川14民终746号	原告为客户,被告为电信服务商。原被告订立互联网接入合同。介入时,被告提供的技术服务合法。履约期间,《网络安全法》实施,该技术措施不符合上网实名认证等要求。公安机关依法要求整改	因被告提供原告使用的网络不符合新颁布的《网络安全法》的要求,导致被告被公安机关查处并限期整改。此结果应属被告违约。在此情况下,被告向原告发出通知要求解除合同并不构成违约

2018 年网络安全行政执法回顾

中国人民公安大学法学院讲师　林凯

一、概述

2018 年是《网络安全法》实施后的第二年。我国互联网安全行政执法继续推进。与 2017 年相比，其数量更多、力度更强、执法事项更广、职能部门之间分工配合更加明确合理，涌现出一批具有社会影响力的执法案件。不过，行政执法网络安全资源的综合治理与执法资源的优化配置，在我国依然是新命题，朝夕之间不足以沉淀出切实可行的成熟经验。2018 年度网络安全行政执法情况，延续了部分 2017 年的特征。例如：

第一，执法主体的职能分工协调问题，依然处于磨合的必然进程中。2017 年年底全国人大常委会工作报告所指出的“九龙治水”现象依旧。实际上，几龙治水从来都不是关键，关键是数龙之间是不是权责不明导致相互推诿，是不是权责交织导致重复执法，是不是权责不匹导致效率低下。在纸面上，网信部门具有“统筹协调”职能；实际执法中，也不时履行联络、召集、组织职责，但未制度化，缺乏必然性，自由裁量空间大，难谓对执法效能毫无影响。网信办、公安部、工信部三大主要执法部门，有权执法的事项范围，存在个别重叠。网信办本身作为党的部门，直接具体参与具体行政执法，包括行政处罚。实践中，有些同级政府部门设立政府网信办，采取“两块牌子，一套人马”的老办法。有时，宣传部等党委部门也直接参与行政执法。

第二,由于《网络安全法》及相关法律未做系统性、列举性规定,网络安全执法与传统行政执法又有较大差异,现实中行政处罚手段依赖于实践的需求和探索,类似“约谈”这样的强制性手段,介于行政强制与行政处罚之间,在一定程度上突破了法律纸面的规定,有在法理上研究定性的空间。

第三,网络安全行政处罚的具体内容,有相当的部分披露不详。从公开报道来看,几个颇具影响力的行政处罚,如上海市网信办针对好奇心日报的处罚等,难寻其具体处罚结果。此外侵益性执法行为的自由裁量权相当可观,处罚等级有细化空间,只给出处罚结果,无论证处罚理由的默认惯例有待适度改善,做出处罚决定时重客观行为、轻主观过错的默认惯例有研究改进空间。

第四,先易后难、先内后外、先政策安全后经济安全、先网络信息安全后网络运行安全、先安全后活力、先刑事打击后行政打击次后民事处理,如上种种,依然是2018年网络安全执法的战略风格。具体言之,针对互联网不良和违法信息的查处频率较多、着力较大,而针对其他事项的执法活动已渐次开展,其他事项中,针对互联网安全等级的备案与测评制度的又占多数;针对机关法人、事业单位法人、国有企业的监督检查较多,针对大型互联网企业的执法行为,其方式方法还在摸索中;会议布置、考察调研、监督检查较多,行政处罚较少。

与2017年比,2018年的网络安全行政执法也产生了新问题、出现了新趋势。

第一,网络运行安全和网络信息安全是互联网安全的两大维度,[1]而执法侧重后者的趋势,在2018年更为明显。“网信办—自媒体—内容审查—约谈与责令整改”路径的行政执法成为最常见、最典型的网安执法路径,这一点越来越明显。2011年《互联网信息服务管理办法》也成为仅次于《网络安全法》的高频援引立法。换言之,带有我国特色的网络安全执法是根植于自媒体监管这一核心目的之上的。作为网络安全执法总协调、调度者的网信办,根本任务并非是维护网络本身的安全、打击针对电信网络与计算机网络本身的破坏行为。角色重

---

〔1〕 宁宣凤、吴涵:《羌笛何须怨杨柳,春风“已”度玉门关——〈网络安全法〉元年纪要及展望》,载金杜律师事务所官网:https://www.baidu.com/link? url =SW4Mfocqp_Q2U_9wuGT4cXJ333QAa_Y-rVAklv1KYxykSn9-F43PfRs6CRAiBcEGlCYOeq_E7NPm8i9nDeLYQyHUE5iNqhCeY0VQBtatZS60O4qzf1g5oKBsKcigN_GVQVm0VRg8hvKotitAin3ruK&wd =&eqid =9847a223001dff7d000000035ca615ca,最后访问日期:2018年3月27日。

要性居次、执法数量最多的公安部门(39%)也将相当部分的资源用于信息审核义务履行情况的监管,尤其是谣言类信息。

第二,针对不当收集和使用个人信息类执法案例,尽管绝对数量依然有限(8例),但比 2017 年有大幅上升。稍稍令人意外的是,个人信息的最重要保护者是工信部门,其执法占比 46%。对此,2013 年工信部《电信和互联网用户个人信息保护规定》无疑是重要的驱动力量。相应地,作为手握最强政策资源和最强技术资源的网信办和公安部门,在坚决完成言论监管的根本任务之余,对个人信息执法这类更加关涉民生休戚的执法任务似存在进一步重视的空间。

第三,在新闻门户网站、微信公众号之外,针对平台类、中介类网络运营者的内容监管有所加强。例如,北京市公安局对知乎社区非法信息的监管、对 360 搜索涉枪图片的监管;北京市住建委与网信部门对 58 同城、赶集网“黑中介”内容的监管;上海市公安局对拼多多非法商品内容的监管等。根本上,这取决于网络生态的多样化趋势以及信息类型边界的模糊化趋势。2018 年度执法对此方处于破题阶段,尚未完成的课题是:厘清中介类运营者信息审核义务边界,以不至于对任何出现违反信息的中介类运营者随意科以处罚。

第四,一律顶格罚款的默认规则可能有改变。有学者研究指出,当前的网络安全行政处罚存在较大的随意性,尤其是倾向于拒绝将法定的主观因素考虑在内。[1] 不过,2018 年明确披露,存在罚款的案例中顶格罚占比 28.57%。

表 36　2018 年行政罚款类网络安全执法案件

案件	依据	顶格
2018 年 3 月　临沭县禚某在微博公然侮辱中国工程院院士黄旭华,罚款 500 元	《治安管理处罚法》第 42 条	是
2018 年 5 月　连尚科技 WiFi 万能钥匙涉嫌入侵他人 WiFi 网络和窃取用户个人信息,罚款 25 万元	《网络安全法》第 64 条	否

〔1〕 参见尹培培:《网络安全行政处罚的归责原则》,载《东方法学》2018 年第 6 期。

续表

案件	依据	顶格
2018 年 7 月　郑州某公司未落实实名制,致使他人冒用身份通过该公司服务器架设黄色网站,罚款 5 万元	《网络安全法》第 61 条	否
2018 年 8 月　江苏盐城一家装饰工程公司为了推广业务,勾结小区物业收购业主信息,罚款 10 万元	《网络安全法》第 64 条第 2 款	否
2018 年 9 月　某微博未审核即对外传播虚假信息,操作人罚 1000 元,微博所属机构罚 9000 元	《计算机信息网络国际联网安全保护管理办法》第 20 条	否
2018 年 10 月　蚌埠某学校安全等级义务落实不到位,遭黑客入侵,单位、直接责任人罚款 1.5 万元、5000 元	《网络安全法》第 59 条	否
2018 年 10 月　北京某科技公司 APP"两个麻将"中含赌博信息,罚款 3 万元,没收非法所得	《网络游戏管理暂行办法》第 30 条	

考虑到"幸存者偏差"因素,无法下结论说,原一律顶格的做法有明显改变。因为存在一种可能:凡是披露的案例,立法者都有动机依据行为的可责性与损害程度配置了恰当的罚级;而凡是不考虑构成要件因素而一律给予顶格罚的案例多不予披露。不过,至少就披露的案例,行—责—罚是大体匹配的。这或许一定程度上源于与《计算机信息系统安全保护条例》和《治安管理处罚法》等相比,《网络安全法》规定的行政责任上限大幅提高,违法成本也相应提高。

第五,执法检查中引入的第三方通常为科技公司,以获得其专业技术支持,此为 2018 年网络安全执法的又一特色。这在其他类型行政执法中不鲜见。法律关系角度,执法主体与第三方之间一般为平等主体之间的委托合同关系;而受托方与执法对象之间不存在法律关系,更不是行政执法关系。

第六,除联合执法与单独执法之外,其他执法形式亦样式繁多。一是多部门联合专项执法。例如网信办、公安机关、文广局、工商局通常联合监管网络文化市场;网信办、公安机关、文广局、教育局通常联合监管网络游戏市场。

二、详情

下文概述 2018 年度行政执法情况。除参考评论类文献外，本文穷尽收集了 2018 年度互联网上公开披露的行政执法新闻报道类、政务公开类文献。

收集条件如下：第一，内容上，包含行政处罚事例或案例和行政监督检查事例两种。与网络安全相关的行政命令、行政指导、行政合同以及会议、通知不收入。第二，对象上，包括且不限于各级网信部门官方网站、工信部门官方网站、公安部门官方网站，以及保密、工商等部门官方网站，各级互联网违法与不良信息举报中心官方网站，各级公安机关网警巡查执法官方微博、微信公众号。第三，主题为“网络安全执法”。第四，用搜索引擎补充收集时，关键词主要包括但不完全限于下列词汇及其必要的排列组合：“网络/互联网安全”“检查/约谈/执法/监督检查/督查/专项执法/莅临指导检查”“网络安全执法组/专项检查小组/网安领导小组”、各职能部门及其下级部门和分支机构名称、各行政区划名称。第五，期间为 2018 年 1 月 1 日至 12 月 31 日。

排除条件如下：第一，无法确认作者、原始出处、成文/发表时间等要素之一的文献。第二，重复者。第三，单个或单项执法行为叙述不详的综合性新闻报道。第四，网络安全行政执法所规制的行为可以分为针对互联网本身实施的、危害互联网本身安全的行为和针对以互联网中性技术为工具、危害社会安全和秩序的行为。前者如网络经营者未履行安全等级检测与备案义务、日志留存义务的行为，网络用户非法入侵网站的行为；后者如网络经营者侵犯个人信息权利的行为，网络用户发表色情、暴恐、谣言等违法信息的行为。前者全部收集，后者原则上只保留个人信息保护行为和打击违法信息的行为。理由：一是个人信息保护是与网络安全本质高度相关的法益。二是整治网络媒体内容是网信执法的重心所在，无法排除。第五，在做行政处罚统计时，排除难以识别和析取出具体行政处罚事件要素的，以宣传单位工作成绩为主的综合性、总结性报道。

以 142 则署名清楚、出处明确、基本执法要素可识别的新闻报道为样本，评述如下。评述的前提是假定样本具有良好的代表性。

(一)执法主体与协调

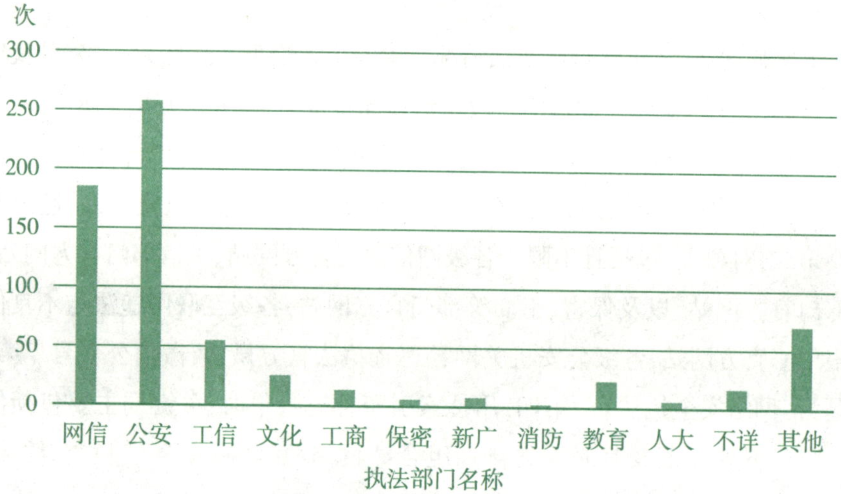

图 4　各执法部门在全部报道中的出现频次

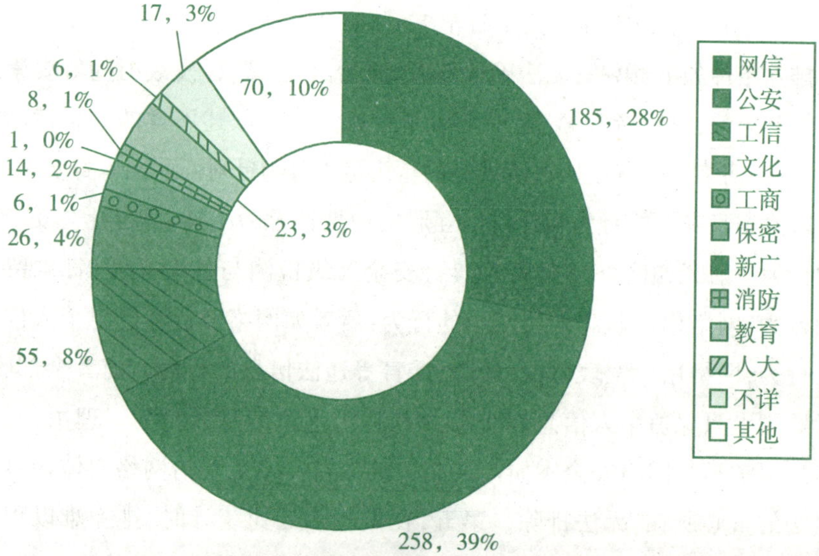

图 5　各执法部门在全部报道中的出现比例

图 4、图 5 显示，公安机关、网信办承担接近 67% 的执法任务，而以公安机关承担的任务为最重，其他执法事项则由工信局、文化局、工商局等部门分散为之。

需要解释的是，教育、医疗等部门的行政执法往往是系统内部自上而下的行政监督检查，或独立进行，或联合网信办、公安机关进行。

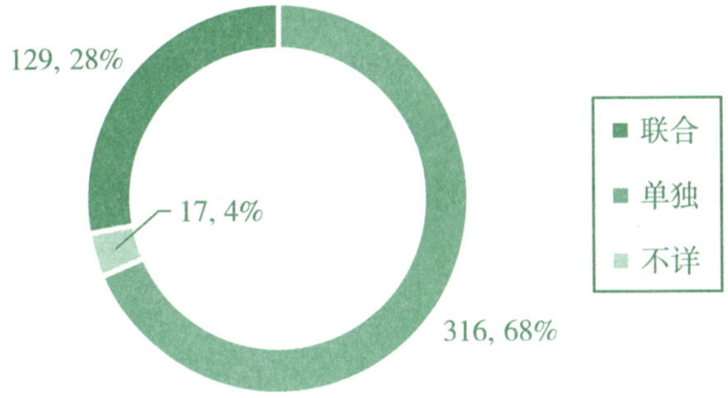

图 6　单独与联合执法的频次及比例

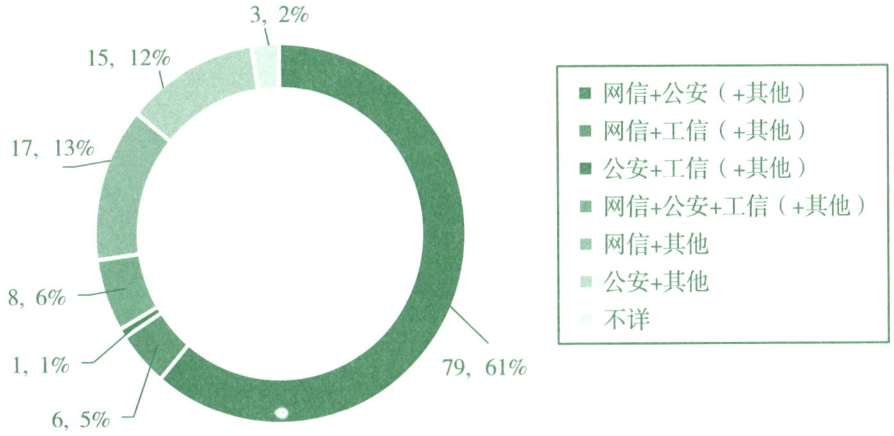

图 7　各类型联合执法的频次与比例

图 6、图 7 显示，第一，执法以单独为主，联合为辅，单独执法为常态。第二，联合执法中，网信办与公安机关联合形式占 61%。事实上，网信办与公安机关的联合执法通常是网信借助公安的技术力量完成，甚至，在不少情况下，网信机构需要借调或者以其他形式吸收网络安全技术人员入驻。[1] 这其实意味着，似

〔1〕 典型的例子是，山东沂水县，网信部门强化与公安部门的配合联动，在网信办挂牌成立县公安局“网安警务室”，由公安机关派驻网安民警，对网络谣言等违规违法行为由网安民警协助落地查人，依法实行约谈、查处，以此解决对新媒体监管力度不够、力不从心的问题。参见搜狐网生活频道：https://www.baidu.com/link?url=cylcfqtcr9CBXMycneInCtlVqai8cthTQBfU5C3xuh1f_pblwLmvvg1LbWFtoaHSYShX6m7Xoehho8RWknUv2a&wd=&eqid=ac0f66ba000a71f3000000035c9218b3，最后访问日期：2019 年 3 月 20 日。

此行动,掌握网络安全侦查力量的公安机关其实能独立完成。

此外,“上级指导下级”式的特殊“联合”执法也频频出现。但统计时仅算作下级的单独执法。指导式执法的动机暂时未见披露。正常原因,无外乎(1)下级对执法业务较为生疏;(2)下级遇到疑难案例,需要向上级请示指导;(3)执法对象的行政级别较高或有其他特殊情况,下级与之不对等,难以展开监督或处罚;(4)常态挂靠,即事实上一切下级的执法行为无不在上级的监督领导下进行。但无论如何,上述4种原因所提供的正当性均有明显瑕疵,不赘。

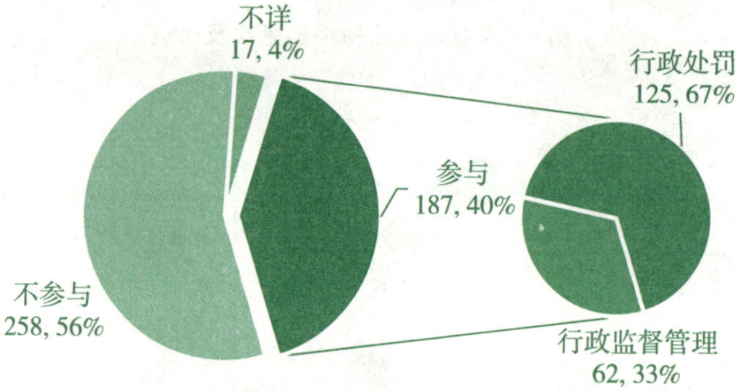

图8　党组织直接参与行政执法的频次与比例

图8显示,党组织直接参与网络安全行政执法的比例占到40%,且多为直接实施行政处罚。在国家层面,网信办有中央网信办和国家网信办之分,是“两块牌子,一套人马”。而在地方,上述形式上的区分也往往不存在,通常是地方党委网信办直接工作于执法第一线。无论中央、地方,网信办都是作为党委宣传部门的下属机构存在。在地方,网信办有时被称为网宣办或者网管办,[1]但名异实同。党委除以网信办形式直接参与一线执法外,个别还以宣传部名义直接参与。[2]

---

〔1〕“网宣办”称谓,参见湖南省桃江县人民政府官网:http://www.taojiang.gov.cn/c12/20180621/i182957.html,最后访问日期:2019年3月20日。“网管办”称谓,参见湖南省沈丘县人民政府官网:http://www.shenqiu.gov.cn/news_xx.asp? msg =44729,最后访问日期:2019年3月20日。

〔2〕参见陇川网:http://www.zhglc.com/jrlc/xwdt/content-13-18766-1.html,最后访问日期:2019年3月20日。

（二）执法对象与行为

图 9 显示，绝大多数执法行为以网络运营者为对象。

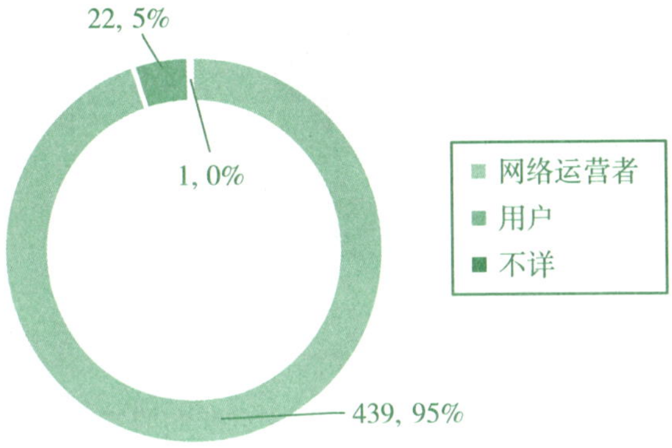

图 9　行政相对人出现频次与比例

图 10、图 11 显示，私企与个体工商户比国有企业更容易被锁定为执法对象；事业单位比行政机关更容易受到监管和处罚。私企、个体工商户、事业单位被执法频次占 65%。

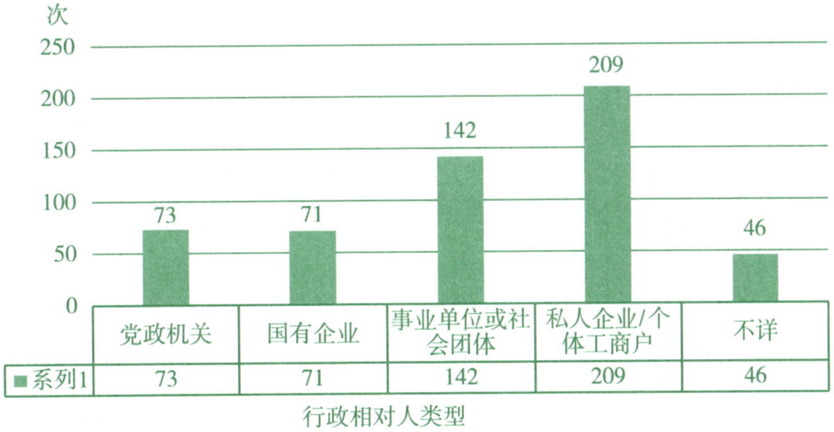

图 10　执法相对人（网络运营者）出现的频次

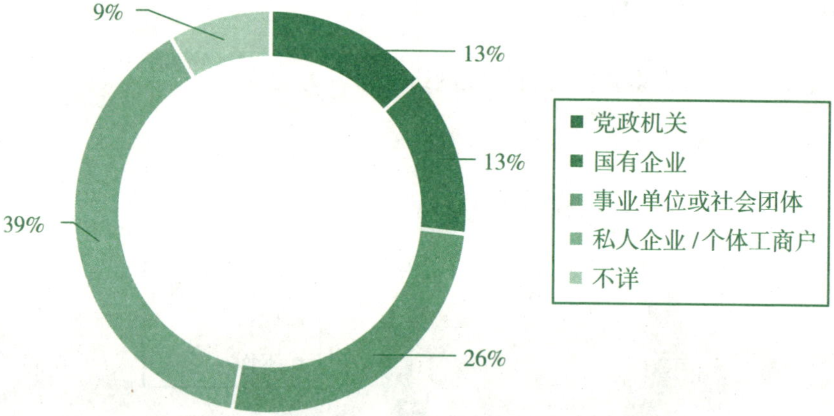

图11　行政相对人(网络运营者)出现的比例

事实上,虽然未做统计,但可以肯定,在处罚类执法中65%这一数字还会增加,被执法者行业分布频次图是预估依据之一。

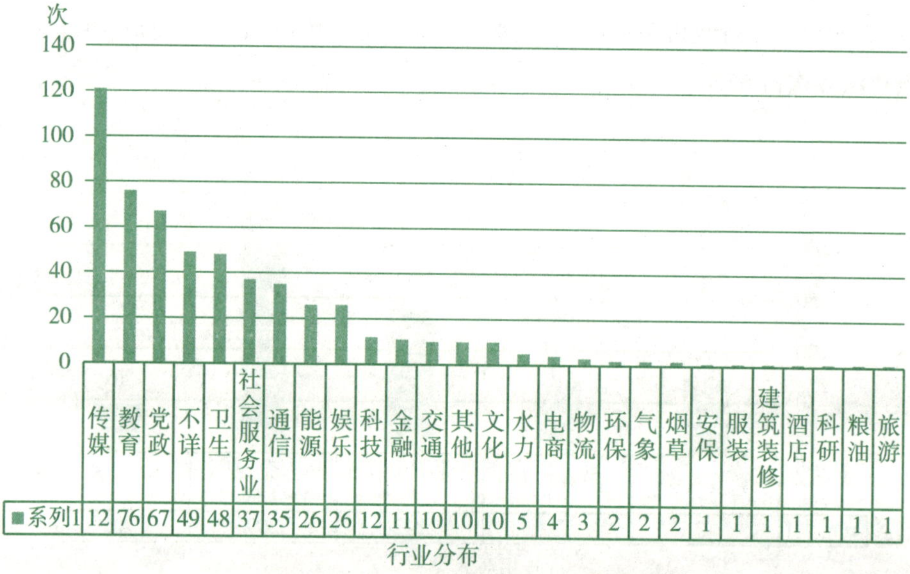

图12　被执法的网络运营者行业分布频次

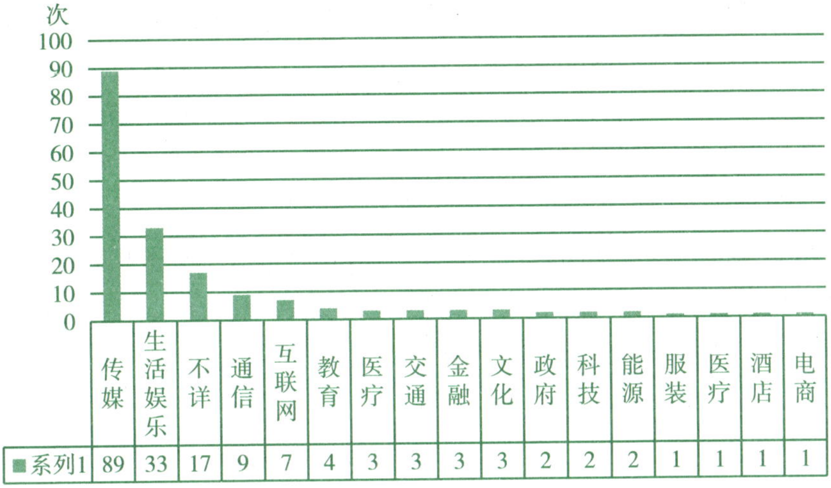

图 13　被处罚者的行业分布频次

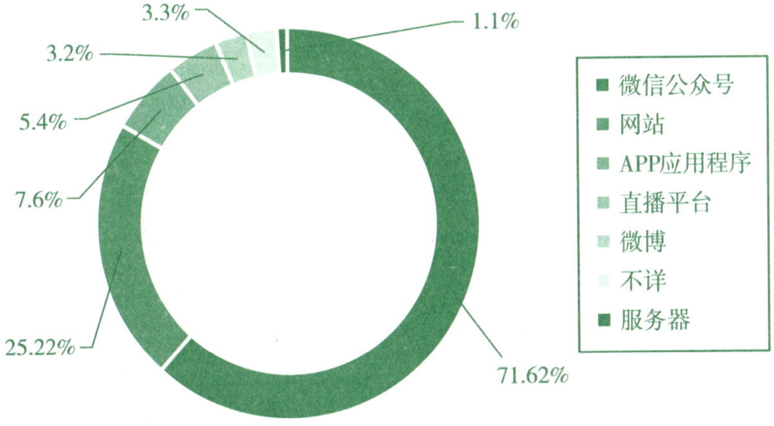

图 14　被处罚行为的客体分布频次及比例

图 12～图 18 是外围数据。

图 12 显示了被执法者的行业分布情况。“传媒”行业在该指标上遥遥领先，这缘于微信公众号是第一位的被执法客体。党政本不属于任何“行业”，仅便利起见纳入。教育与卫生行业是执法重点区域。原因：一是两个行业不断沉淀学生与病患的大量动态数据，二是两个行业数字化、智能化程度较高，计算机信息系统应用较广，三是两个行业关涉较为重要，即便不是最重要的民生问题。至于外围因素，诸如科教文卫系统与媒体曝光度的关系、在行政监督检查对象中的特殊性等，难以一一分析。

图12与图13并不重复。两者的比较显示：有些行业监管、处罚均多，例如传媒、通信。前者是因为微信公众号归属于传媒类的缘故，后者是因其本身即为网络行业。有些行业监管、处罚均少，如酒店、服装。这多是因为此类行业本质属性是实体经济。有些行业监管多，处罚少，甚至只监管不处罚，典型例子是党政、医疗卫生。

图14显示，针对移动互联网的行政处罚更多。微信公众号和APP应用程序被处罚频次比例为68%，网站也是位居其次的重要执法对象。联系其他图表可知，网信办—微信公众号—信息内容审核义务，是占比最高的行政处罚模式。

图15显示了执法频次的地域分布。北京(40)、陕西(38)、广东(31)、湖南(27)、上海(26)居前五位。京、粤、沪入围，与一般经验相符，无须解释。陕西、湖南的入围，不考虑媒体曝光度，收集、统计误差等复杂因素，可能反映了两省监管部门对自媒体内容控制的力度。以陕西省为例，依据图16，陕西各级行政机构做出17例行政处罚，仅一例“榆林市公安局针对米脂、绥德等机构网站漏洞进行处罚”外，[1]其余16例均是针对自媒体内容或资质的监管，占比94%。京、粤、沪的比例均远低于此。

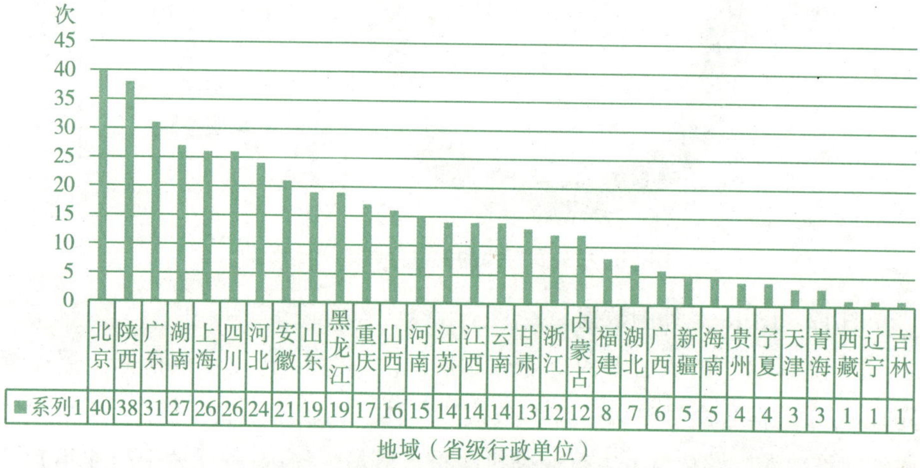

图15 被执法行为地域分布频次

〔1〕 参见美篇榆林网安专栏：https://www.meipian.cn/1hxmbiqy，最后访问日期：2019年3月20日。

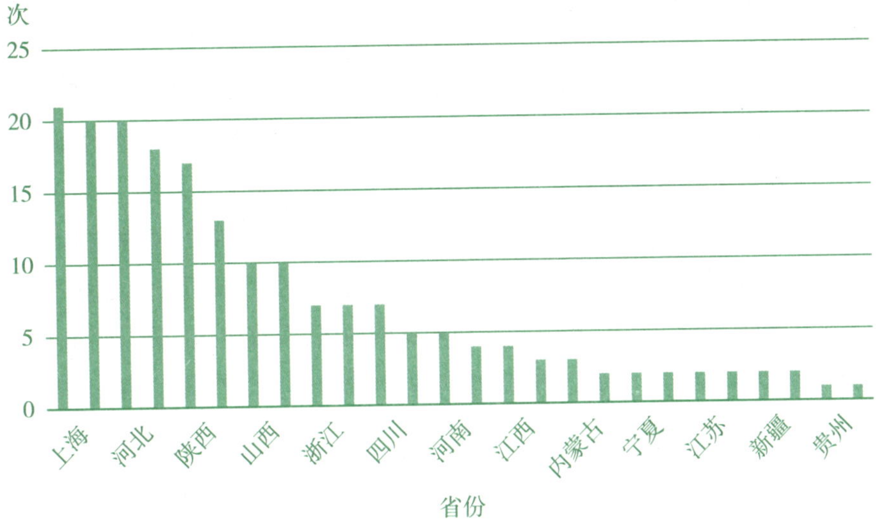

图 16　各省份处罚数量分布频次

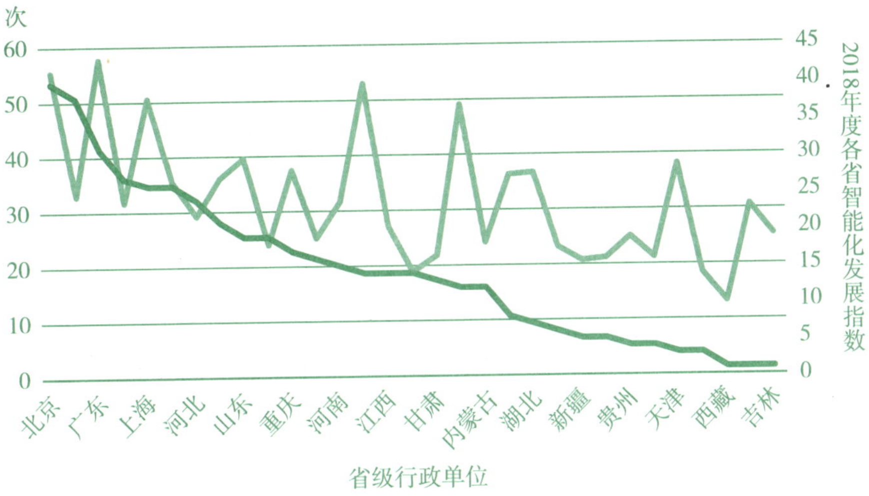

图 17　被执法行为分布频次与本地智能化指数[1]

图 15 和图 16 的比较显示，若干省份的执法活动与处罚行为频次均高，如北

〔1〕 智能化发展指数来源，参见中国电子信息产业发展研究院：《中国智能化发展指数报告（2018年）》。转引自荆楚网（湖北日报网）：https://www.baidu.com/link? url =3MYZ4g5-az_a1UzQLv_6-SUGZTLb2F6Yj4ZOs15X36SFLOWMaP_m5khNyWnxhXldokVd9l6CMpx54uw11K8w8K&wd = &eqid = c5a46ee700008bb7000000035c930b89，最后访问日期：2019 年 3 月 20 日。

京、上海、广东、陕西、河北。若干省份均低,除西部省份外,还有中部的吉林、辽宁,东部的天津。若干省份执法频次排名显著高于处罚,例如重庆。若干省份则处罚频次高于执法,如山西。不考虑其他复杂因素,同高或同低的含义明显,无须解释。而执法与处罚频次的对比,有可能反映该地域行政监督风格的刚柔度。

图 17 比较了各省执法频次与当地的智能化指数水平。很遗憾,两者的相关性不明显。但还是有一些相关性:一是在北京、广东、云南、四川等横坐标上,存在交叉点。二是在曲线的变化趋势上相近。智能化指数明显低于执法频次的地区,大致有陕西、湖南、河北、黑龙江。而相反的地区,大致包括广东、上海、山东、重庆、江苏、湖北、天津、辽宁。两组省份序列恰是依据发达程度与智能化指数的归类结果。

图 18 显示了执法的月度分布。外在表征是,下半年执法频次较高,8 月、9 月最高,10 月是执法密集区的低谷。

图 19 比较了执法的月度频次与受理举报的数量。[1] 外在表征是,两组数据在上半年有明显相关性,而下半年的 8 月、9 月、12 月三个月份则背离,但原因不详。

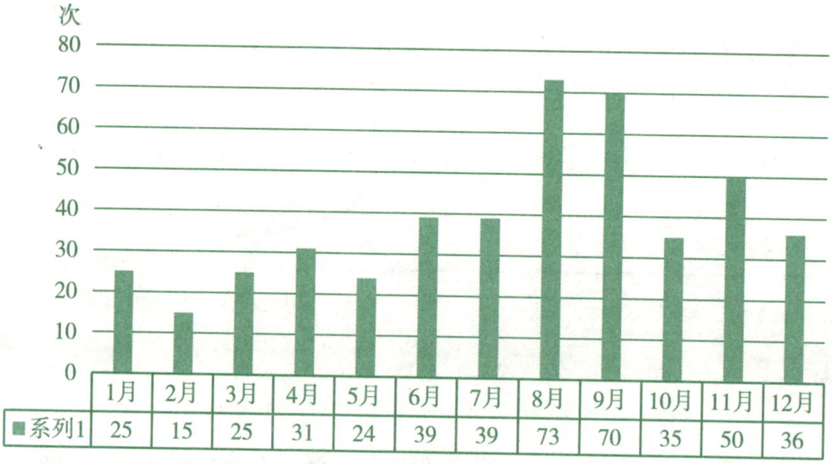

	1月	2月	3月	4月	5月	6月	7月	8月	9月	10月	11月	12月
■系列1	25	15	25	31	24	39	39	73	70	35	50	36

月份

图 18　执法数量月度分布

〔1〕 指国家网信办违法和不良信息举报中心所受理的举报数量。数据来自国家互联网信息办公室官网:http://www.12377.cn/,最后访问日期:2019 年 3 月 20 日。

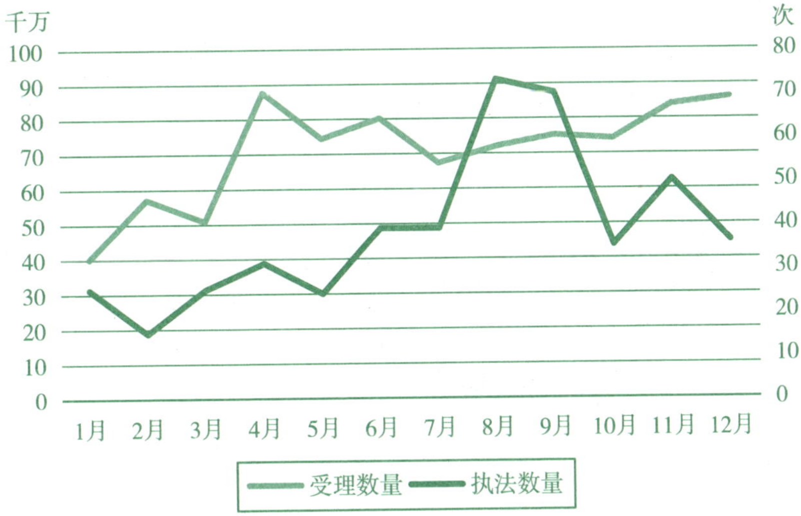

图 19　行政执法数量与网络举报受理数量对比

行政执法，包括且不限于行政处罚、行政监督管理。图 20、图 21 统计的样本仅限于行政处罚，排除监督管理等其他行为。其所反映的是哪些行为是执法者重点关注的。《网络安全法》的贡献之一是把散见于其他规则的行政违法行为类型化，并相应地将合规义务类型化。常见者是网络运营者的信息内容审核义务、等级安全保护义务、关键信息基础设施保护义务、个人信息保护（合理收集与使用）义务、产品与服务的合法义务、安全事件防范与处置义务等。

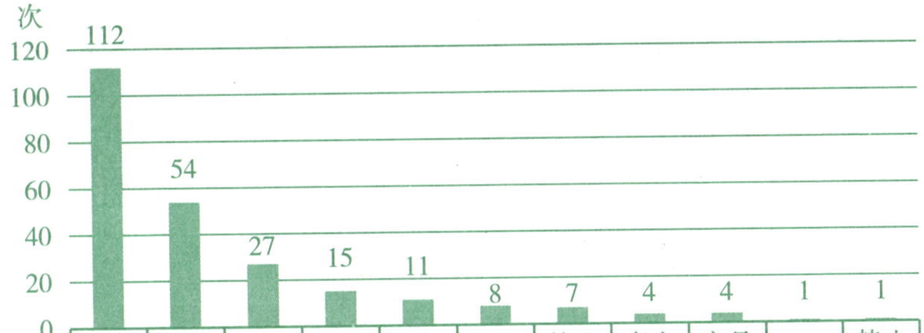

	信息内容审核义务	经营资质审核义务	等级安全保护义务	禁止扰乱公序义务	其他	个人信息保护义务	禁止冒用账号义务	真实身份认证义务	产品服务合法义务	不详	禁止人格侵权义务
■系列1	112	54	27	15	11	8	7	4	4	1	1

行为所违反的义务

图 20　被执法行为的类型分布频次

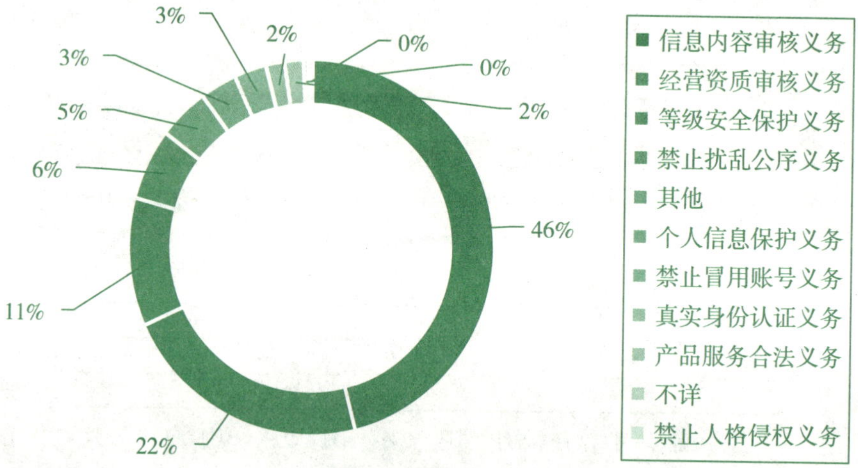

图 21　各类型被执法行为所占比例

以上为主干性、框架性义务。其他义务或新设,或补充,散见于其他法律。新设者,如《互联网新闻信息服务管理规定》设置的资质审核义务,又如《治安管理处罚法》设置的网络用户不得传播谣言以扰乱社会公共秩序的不作为义务。补充者,比如《电信和互联网用户个人信息保护规定》对个人信息保护义务主体、内容的细化。

(三)执法措施与依据

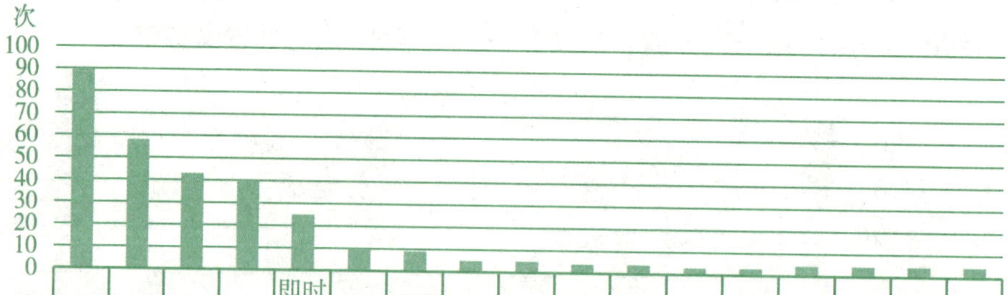

	不详	网安法	互联网信息服务管理办法	互联网新闻信息服务管理规定	即时通信工具公众信息服务发展管理暂定规定	互联网新闻信息标题规范管理规定	互联网用户公众账号信息服务管理规定	互联网直播服务管理规定	治安管理处罚法	电信和互联网用户个人信息保护规定	互联网用户账号名称管理规定	信息安全技术个人信息安全规范	互联网新闻信息服务单位约谈工作规定	全国人大常委会决定	移动互联网应用程序信息服务管理规定	电信业务经营许可管理办法	通信网络安全防护管理办法
■系列1	90	58	43	40	25	10	9	5	5	4	4	3	3	2	2	2	2

图 22　执法依据:被援引两次以上的规范性法律文件

图 22 显示的表面信息是：第一，新闻报道的质量不高，执法依据这一要素多有残缺，因此不详。第二，引用频次前八位的法律，除“不详”类外，占比 89.9%，近乎全是规范网络信息内容。

图 23 显示的表面信息是：一是全部的行政处罚措施的单罚类型，包括(1)约谈[1]；(2)责令整改[2]；(3)责令暂时停产停业；(4)责令停产停业(关停、下架、注销、停止接入等)；(5)罚款；(6)警告、通报批评或责令公开道歉；(7)罚款或没收非法所得；(8)列入黑名单；(9)拘留。二是大量运用约谈、整改、责令全部或部分营业项目暂时性停产停业，似是网络安全执法的特色。“对于一些未产生严重后果但存在较大安全风险而引发市场关注的不合规行为，监管部门往往倾向于先行约谈整改”。[3] 究其原因似乎是，第一，此类执法目前处于摸索试探阶段，整体以软性、柔性、变通性、非正式风格为主。第二，此类处罚的措施由《网络安全法》所规定，而《网络安全法》的第一版初就尚未受实践反馈洗礼，于处罚类型的定性、度量上，尚有留白。

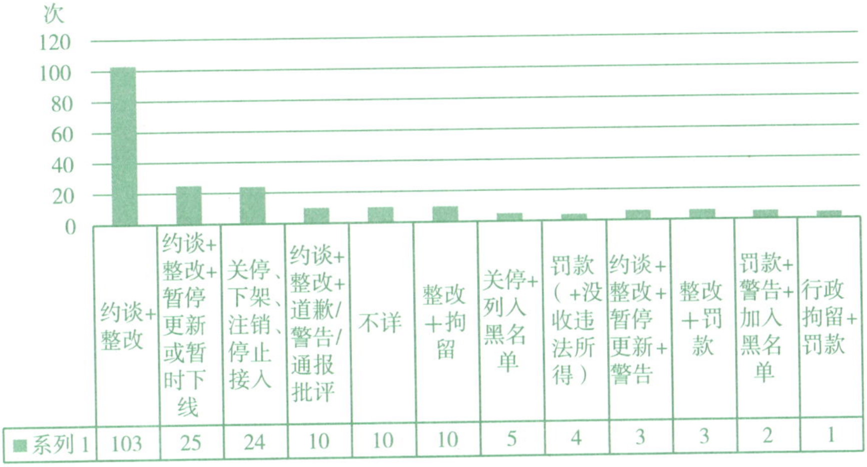

图 23　行政处罚类型分布频次

〔1〕 约谈是否属于行政处罚措施，存在争议。争议焦点在于，约谈是否具有制裁性。《网络安全法》第 56 条规定，省级以上人民政府有关部门在履行网络安全监督管理职责中发现网络存在较大安全风险或者发生安全事件的，可以按照规定的权限和程序对该网络的运营者的法定代表人或者主要负责人进行约谈。此外，约谈几乎必然与责令整改相联系。不要求整改的约谈，暂未见到。

〔2〕 责令整改是否属于行政处罚措施，存在争议。

〔3〕 陈继红：《〈网络安全法〉执法案件汇总及执法重点分析》，载中伦律所官网：http://www.zhonglun.com/Content/2018/01-31/1602040135.html，最后访问日期：2019 年 3 月 27 日。

三、案例

(一)行政处罚案例

表 37　2018 年行政处罚案例全收集

序号	时间	处罚机关	处罚事由	处罚结果
1	2018 年 1 月	北京市网信办	花椒直播平台在推出的“百万赢家”游戏 1 月 13 日 12 点场的第 6 题将香港和台湾作为国家列入了答案选项	约谈相关负责人,责令全面整改
2	2018 年 1 月	上海网信办	微信公众号“上海楼市风云”开办人编造发布不实信息	关闭公众号
3	2018 年 1 月	国家网信办	支付宝、芝麻信用不当收集使用个人信息	约谈负责人
4	2018 年 1 月	上海网信办	zara 网站将台湾称为“国家”;美敦力网站“国家”选项中,有“中华民国”(TAIWAN)字样	限期整改、公开道歉
5	2018 年 1 月	上海网信办	万豪国际集团在中文版会员邮件和 APP 注册页面将港澳台和西藏列为“国家”	网站与 APP 关闭一周,整改
6	2018 年 1 月	工信部通信管理局	北京百度网讯科技有限公司、蚂蚁金服集团公司、北京字节跳动科技有限公司 APP 侵犯手机用户个人隐私	约谈、整改
7	2018 年 1 月	湖南常德市及鼎城区网信办	“常德进群文化”微信公众号在未取得互联网新闻信息服务资质的情况下,采写并刊发新闻信息	约谈、暂停更新信息 10 天

续表

序号	时间	处罚机关	处罚事由	处罚结果
8	2018 年 1 月	广东公安厅网警总队	APP 涉嫌盗版仿冒、高危漏洞、恶意程序、内容违规等	清理下架，关停，列入黑名单
9	2018 年 1 月	泾川县公安局网安大队	微信群内传播虚假信息	约谈、整改
10	2018 年 1 月	汉中市网信办	“汉中都市网”等微信公众号备案信息不完善、违规转载发布新闻信息、标题党等	约谈、整改
11	2018 年 1 月	商洛市和商州区网信办	“商洛微帮”等微信公众号违规转载新闻、发布虚假信息、“标题党”	约谈、清除违法信息、整改、停止信息更新 7 天
12	2018 年 1 月	山东沂水县网信办	微信公众号“沂水新鲜事”违规采编发布新闻信息，偏离社会主义核心价值观，用低俗的标题和内容博取公众眼球，且拒不配合网信部门的管理、拒不整改	关停公众号
13	2018 年 1 月	上海市网信办	微信公众号“上海市房地产交易咨询中心”(微信号：shhzbs，账号主体：个人)假冒相关机构，发布误导公众的不实信息	关闭公众号
14	2018 年 1 月	国家网信办指导北京市网信办	新浪微博对用户发布违法违规信息未尽到审查义务，持续传播炒作导向错误、低俗色情、民族歧视等违法违规有害信息	约谈、整改
15	2018 年 2 月	广东网信办	UC 头条违反国家有关互联网管理法律规定，持续传播炒作导向错误、低俗色情等信息	约谈，限时下线整改

续表

序号	时间	处罚机关	处罚事由	处罚结果
16	2018年2月	北京市新闻出版广电局	游戏《魔霸对决》《摄政王》存在价值导向严重偏差,或者未经审批擅自上线等问题	约谈、责令整改、书面检查等
17	2018年2月	广东韶关公安局	韶关曲江一女子出于贪玩和为了引起别人关注,自编儿子当街被抢的谣言信息	不详
18	2018年2月	广东省网信办	部分微信公众号存在炒作类内容	约谈、永久关闭微信公众号
19	2018年2月	国家网信办	蜜汁直播等网络直播存在低俗媚俗、斗富炫富、调侃恶搞、价值导向偏差等突出问题	关停;列入黑名单;关闭直播间;删除
20	2018年2月	北京市网信办	新浪、搜狐、网易、凤凰四大门户网站"标题党"行为	不详
21	2018年3月	山西怀仁县网信办	违规从事新闻信息服务、歪曲篡改新闻标题、审核把关不严	约谈、整改
22	2018年3月	黑龙江伊春市伊春区公安局	"中国伊春""昆仑网站""黑龙江天华房地产集团"3家网站存在网络安全漏洞	责令限期整改
23	2018年3月	山东临沭县公安局	临沭县某街道办事处工作人员祗某在个人微博公然侮辱中国工程院院士黄某	行政拘留10日并罚款500元
24	2018年3月	山东省通管局	"潇潇莫雨"等网站涉嫌赌博或色情信息	关闭网站
25	2018年3月	山东日照网信办	"日照生活圈"APP存在网络谣言、标题党以及各类不良信息	约谈、整改

续表

序号	时间	处罚机关	处罚事由	处罚结果
26	2018 年 3 月	山东烟台网信办	“蓬莱信息港”网站等违规开通新闻版块，登载转发不实信息	约谈、限期整改
27	2018 年 3 月	四川平昌县公安	网吧存在为上网者提供破解软件、未实名登记的情况	现场处罚（不详）、约谈、整改
28	2018 年 3 月	天津市网信办	“哏儿都”微信公众号传播低俗不良信息	约谈、停止更新一周
29	2018 年 3 月	上海市网信办会同相关部门	哆咪直播、猫咪直播和女神直播，三家网站在直播服务中，肆意传播淫秽色情及赌博类违法信息，且有大量计时收费直播栏目	注销备案、将网站负责人纳入黑名单
30	2018 年 4 月	安徽省网信办、文化厅、通管局	“内涵网”等 32 家网站违法传播大量色情低俗信息；“突破极限”等 17 家网站违法开展网络赌博活动。“九娱游戏”等 19 家网站，游戏画面低俗	依法关闭违法违规网站 49 家，约谈整改网站 19 家
31	2018 年 4 月	陕西安康市网信办	“华商二三里”存在违规转载新闻信息、转发未经核实信息和稿源不规范等问题	约谈、责令限期整改
32	2018 年 4 月	国家网信办	“快手”“火山小视频”直播短视频平台传播涉未成年人低俗不良信息	约谈、整改；暂停有关频道；关停账号
33	2018 年 4 月	平顶山公安局	网民在微信群朋友圈中以“公安部紧急通告”名义发布不实信息称，红包、砍价、拼多多、点赞、投票、助发皆为骗局，微信绑定银行卡等相关个人资料会被截留、倒卖、监测、攻击等	行政拘留 3 日

续表

序号	时间	处罚机关	处罚事由	处罚结果
34	2018年4月	长沙市网信会同公安局、文化局	“九号下载”等三家应用商店为追逐经济利益,违规上架低俗庸俗类游戏APP	约谈、整改
35	2018年4月	河北邯郸市网信办	“舆情日报网”“人民新闻视频网”两家网站,在没有取得互联网新闻信息服务许可资质的情况下,大量转载时政类新闻	约谈、整改
36	2018年4月	山东潍坊市网信办、公安局	“最美潍坊”“我们的潍坊”“潍坊小哥”三家微信公众号在未取得互联网新闻信息服务许可的情况下,未经核实,于4月8日在其平台账号散播不实消息	约谈、整改
37	2018年4月	河南省唐河县网信办会同县公安局	“唐河汇”自媒体微信公众号在不具备新闻采编资质的情况下,未经核实,擅自刊发唐河县“4·7”交通事故虚假不实信息	约谈、整改
38	2018年4月	株洲市公安局	2018年3月26日,湖南工贸技师学院再次被发现网站系统被留有后门,存在严重的安全隐患漏洞。此网站的建设及技术维修提供商,湖南中科智谷教育科技有限公司未落实网络安全等级保护制度,未履行网络安全保护义务	行政警告处罚;限期整改,整改期间系统不得上线
39	2018年4月	宁夏回族自治区网安总队	华电国际宁夏新能源发电有限公司九彩第五风电厂未依法落实网络安全等级保护制度,网络安全防护措施不落实、安全管理不到位导致重要系统存在跨区互联、违规外联、远程运维等	约谈、整改

续表

序号	时间	处罚机关	处罚事由	处罚结果
40	2018年4月	广东省公安厅	“笑话岛”“针灸大师”“盗墓的空间”“钻石消消乐”“家庭风水”等10款APP存在窃取用户信息、在用户不知情的情况下自动下载软件、强行捆绑推广应用软件等突出安全问题	APP清理下架
41	2018年4月	广东省网信办	“军垦文苑杂志社”“孟州那些事”“荥阳身边事”等违规从事互联网新闻信息服务；“美女激情片”“男女姿势”“食色性1液”等大肆传播淫秽色情信息；“新华社财经国家周刊”“中办秘书局”等侵权假冒账号误导公众	封停公众号
42	2018年4月	安徽省网信办会同省政府办公厅、公安局、通管局	32家网站冒用“滁州市交通运输局”等政府部门名称。违规提供虚假证书查询和个人信息收集；假冒的“信用安徽网”“省商务厅网”等29家网站，违规发布大量虚假信息，误导网民	依法停止其互联网接入服务
43	2018年4月	四川德昌县公安局	网民“凉山内外墙装修工”在快手APP发布一段交通事故视频，并以“德昌出大事了”为题炒作	教育训诫、要求删除
44	2018年4月	上海市网信办会同市通信管理局	“上海爆料城”网站违规发布大量时政类新闻信息，传播虚假不实信息	注销网站备案，将域名列入黑名单，停止域名解析
45	2018年5月	甘肃秦安县网信办、公安局	秦安信息网等微信公众号多次发布违规信息，未经许可转载时政新闻，篡改标题，旧事新翻误导网民	约谈、限期整改、电话训诫

续表

序号	时间	处罚机关	处罚事由	处罚结果
46	2018年5月	河北秦皇岛市网信办	“秦皇岛热点”微信公众号未经许可违规转载时政类新闻信息、私自刊发未经核实的信息	约谈、限期整改、签订自律承诺书
47	2018年5月	广东省中山市住房与改革局会同网信办	个别房地产行业微信公众号发布的信息内容存在与实际情况不符、数据未经核实、夸大宣传等情况,有可能误导消费者	现场约谈,要求整改
48	2018年5月	浙江省网信会同杭州网信办	公众号“二更食堂”在头条推文发布低俗文章,对某事件进行不当描述	约谈、限期整改、封号7天
49	2018年5月	河北沧州市委网信办	“沧州生活圈”APP存在违规发布虚假、色情、血腥等内容,“标题党”行为突出,平台对于用户发布内容审核把关严重缺位;“甜蜜的大枣”微信公众号存在发布低俗信息等严重违规行为	约谈、限期整改
50	2018年5月	北京市网信联合新闻、公安局、文化局	属地重点网站存在个别网上歪曲、丑化、侮辱英烈形象的违法违规行为	约谈
51	2018年5月	上海市通信管理局	上海连尚网络科技有限公司互联网业务产品“WiFi万能钥匙”未提供可靠机制保证共享WiFi密码的用户为WiFi热点所有者或征得其所有者的同意而分享	责令改正并处罚款
52	2018年5月	内蒙古呼和浩特市网信办联合公安局	微信公众号“青叶说”(微信号:qingyeshuo)以《小心你的肾!呼和浩特夜间街头疑似出现“绑人族”!》的标题,散播谣言	禁言1个月,全面整改

续表

序号	时间	处罚机关	处罚事由	处罚结果
53	2018 年 5 月	河北省网信办	“大奖娱乐”等网站传播非法博彩信息，“调教初体验”“乐虎国际”2 家游戏网站传播淫秽色情内容，“传奇（游戏）”涉嫌网络游戏诈骗	列入黑名单、注销备案、限制接入等
54	2018 年 5 月	江西上饶市网信办	“江南微上饶”“上饶通门户网”微信公众号借上饶市自来水公司名义，套用“惠州供水公司有关全市停水公告”内容，发布虚假政府公告	约谈、责令整改
55	2018 年 5 月	深圳市网信办	“红歌会网”在未取得互联网新闻信息服务许可情况下，开展互联网新闻信息服务活动，违规刊载大量的时政类信息	约谈、限期整改
56	2018 年 5 月	湖北十堰市郧阳区公安局	网友拍摄并在网上传播交通事故血腥镜头；李某在微博上发布关于某命案的虚假消息	不详
57	2018 年 5 月	工信部	阿里巴巴通信技术（北京）有限公司连续三个季度垃圾短信、骚扰电话被举报量排名靠前并持续上升	约谈、要求整改
58	2018 年 5 月	河北承德市网信办	微信公众号“承德大城事”（微信号：chengdedachengshi）擅自私采私发未经证实的网友言论，且存在严重标题党行为	约谈、停止更新 30 天
59	2018 年 5 月	河北邢台市网信办	微信公众号“掌中新邢台”（微信号：zhj19800313）“朝闻邢台”（微信号：SJY2017102）长期违规自采自发未经证实的突发性事件，且不服从属地网信部门管理	关停

续表

序号	时间	处罚机关	处罚事由	处罚结果
60	2018年5月	河北沧州市网信办会同盐山县网信办	微信公众号“甜蜜的大枣”存在违规发布低俗信息问题	约谈、整改
61	2018年5月	国家网信办会同广电总局、文化和旅游部、属地网信办	“美拍”未能整改到位继续传播未成年人衣着暴露、性暗示等低俗不良信息，突破社会道德底线、违背社会主流价值观，严重危害青少年身心健康，社会反映强烈	暂停有关算法推荐功能，部分频道下线、部分频道停止更新
62	2018年6月	湖南郴州市网信办	“静美郴州”在未经主管部门的认定和许可下违规对11个县市区村镇建设情况开展网络评选，“郴商在线”在未取得互联网新闻信息服务资质的情况下推送新闻信息	约谈、限期整改
63	2018年6月	长沙市网信办	“长沙楼市圈”等微信公众号采用夸张、猎奇的标题博取眼球，并采取“以偏概全”等手段，片面解读中央、省、市房地产调控政策，违规发布未经核实的信息误导网民	约谈
64	2018年6月	浙江网信办	“海岸线文学网”等网站大量登载色情低俗、赌博等有害信息，同时存在没有依法履行登记备案手续或者ICP备案信息虚假等问题	提请省通信管理局注销网站备案、停止接入
65	2018年6月	上海市网信办	微信公众号“上海市房地产交易咨询中心”，歪曲、拼凑文件，扰乱互联网信息传播秩序，社会影响恶劣	关闭

续表

序号	时间	处罚机关	处罚事由	处罚结果
66	2018年6月	全国扫黄打非办	网易云音乐、百度网盘、B站、猫耳FM、蜻蜓FM等多家网站借ASMR(中文译称“自发性知觉经络反应”,主要产品为声音内容,用于放松、助眠)名义传播低俗、色情内容	约谈、整改清理
67	2018年6月	山西吕梁市网信办	“吕梁热点”“我们的吕梁”等微信公众号存在违规转载时政类新闻、发布不实信息等问题	约谈、限期整改
68	2018年7月	延安市网信办联合宣传、公安、文广新、工商、信用等部门	文化延安等网络平台账号存在自采自编、标题党、违规转载时政新闻信息、内容审核把关不严、散播虚假不实信息等问题	约谈、限期整改
69	2018年6月	山西朔州网信办	“朔州网”微信公众号存在违规从事时政类新闻信息转载、稿件来源不规范、审核把关不严等问题	约谈、限期整改
70	2018年6月	山西省万荣县网信办、公安局	“58同镇”万荣县裴庄站屈某在网上编发了“万荣至临猗路段发生的重大交通事故”的不实信息	约谈,责令整改,对编发者行政拘留
71	2018年6月	山西方山县网信办	“微通方山”等微信公众号违规转载突发事件新闻信息、篡改标题炒作制造舆论热点、发布虚假信息	约谈、整改
72	2018年6月	山西省石楼县网信办	“石楼在线”等微信公众号存在违规发布突发事件新闻信息、集纳地方负面信息、跟帖评论缺乏有效管理、违规转载时政类新闻信息、“标题党”、违规传播低俗信息、违规开设新闻栏目等问题	约谈、整改

续表

序号	时间	处罚机关	处罚事由	处罚结果
73	2018年6月	河北沧州市网信办	“沧州百姓论坛”多次违规发布时政、色情、暴力信息,“标题党”行为严重	约谈、整改
74	2018年6月	山西阳泉市网信办	“平定网”微信公众号和“掌上阳泉365”微信公众号论坛等违规发布题为《四矿口女子当街殴打母亲》的视频和信息,被网络媒体大量转载	约谈、责令整改,警告,公众号禁言3天;关闭
75	2018年6月	湖北省通城县网信办	“湖北鄂南网”“通城网官微”两家微信公众号未取得互联网新闻信息服务许可、歪曲、篡改标题原意和新闻信息内容、无中生有	约谈、整改
76	2018年7月	上海市网信办	“6·28”浦北路持刀杀人案发生后,微信公众号“予老板的9亩地”(微信号:Yu1-studio)发布“嫌疑人因子女被学校劝退,75万元赞助费未归还引发报复”等不实信息	注销公众号
77	2018年7月	北京市网信办会同市工商局	抖音在搜狗搜索引擎投放的广告中出现侮辱英烈内容	约谈、整改
78	2018年7月	陕西交口县网信办	“今日交口”等违规转载发布时政类新闻;稿件来源不规范、审核把关不严;私自更换、夸大新闻标题	约谈、整改
79	2018年7月	河北高阳县网信办	“中国监督网”的网址为www.jianduwang.org,无ICP备案,属非法网站	关闭网站

续表

序号	时间	处罚机关	处罚事由	处罚结果
80	2018 年 7 月	安徽省网信办、合肥市网信办	“安徽楼市”微信公众号炒作楼市不实信息	约谈、整改
81	2018 年 7 月	安徽省网信办	“叶集生活”微信号发布“伪纪实”视频、低俗网络小说,内容猎奇血腥,消极对待网信部门管理,持续发布有害信息	停运 1 个月
82	2018 年 7 月	安徽省网信办	“涡阳关注”微信公众号发布治安案件谣言信息,混淆视听,误导公众舆论,扰乱正常案件办理	停运 1 个月
83	2018 年 7 月	安徽省网信办	“亮点蚌埠头条”微信公众号违规发布新闻,且“标题党”现象突出,对原文断章取义、歪曲夸大,传播不实消息	关停账号
84	2018 年 7 月	郑州市公安机关	郑州某网络科技有限公司未落实接入用户实名登记制度,致使犯罪嫌疑人冒用他人身份通过该公司租赁服务器,用于架设黄色网站非法牟利	公司罚款 5 万元,法定代表人罚款 1 万元
85	2018 年 7 月	山西吕梁市离石区网信办	“吕梁事”等微信公众号存在违规发布时政类新闻信息、违规篡改标题炒作制造舆论热点、“标题党”、集纳属地负面信息等问题	约谈,整改
86	2018 年 7 月	湖南安仁县网信会同公安局	“安人在线”微信公众号擅自发布了我县 2018 年秋季义务教育阶段各学校入学招生工作等情况	约谈负责人,并“实施黄牌警告”

续表

序号	时间	处罚机关	处罚事由	处罚结果
87	2018年7月	上海网信办	“第一弹”网站存在宣扬法西斯主义、德国纳粹等内容及衣着暴露、性暗示等低俗庸俗内容	责令全面整改,关闭问题严重的版区7天
88	2018年7月	上海市通信管理局	上海数据港等企业未按照市通信管理局要求健全完善本单位网络安全监测预警和信息通报相关制度,未及时向主管部门报送网络安全信息情况;前程无忧网(51job)未落实重大事项报告制度,在发生重大事件时未及时向市通信管理局报告	通报约谈、责令整改
89	2018年7月	广东惠来县公安局	惠来两家学校未按规定到惠来公安网警部门备案,仅在广东省网络安全应急响应平台进行注册	责令3日内办理备案,并作出处罚(不详)
90	2018年7月	广东惠来县公安局	黄某坚(惠来仙庵人)在未经互联单位主管部门及其他主管单位批准取得国际联网经营许可证的情况下,将自己开通的宽带分流转租给93名村民,并从中收取费用	不详
91	2018年7月	江西婺源县网信办	“今日婺源”微信公众号违规发布涉黄等不良信息及存在的标题党行为	约谈、整改;暂停更新48小时
92	2018年7月	上海网信办会同工商局、文化局	上海佩珀文化传播有限公司非法组建“新闻采编团队”,在“好奇心日报”网络平台上违规提供时政新闻信息服务,还开设原创新闻栏目、刊登大量外媒时政类文章	整改,并做出行政处罚(不详)

续表

序号	时间	处罚机关	处罚事由	处罚结果
93	2018 年 7 月	湖南常德武陵区公安局	检查中发现 4 家互联网数据中心存在网络安全隐患，系统安全漏洞 29 处	限期整改
94	2018 年 7 月	湖南邵阳市公安机关	邵阳学院校园网、洞口教育局的考场视频监控系统均网站存在 Struts 2 高危漏洞	限期整改
95	2018 年 7 月	陕西汉中市网信办联合公安局	“美丽汉中网”等三家微信公众号日常管理落实不到位、违规采编发布新闻信息、信息内容审核把关不严和“标题党”行为	停止更新 5 天、限期整改后恢复等
96	2018 年 7 月	河北省南皮县网信办	微信公众号“南皮事事通”未能落实媒体主体责任，内容审核把关不严，存在“标题党”、散布传播虚假不实信息的问题，扰乱了属地网络传播秩序	约谈、整改
97	2018 年 7 月	河北清河县网信办	微信公众号“清河惠生活”发布不实信息	约谈、整改
98	2018 年 7 月	河北省辛集市网信办联合公安局、市场监管局	“辛集发布总台”微信号与辛集市委、市政府唯一官方微信公众号“辛集发布”名称极为相似，有招揽广告并获利的故意，且已经在不明情况的网民中对“辛集发布”的声誉造成了不良影响	约谈、教育
99	2018 年 7 月	北京市网信办、市公安局	脉脉匿名版块存在用户匿名发布谣言侮辱诽谤他人，侵犯他人名誉、隐私等合法权益的问题	约谈、整改，责令限期关闭匿名发布信息功能

续表

序号	时间	处罚机关	处罚事由	处罚结果
100	2018年7月	山西太谷县网信办、文化局、公安局	“太谷发现”等微信公众号未取得互联网新闻信息服务资质,多次违规采编和转发时政类新闻,“标题党”问题等	约谈、整改
101	2018年7月	浙江温州瓯海区公安机关联合卫计局	瓯海区中西医结合医院等5家医院未采取互联网安全技术保护措施	行政处罚(不详)
102	2018年7月	江西省铅山县网信办联合公安局	“铅山人社区”微信公众号违规转载发布时政类新闻;稿件来源不规范、审核把关不严;私自更换、夸大新闻标题	约谈、整改
103	2018年8月	广东龙川县公安局	网民“大江大海”通过网络上传血腥暴力视频及图片,该图片在网络上传播后引起部分网民不安	行政处罚(不详)
104	2018年8月	甘肃静宁县公安局	“58同镇”“领驭传媒”等微信公众号诋毁政府、谩骂干部、发布涉稳敏感信息,造成了不良影响	约谈、批评教育
105	2018年8月	文化和旅游部	“哔哩哔哩”“快看漫画”等动漫视频网站和漫画网站提供含有低俗内容的网络动漫产品	下线违规网络动漫产品
106	2018年8月	山西省陵川县“舆情管理中心”	“陵川网”“微陵川”等微信公众号未获许可和授权的情况下违规转载时政新闻、篡改新闻标题等行为	约谈、整改
107	2018年8月	榆林市公安局	米脂县长兴天然气公司网站、绥德县医院、中医医院网站发现系统漏洞,程度、数量不等	要求1个月内整改到位

续表

序号	时间	处罚机关	处罚事由	处罚结果
108	2018 年 8 月	云南德宏州网信联合公安局	部分自媒体在互联网信息服务上存在内容审核把关不严、散播不良信息，以及在未取得互联网新闻信息服务资质的情况下，违规采编、转载、刊登时政类新闻	约谈、要求整改
109	2018 年 8 月	成都市网信办会同房管局、公安局、建委	部分属地自媒体账号发布涉房不实信息	约谈
110	2018 年 8 月	上海市通管局	抽查的 60 家企业的互联网信息系统，有 222 处被遗漏的、脱离企业管理的域名站点等风险隐患	通报整改
111	2018 年 8 月	盐城公安局	江苏盐城一家装饰工程公司为了推广业务，勾结小区物业收购业主信息	依法查处、罚款 10 万元
112	2018 年 8 月	宁夏固原网信办联合公安局、文广局、教育局、市场监管局、民政局	固原市部分“快手”主播，出于博取眼球、获取盈利目的，疏于账号管理，在直播、短视频中，充斥低俗恶搞、暴力色情等违法违规行为	约谈、整改
113	2018 年 8 月	大庆市网信办联合公安、文化等部门	大庆市部分微信公众号存在自采自编、标题党、违规转载时政新闻信息、内容审核把关不严、散播凶杀伤亡和画面血腥等负面低俗信息的现象	约谈、整改
114	2018 年 8 月	浙江省网信办联合军转办	“浙江军转在线”运营主体使用与省军转办官方微信公众号近似的名称，混淆视听，长期发布涉及军队干部转业安置的新闻资讯及其他敏感信息和内部资料	约谈、限期整改

续表

序号	时间	处罚机关	处罚事由	处罚结果
115	2018年8月	工信部会同京、户通管局	上海携程商务有限公司、深圳市腾讯计算机系统有限公司等部分应用随意调取手机摄像头权限、用户订单信息泄露引发诈骗案件、用户信息过度收集和滥用	约谈、整改
116	2018年8月	哈尔滨公安局	网民在微信群中传播有关黑龙江省哈尔滨市市民感染sk5病毒死亡的谣言,致其蔓延	罚款、训诫
117	2018年8月	延安市网信办联合公安机关	“红色延安网2”等微信公众号发布虚假不实、低俗庸俗、淫秽色情信息,违规自采自编、转载新闻,传播信息时涉嫌“标题党”,抹黑延安形象,歪曲行业形象	约谈、整改
118	2018年8月	江西省永修县公安局	本县党政机关、企事业单位、人民团体、县直各部门等网站已关停但是域名却被后台管理公司拿给其他客户在使用,备案不及时,网上信息系统存在高危漏洞等	警告通知书
119	2018年8月	重庆垫江县公安局	辖区十余家单位网络存在安全漏洞	限期整改
120	2018年8月	湖北监利县公安局	监利县某同镇网络服务平台、某新时代微信小程序、“监利某传媒”微信公众号,发布女子坠亡等信息的血腥图片	约谈、整改
121	2018年8月	上海市公安局	“拼多多”对用户注册、商品发布和店铺认证审核把关不严,网络安全管理制度不健全	责令全面整改
122	2018年8月	北京市公安局	“360搜索”出现大量嵌入涉枪、招嫖信息内容的违法图片	责令限期整改

续表

序号	时间	处罚机关	处罚事由	处罚结果
123	2018 年 8 月	北京市公安局	“知乎”网络问答社区中以提出问题或自问自答等方式传播违法信息问题突出	限期整改，行政处罚（不详）
124	2018 年 8 月	陕西省韩城市公安机关	微信公众号“韩城那哒事”发布“跳墙、入户，韩城接连发生盗窃案件，大家注意防范！”不实信息	约谈、整改
125	2018 年 8 月	平凉市委网信办联合市公安局崆峒区网信办	平凉易攻略微信公众号在日常运营过程中，信息编辑审核不规范，履行主体责任不够有力，存在长期无资质发布新闻信息、篡改新闻标题、配发不当图片、稿件信息来源不明	约谈、整改
126	2018 年 8 月	内蒙古网信办联合通管局	涉黄、涉赌、无法访问或被篡改网站 1302 家，接受网民举报的诈骗类、侵权类、色情赌博类网站 59 家	注销备案
127	2018 年 8 月	国家网信办	“快视频”企业继续大肆传播低俗不良信息	暂停更新 15 天和下架处理
128	2018 年 8 月	上海市通信管理局	上海晨之科信息技术有限公司等 20 家企业存在账号无法注销或注销困难等情况	约谈、整改
129	2018 年 8 月	安徽省网信办会同通信管理局	“滋养糖”等 65 家网站发布赌博、博彩等有害信息，并提供访问境外赌博网站链接；“迷茫的小猫”等 39 家网站登载大量低俗、淫秽色情图文及音视频有害信息	注销网站备案

续表

序号	时间	处罚机关	处罚事由	处罚结果
130	2018年8月	常德市武陵公安分局	辖区4家医院存在网络安全风险,其中高危漏洞达8处,3家医院网站未备案,3家医院未完成公共WiFi审计系统建设	通报,责令限期整改
131	2018年8月	安徽网信办	“环保大扫除”微博账号等发表污蔑诽谤、不实、色情、标题党信息	关停账号
132	2018年8月	新疆生产建设兵团六师公安局联合网信办	六师财政局、国土资源局、信息中心、医院的信息系统网络安全漏洞140余个	要求对存在的安全隐患限期清零
133	2018年8月	四川古蔺县公安局	古蔺鼎欣公共客运有限公司等10余家互联网服务运营商及网站中,未按要求开展安全等保、未落实技术防范措施	约谈、整改
134	2018年8月	陕西旬阳县公安局	“旬阳百姓传媒可专业推广”微信号持有人长期在微信朋友圈发布“无抵押贷款”“补肾密方”“娱乐扫码随机红包”等广告,经核实,均为非正规经营的网站,存在较大的网络欺诈风险	约谈、整改
135	2018年8月	浙江义乌网信办、市场监管局	浙江盘古文化艺术有限公司在其认证微博“磐古文化艺术”转载编发文章,对温州乐清滴滴顺风车事件发表不当言论	约谈、要求清除有害信息、公开道歉
136	2018年8月	云南陇川县网信办联合公安局	“大美陇川”微信公众号大量采编、转载、刊登时政类新闻、标题党、发布涉及民族宗教、维稳等敏感题材信息、频繁侵犯著作权、传播具有扭曲社会价值观的信息	约谈、整改

续表

序号	时间	处罚机关	处罚事由	处罚结果
137	2018年9月	湖南江华县公安局	被检查的行政机关和国企网站中存在管理制度不完善、网络安全漏洞、未进行网络安全等级保护测评等问题	下达限期责令整改通知书
138	2018年9月	陕西省石泉县网信办联合公安局	石泉港连日来存在多次更改他人新闻信息标题、内容和自采自编、审核把关不严等违规行为	约谈、整改
139	2018年9月	广东省肇庆县公安局	某微信朋友圈截图及一段小视频发布及传播谣言，扰乱公共秩序	不详
140	2018年9月	深圳公安机关	深圳网民“不科学酱”在新浪微博发布多条涉及德国留学生不实信息，在留学生群体中造成一定程度的恐慌	发帖网民行政拘留3日，微博账号及微信公众号永久封停
141	2018年9月	烟台市公安局	“大欧洲吐槽君”微博账号操作人未审核信息真伪即对外传播虚假信息，造成网络秩序的严重混乱，社会影响恶劣	操作人1000元罚款，微博所属机构9000元罚款，限期整改
142	2018年9月	陕西榆林网信办、公安机关	“榆林微曝”等多个公众号发布不实信息、未经核实转载网传网曝类信息、集纳负面信息，推送色情低俗信息、“标题党”行为、违规采编时政类新闻等法律法规	约谈，限期整改
143	2018年9月	陕西紫阳县公安局	微信朋友圈传播暴恐视频；某微信群有辱骂交警的文字	行政拘留10日和7日；3日

续表

序号	时间	处罚机关	处罚事由	处罚结果
144	2018年9月	陕西省城固县网信办联合公安局	某微信公众号多次在稿件标题中偷换概念、以偏概全、歪曲原意、混淆视听,存在严重的“标题党”行为	约谈、警告、责令整改
145	2018年9月	陕西绥德县网管办联合公安局	4家微信公众号主体责任落实不实,日常管理不到位,主要存在审核把关不严和推送低俗庸俗信息、“标题党”行为	约谈、责令整改
146	2018年9月	广东仁化县公安机关	网民“星某”在仁化某微信群发布谣言	行政处罚(不详)
147	2018年9月	北京市住建委、网信办	58集团旗下58同城、赶集网、安居客等产品未能有效履行平台监管责任,导致平台上长期大量存在出售“小产权房”、出租“群租房”等严重违法违规的房源信息和从事房地产经纪业务的“黑中介”内容,经督促整改效果不明显	约谈,整改,整改期间暂停所有北京房源信息发布
148	2018年9月	陕西省镇巴县网信办联合公安局	6家微信公众号存在违规转载发布新闻信息、审核把关不严和“标题党”行为,扰乱了网络秩序,对社会造成了不良影响	约谈、限期整改
149	2018年9月	陕西汉中市网信办联合公安部门	12家微信公众号存在违规转载发布新闻信息、审核把关不严和“标题党”等行为	约谈,限期整改
150	2018年9月	北京市网信办	凤凰网部分频道、“凤凰新闻”客户端及WAP网站传播违法不良信息、歪曲篡改新闻标题原意、违规转载新闻信息等问题	约谈、整改,整改期间停止更新

续表

序号	时间	处罚机关	处罚事由	处罚结果
151	2018 年 9 月	陕西省永寿县网络管理部门	部分网站、微信公众号、微博公众号长期无人更新，处于“僵尸”状态的问题	约谈
152	2018 年 10 月	河北网信办会同省通信管理局	31 家网站涉嫌网络诈骗、赌博游戏、低俗色情、政治类有害信息等	警告、暂停更新 18 家，注销、关停 13 家
153	2018 年 10 月	安徽省公安厅	蚌埠怀远县教师进修学校网站因网络安全防等级保护制度落实不到位，遭黑客攻击入侵。蚌埠市公安局网安支队调查案件时发现，该网站自上线运行以来，始终未进行网络安全等级保护的定级备案、等级测评等工作，未落实网络安全等级保护制度，未履行网络安全保护义务	约谈分管副县长；对学校处以 15000 元罚款，对直接责任人处以 5000 元罚款
154	2018 年 10 月	上海市网信办	上海市网信办对本地最常用的 23 个 APP 获取用户个人信息等相关权限申请情况开展抽查，发现其中约 30% 与所提供的服务没有对应关系，属于不合理范围	约谈、整改
155	2018 年 10 月	北京市文化市场行政执法总队	北京某科技有限公司经营的 APP“两个麻将”中，含有手机游戏“拼十”，属于含有宣扬赌博内容的网络游戏	罚款 3 万元和没收违法所得 108 万余元
156	2018 年 10 月	北京市网信办	360doc 个人图书馆未能有效履行平台监管责任，导致平台上长期大量存在严重违法违规信息，经督促整改效果不明显	约谈、整改，整改期间暂停服务

续表

序号	时间	处罚机关	处罚事由	处罚结果
157	2018年10月	甘肃省镇原县网信办	镇原县微信公众号“镇原网”等传播《庙渠发生严重车祸！受伤老人在路上5个多小时没人报警》等虚假消息	停止更新30日;15日
158	2018年10月	上海市交通委、公安局、运管处	大众出行、美团打车、首汽约车、曹操专车、易到等沪上网约车平台存在“马甲车”,即线上和线下信息不符的车辆	约谈、整改;包括向监管部门接入全量数据
159	2018年11月	上海网信办	19个在沪微信公众号存在严重违规行为,如曲解教育政策、传播不实信息、违规发布时政新闻信息等	暂停更新,或禁言,或关闭
160	2018年11月	邯郸网信办联合教育局	微信公众号“文明邯郸网”涉嫌私自进行教育系统人物评选、关联机构注册账号名称等违法违规行为	约谈、整改
161	2018年11月	江苏网信办会同公安、文化、旅游部门	龙珠直播平台因管理漏洞致使6名主播传播色情低俗信息、视频问题	约谈、暂停更新15日、整改
162	2018年11月	河南省民权县网信办	“老家民权”微信公众号违规发布新闻类信息	约谈、整改
163	2018年11月	黑龙江绥化市网信办	“大美绥化”微信公众号和“绥化新鲜事”微博存在违规转载、编辑发布时政类新闻、社会突发事件,开设新闻热线、爆料类栏目,私自篡改、夸大事实信息标题等问题	约谈、整改
164	2018年11月	北京市通信管理局	个别企业网站未备案	约谈、整改

续表

序号	时间	处罚机关	处罚事由	处罚结果
165	2018 年 11 月	广东、四川、浙江等通信管理局	76 家企业扰乱市场秩序、违法违规经营电信业务	警告、罚款，纳入电信业务经营不良名单
166	2018 年 11 月	重庆市网安总队	某宽带网络服务有限公司存在未按规定留存网络日志信息的违法行为	行政警告，责令限期 15 日内改正
167	2018 年 11 月	广东省通信管理局	11 家企业的网站存在不同类型的高危漏洞，安全隐患问题突出	约谈、整改
168	2018 年 11 月	河南尉氏县网信办联合县扫黄打非办公室、县公安局	某公众号在没有取得新闻发布资质的情况下，违规发布时政新闻	约谈、整改
169	2018 年 11 月	新疆网信、公安部门	新疆阿克苏地区—公安机关网民玉某存储暴恐音视频案等 9 起案件	行政拘留等
170	2018 年 11 月	北京通信管理局	百度机房搭建网络传输通道	警告并罚款，列入电信经营不良名单
171	2018 年 11 月	工信部	针对迪信通通信服务有限公司连续三个季度骚扰电话被举报量居高不下	约谈、整改
172	2018 年 11 月	湖南耒阳市公安局	20 家单位存在网络安全漏洞和隐患	整改通知书
173	2018 年 11 月	内蒙古乌海市网信委	乌海联通未能按时向公安机关报备基础数据，各大营业厅设有免密码公用 WiFi，存在安全隐患	整改

续表

序号	时间	处罚机关	处罚事由	处罚结果
174	2018年11月	青海省祁连县公安局	部分微信用户利用微信号发布有关违规信息,在微信公众平台里发布人找车,车找人信息,违规从事营运,严重影响了我县的客运行业和社会治安稳定	约谈、全面整改
175	2018年11月	深圳网信委	4家单位网站系统未落实网络安全防护措施	限期整改;行政处罚
176	2018年11月	河北衡水冀州区公安局	有人在微信群中散布谣言,称"煤改气""是村民出钱养贪官"等,并怂恿、煽动不明真相的村民不配合施工严重扰乱了"煤改气"的正常施工秩序,导致工程进展缓慢	行政拘留
177	2018年11月	河北邯郸网信办	微信公众号"邯郸热点"传播虚假信息	约谈、整改
178	2018年11月	中央网信办、公安部、国家市场监管总局	滴滴公司存在7方面33项问题,包括:顺风车产品存在重大安全隐患、安全生产主体责任落实不到位、公共安全隐患问题较大、网约车非法营运问题突出、应急管理基础薄弱且效能低下、互联网信息安全存在风险隐患、社会稳定风险突出等	约谈、整改,对主要负责人及法人代表等予以行政处罚
179	2018年11月	湖南娄底娄星区网信办	"中国县域频道"湖南分部未经备案许可,在娄星城区私自设站,违法从事互联网信息服务,多次约谈后仍有问题	关停

续表

序号	时间	处罚机关	处罚事由	处罚结果
180	2018年12月	北京市通管局	手机应用软件抽测中发现的未经用户同意，收集、使用用户个人信息、强行捆绑推广其他应用软件和恶意吸费等问题	约谈、下架问题应用与软件
181	2018年12月	工信部通管局	同程艺龙微信小程序中“12306畅行会员”服务，默认开通会员协议等用户个人信息保护相关问题	约谈、整改
182	2018年12月	湖南常德市武陵区公安局	4家银行的8个营业网站WiFi存在安全隐患，存在无上网日志留存、未实名认证和设备未按要求对接等方面的网络安全问题	整改
183	2018年12月	贵州省通管局	10家互联网接入企业均存在不同程度的网络安全问题，涉网业务系统和网站存在不同类型的中高危漏洞，安全隐患问题突出	整改
184	2018年12月	安徽省岳西县网管办、网信部门	“岳西老乡群”“岳西老乡”微信公众号存在“标题党”泛滥、旧闻新发等问题	约谈、整改
185	2018年12月	成都市金牛区网信办召集市场监管局、环保局、公安局	金府路某商户微信公众号编发了一则内容含有“这几天，成都的雾霾真的很严重……最高的污染指数已经超过700了”的不实信息	约谈、整改
186	2018年12月	上海网信办协调相关部门	11个微信公众号中“住在上海”“住在SH”等，存在违规发布时政新闻等问题	暂停更新、关闭等
187	2018年12月	河北沧州渤海新区公安局	河北沧州渤海新区一男子在微信群散布虚假视频信息	行政拘留

续表

序号	时间	处罚机关	处罚事由	处罚结果
188	2018年12月	广东省封开县公安局	两微信公众号传播不实信息称“网友报料,长岗发生一起由一辆货车和一辆教练车相撞的事故”	约谈
189	2018年12月	青海西宁市网信办	公众号“青海58同镇”有意隐去案发真实时间,不按规定注明视频来源,进行旧闻炒作以博人眼球,攫取点击量,误导市民传播转发,进而牟取广告利益	警示谈话,责令删除有害信息
190	2018年12月	河北唐山市丰南区公安局	有人在某网络视频平台发布“丰碱公路出人命啦”的谣言视频,而且点击量突破1.8万次	行政拘留
191	2018年12月	河北东光县网信办	沧州天薇网络服务有限责任公司等公司旗下14个“××本地人”系列微信公众号,发布视频传播虚假新闻、造谣传谣	约谈、责令删除违规信息
192	2018年12月	天津市公安局会同滨海公安大港分局	一男子在微信群里大肆炫耀自己成功将艾滋病传染给一名大二女孩的信息,相关内容系编造	行政拘留
193	2018年12月	四川巴中县网信办、公安局	严某持有的“巴中民事”“巴中城乡在线”等微信公众号发布低俗信息、标题党等	约谈、治安拘留十日
194	2018年12月	吉林省吉林市公安局	吉林市公安局网安支队发现有人在互联网上讨论如何实施犯罪,并计划随机实施抢劫等犯罪活动	不详

续表

序号	时间	处罚机关	处罚事由	处罚结果
195	2018 年 12 月	河北省网信办	“中国廉政文化建设网”的网站以廉政监督调查为名，在我省进行违法违规采访，严重干扰基层单位正常办公	责令停止违法违规行为
196	2018 年下半年	陕西省网信办与相关部门	“汉中热线”等网站利用服务器在境外接入逃避监管，破坏互联网信息传播秩序	关闭网站、停止域名解析

(二)典型案例分析

1. 国家网信办、工信部——支付宝、芝麻信用不当收集个人信息

2018 年 1 月 6 日，国家互联网信息办公室网络安全协调局约谈支付宝(中国)网络技术有限公司、芝麻信用管理有限公司的有关负责人，并指出后者收集和使用个人信息的方式不符合刚刚发布的《信息安全技术个人信息安全规范》国家标准的原则，要求其整改。11 日，工信部信息通信管理局再次约谈蚂蚁金服集团公司(支付宝)，要求企业本着充分保障用户知情权和选择权的原则立即进行整改。芝麻信用官方微博早在 1 月 3 日发表公开道歉，自称其收集信息的具体实现方式“愚蠢至极”。同时，在本篇道歉及相关官方明确辩称“初衷没错”，[1]“本来是希望充分尊重用户知情权”。[2]

此次国家网信办、工信部出面执法，所针对的具体行为是芝麻信用以“极小的字体默认勾选同意《芝麻服务协议》”。整改后，芝麻信用收集用户信息的新机制如下：第一，取消默认勾选，改为明确提示和询问；第二，取消信息收集授权

〔1〕 陈璇、陈晓波：《晒“年度账单”却掉坑里，用户权益难逃“潜规则”?》，新华社杭州 2018 年 1 月 4 日电。转引自中华网：https://news.china.com/domesticgd/10000159/20180105/31918210.html，最后访问日期：2019 年 3 月 27 日。

〔2〕 王凡：《央广〈王冠红人馆〉财经报告：支付宝账单“帮打勾”引争议、公民信用谁来采集?》，载央广网：http://finance.cnr.cn/gundong/20180113/t20180113_524097946.shtml，最后访问日期：2019 年 3 月 27 日。

机制,具体路径为“支付宝客户端—我的—芝麻信用—信用管理—授权管理—支付宝—取消授权”。

业界针对该事件的评论集中于四点。第一,当前立法碎片化,有立法空白,亟待出台一部系统科学规范完备的个人信息法。第二,芝麻信用侵犯了用户的某种私权,具体有谓知情权者,有谓知情权+选择权者,有谓知情同意权者。第三,互联网企业不能仗着流量赚快钱,要有底线意识。第四,消费者不能盲目信赖企业,应当提高自身的风险防范意识;法律界人士还特别提示了用户维权所可能凭恃的依据,比如《关于加强网络信息保护的决定》第43条、《消费者权益保护法》第26条、《电信和互联网用户个人信息保护规定》第9条等。

第一、第三、第四点前半部分意见风格上了无新意,技术上乏善可陈,方向上甚至有误,低于常识,缺乏评论价值。第四点后半部分看似是专业的维权建议,实际操作起来可行性都不强。事实上,个人数据的收集问题是个人数据这种现代企业甚至现代社会的战略性资源产生之后所产生的重大、根本社会问题。本质是谁有权力掌握这种类似原子能的、兼有潜在的巨大创造力与破坏力的战略资源的控制权以及如何从法律上定性大型互联网企业对此种战略资源实际占有的事实。枝节的修补和应对以及口号式的原则都缺乏价值,好听且赚取美誉而已,是口惠而实不至。所以,根本不是形式上假装做出系统立法的问题,而是实质上深刻破题和系统理解的问题。

芝麻信用不当收集个人信息,表面上是侵害消费者知情同意权的问题,表面上的应对方案是制定出台科学完备的知情—授权机制,实则不然。如果看到企业在个人数据的商业收集环节的巨大优势以及大数据本身的属性便可以认识到任何传统的知情—授权机制都根本无法应付大数据的收集和使用问题。不仅徒劳无益,甚至机制愈精巧就愈是南辕北辙:它会蜕变为好看的企业免责机制,而不是有用的用户保护机制。所以,解题的思路一定不是从知情—授权机制本身突破。当前业界的主流声音依然主张坚持完善用户知情权,是因为各类声音主体各有其不便言说又不言自明的私利考量。不宁唯是,针对个人信息的收集,一切软约束——包括2017年网信、工信、公安等部门针对部分指明网络产品的隐私条款进行的评审——都缺乏意义,因为其丝毫不能增加用户对抗占有信息、技术悬殊优势的运营者的任何实质筹码。

另值得一提的是，严格来说，此次工信部针对支付宝、芝麻信用的执法虽然合理且必要，但遗憾的是缺乏规范意义，没能形成一种默示的先例示范效应。这固然是由于缺乏明确的立法规则。在奉行成文法的规则的我国，判例和执法案例缺乏正式的拘束力。先例的经验只能借由立法去规定。另外，此次执法，虽面临社会影响力重大的执法对象和典型的违法事件，却未能留下堪称模板的执法程序和创造性的执法规则，以稳定舆论为目的的公关特色明显。令人遗憾的事倍功半的执法。很简单，如支付宝或者其他互联网企业就类似事项再有试探，国家网信办、工信部未必适宜及时花费资源反复约谈之；即使资源充分，也难言严肃，难言契合规则之治的精义。

本年度与芝麻信用案类似的是 2018 年 7 月工信部及地方通信管理局针对企业随意调取用户摄像头的执法行动。[1]

2. 上海、福州通信管理局——WiFi 万能钥匙和 WiFi 钥匙违规收集使用用户密码信息

2019 年 4 月 3 日工信部作出通报，已组织专业机构对“WiFi 万能钥匙”和“WiFi 钥匙”两款移动应用进行分析，发现二者能够共享用户所登录的 WiFi 网络密码，提醒用户谨慎使用这类“蹭网”移动应用。工信部要求上海市、福建省通信管理局开展调查工作，将在核查的基础上依据《网络安全法》等法律法规进行处理。[2] 9 月 4 日，工信部官网通报，上海市通信管理局针对“WiFi 万能钥匙”违规收集、使用用户 WiFi 密码等信息的行为，对相关企业作出责令整改并处罚金 25 万元的行政处罚；福建省通信管理局对“WiFi 钥匙”涉嫌入侵他人网络等行为约谈了“WiFi 钥匙”提供者的公司法人，督促、指导其进行了 3 轮整改。[3]

---

〔1〕 工信部网络安全管理局：《工业和信息化部网络安全管理局对多家涉及网络数据和用户个人信息安全突出情况的企业开展问询调查》，载工信部官网：http://www.miit.gov.cn/n1146290/n4388791/c6284372/content.html，最后访问日期：2019 年 3 月 27 日。

〔2〕 万静：《工信部调查“WiFi 万能钥匙”提醒 WiFi 使用者增强安全意识》，载《法制日报》，转引自新华网：http://www.xinhuanet.com/legal/2018-04/04/c_1122634978.htm，最后访问日期：2019 年 3 月 27 日。

〔3〕 工信部网络安全管理局：《2018 年第二季度网络安全威胁态势分析与工作综述》，载工信部官网：http://www.miit.gov.cn/n1146285/n1146352/n3054355/n3057724/n3057728/c6363487/content.html，最后访问日期：2018 年 3 月 27 日。

准确地说,“WiFi 万能钥匙”与“WiFi 钥匙”这两款功能近似的 APP 属于不同公司。前者归连尚网络旗下,“WiFi 钥匙”归属于何者暂未查到,因包括腾讯在内的数个大型互联网企业均推出或曾推出“XWiFi 万能钥匙”产品,如腾讯、奇虎360、小米等。下文以出处明确的 WiFi 万能钥匙为例。

WiFi 万能钥匙同样涉嫌不经用户同意,或不经完整程序的用户授权即取得用户个人数据(WiFi 密码)的问题。这一点,与芝麻信用不当收集个人数据类似。但两个案例的差异大于共性。依据现行中国法律以及业界对大数据的共识性认知,用户个人数据的收集是有合法空间的,即收集者遵循法定程序,履行告知—披露义务,而用户行使知情—同意权利。然而,业界针对 WiFi 万能钥匙的争论涉及更为根本的盈利模式层面,部分人士坚持认为其所设计 WiFi 共享机制本身就不具有也不可能具有合法性,其本质是披着共享外衣的“蹭网”行为。因此,仅仅是给消费者知情选择权无足轻重,不足以洗白其根源上的合法性瑕疵。〔1〕

后续的公开信息披露中并未见到“WiFi 万能钥匙”的具体整改信息。连尚网络官方网站上也未见此事项的具体披露。总结其“连尚动态”栏目下的若干宣传类文献,其应对工信部门执法的回应大约是:第一,解释澄清 APP 运行原理是共享而非破解。第二,表示将成立专门工作小组,优化产品流程。第三,声明 APP 一贯尊重用户隐私,并且已经配置了用户授权流程。第四,一方面致力于打击山寨 WiFi 钥匙,另一方面致力于提升自身的安全防护技术。〔2〕

“WiFi 万能钥匙”及其类似产品的运营模式本身的合法性仍在争论中。至

---

〔1〕 参见杜晓、潘从武:《蹭网类应用种类众多、背后有多少安全陷阱?》,载《法制日报》,转引自中国日报中文网官网:http://cnews.chinadaily.com.cn/2018-05/04/content_36138546.htm,最后访问日期:2019 年 3 月 27 日。同旨参见李政葳等:《还在“蹭”免费 WiFi? 这些安全风险告诉你真能吓一跳》,载光明网:http://politics.gmw.cn/2018-09/13/content_31147850.htm,最后访问日期:2018 年 9 月 13 日。转引自中国日报中文网官网:http://cnews.chinadaily.com.cn/2018-09/13/content_36907681.htm,最后访问日期:2019 年 3 月 27 日。同旨参见史洪举:《“共享”密码可靠吗? 别让“WiFi 钥匙”沦为泄密黑洞》,载法制网:http://appnews.legaldaily.com.cn/fz/fz/News/201804/04/27691.html? math=1522843576,最后访问日期:2019 年 3 月 27 日。同旨参见任笑元:《蹭网”类应用到底有多危险? 或“出卖”自己信息》,载《中国青年报》2018 年 4 月 4 日。载央视网:http://jingji.cctv.com/2018/04/04/ARTI4UDyEaAHSFxg6YRieo4s180404.shtml,最后访问日期:2019 年 3 月 27 日。

〔2〕 参见《WiFi 万能钥匙安全险三周年:已累计打击 1720 个山寨 App》;同旨参见《关于央视〈经济半小时〉栏目相关报道声明》,载连尚网络官网:https://www.wifi.com/news/index.html,最后访问日期:2019 年 3 月 27 日。

于是不是授予了用户知情同意权程序，是不是有能力依托大数据对热点的安全性进行识别，是不是为用户设置了索赔协助服务，是不是不用破解而仅仅是共享，这都是细枝末节问题。如果是，当然值得称赞，但以上均非问题的关键。问题的关键是，密码这种特殊的私密数据，其共享是否合理，其社会效益是否利大于弊。目前，尚无系统性研究做出公允公认的结论。不能完全忽略的现实弊端是，第一，有媒体测试发现，其不仅吸取自然人用户密码，对国家机关、金融机构的密码，同样能轻易获取。[1] 第二，其所获取的信息远不止密码，还包括 WiFi 后台数据信息。[2] 第三，轻易连接不知权属的免费 WiFi，有可能存在信息泄露的风险。因为可能存在黑客故意搭设 WiFi 连接，诱骗用户接入，并对获取的信息进行破解。不过，"WiFi 万能钥匙"利用大数据，对 WiFi 热点可以进行安全性识别，但这终究只是防御性的。第四，由于密码保护不存在，黑客可以轻而易举进入他人网络系统。[3] 第五，"WiFi 万能钥匙"APP 本身的系统也存在被破解和获取数据的可能，如(2016)沪 0105 刑初 1027 号刑事判决。

目前难以断言"WiFi 万能钥匙"的信息获取模式而不是信息收集程序本身存在不可克服的固有瑕疵。理由不是对大数据产业、共享经济与微观商业模式探索的鼓励，而是在于是否所有的个人数据个人均可以授权他人收集，并以任何不悍然违反明文禁则的方式使用；那些有理由被怀疑存在明确和较大危险性的信息共享与使用方式——如共享密码将导致密码一定程度上形同虚设，立法有没有必要直接禁止；法律应当如何评价类似共享密码这样高度的公共危险性和高度利益、便利空间并存的商业盈利模式；使用大数据技术手段识别危险热点、降低密码共享的危险性，是不是达到了控制风险和促进发展的平衡点——上述技术性问题目前并没有笃定的答案。

---

〔1〕 参见刘育英:《涉嫌窃取用户信息、中国工信部调查"WiFi 万能钥匙"》，载搜狐网:http://www.sohu.com/a/227223406_119038，最后访问日期:2019 年 3 月 27 日。

〔2〕 任笑元:《"蹭网"类应用到底有多危险？或"出卖"自己信息》，载《中国青年报》2018 年 4 月 4 日。转引自央视网:http://jingji.cctv.com/2018/04/04/ARTI4UDyEaAHSFxg6YRieo4s180404.shtml，最后访问日期:2019 年 3 月 27 日。

〔3〕 任笑元:《"蹭网"类应用到底有多危险？或"出卖"自己信息》，载《中国青年报》2018 年 4 月 4 日。转引自央视网:http://jingji.cctv.com/2018/04/04/ARTI4UDyEaAHSFxg6YRieo4s180404.shtml，最后访问日期:2019 年 3 月 27 日。

3. 江苏盐城公安局——某装饰公司与某小区物业主管买卖业主个人信息[1]

2018年8月,江苏省盐城市公安局在"净网清源"行动中发现某装饰工程公司为电话推销业务,涉嫌非法购买个人信息。经查,交易相对人是某小区主管某中层干部以及另一名专门从事个人信息获取和贩卖的自然人。经鉴定,涉案的装饰公司利用此方式共获利24257元。盐城公安局依据《网络安全法》,对非法获取公民个人信息从事广告推销活动的装饰公司作出罚款10万元的行政处罚。

依据公开披露,此次行政执法为全国范围内单位侵犯个人信息第一案。但是报道不详,评论鲜有,总结未见。类似执法事件似乎仅成为表彰执法单位、教育数据所有者的幕布墙。《法制日报》评论指出,其"进一步丰富了网络安全法的实践适用,树立了网络安全法的法律权威,弥补了该领域行政执法的空白,在公民个人信息保护方面起到积极的警示作用和教育意义"。[2] 事实上,既然此类单位侵犯个人信息第一案,是典型案例,理应总结规律,有针对地实施社会综合治理。全国范围内,单位非法获取公民信息第一案案于2018年8月才发生,恰恰说明此种综合治理未臻完善。

教育自然人注重个人数据的自我保护,缺乏意义。第一,自然人不需要教育,尤其是不需要抽象和居高临下的教育。用户是监管者的老师,而非相反。每个用户做出泄露个人数据来换取相应的利益,无不是基于其当时自身最高的理性决策水平。空洞教育的教化力根本无法对抗用户数十年形成的固有认知和行为偏好。教育用户与在烟盒上标注"吸烟有害健康"的黑色幽默有类似处。第二,针对自然人实施的教育缺乏意义。如果教育有意义,何用制度和执法?真正有用的教育是自然人从试错中实施的自我教育。损失越大,教训越惨痛,自我教育意义越大。真正有价值的治理不是给潜在受害人讲课而是针对潜在加害者的

---

[1] 参见丁国锋等:《全国首例单位非法获取公民信息案告破:10万条业主信息遭泄露》,载《法制日报》,转引自腾讯网:http://tech.qq.com/a/20180810/049935.htm,最后访问日期,2019年3月27日;邱冰清:《盐城警方侦破一非法获取公民个人信息案 10万余条个人信息被倒卖》,载新华网:http://www.xinhuanet.com/legal/2018-08/11/c_1123255166.htm,最后访问日期:2019年3月27日;顾灏等:《盐城查处全国首例单位非法获取公民信息案》,载《现代快报》,载人民网:http://js.people.com.cn/n2/2018/0808/c360300-31907732.html,最后访问日期:2019年3月27日。

[2] 胡建兵:《单位侵犯个人信息第一案凸显执法力度》,载《法制日报》,载人民网:http://opinion.people.com.cn/GB/n1/2018/0808/c1003-30216024.html,最后访问日期:2019年3月27日。

行为规制。应与潜在加害人,即各类需要个人数据集合、掌握个人数据集合的潜在主体进行竞恶,摸清其根本意图,掌握其规律性的行为,监控高度危险主体。

一些表面的思路是:

(1)当前个人数据私权侵害行为的刑法规制较为完善,行政法规制反而较少,这是执法措施倒置和执法资源倒挂。这一局面需要改变。数据显示,2018 年侵犯个人信息罪数量 452 例,而针对侵犯个人信息行为的行政执法案例则仅有 10 例左右。内中必有原因,或许是行政执法的公开途径不畅,致大量行政执法未算入统计口径——事实恐怕未必如此,否则不至于 2018 年 8 月才有单位侵害个人信息第一案;或许是内部奖励机制、考核机制,使执法者有动力刑事立案,行政执法则缺乏相应的激励;或许是权限分配不明,导致同类案件的刑事侦查必然由公安机关实施,但行政执法则是多头治理,财政支持与奖励政策分散。如此时再单一依靠某机关的技术,则其缺乏行政执法动机可想而知,应从内部调整权责划分、考核与激励机制。

(2)小区业主的个人数据信息在 2017 年的统计中就是高危被侵客体,仅次于各类企业客户信息的总和列第二位。毫无疑问,泄露源头是物业以及居委会,则可以考虑 VDE 治理思路也显而易见:第一,与其下大力气对用户实施数据安全教育,不如下大力气对物业管理人员实施警示教育,完善责任机制。第二,物业实施业主信息采集时,往往涉及大量敏感信息。可以考虑以立法方式禁止物业、居委会采集不必要的敏感信息。所采集者,只要足以支持其完成物业服务合同即可。第三,提高业主数据接触、查询密级由专人管理,专人负责。日常管理时,以类似顺丰快递对客户电话号码的处理手段,实施部分脱密,不影响其履行义务即可,而不是将含有业主信息的数据库、登记簿、统计册向全部工作人员,甚至快递人员、其他业主开放。第四,鼓励风险可控、危害度低的对抗性软件技术。如来电显示的身份标注技术。这样的技术会将极大压缩电话推销类企业的利润空间,从源头上阻遏个人信息的非法买卖。第五,跟踪研究非法盈利部门的“操作指南”或“培训手册”,以此弄清其非法盈利模式、潜在合作伙伴、高危受害人群、销毁证据方式等关键点,以利整治。

类似地,企业用户信息、病患信息、学生信息均是高危数据,现实中也普遍存在医院、学校过度收集病患、学生信息,而后者处于绝对弱势,根本无法拒绝的情况。例如,在一些不必要的环节由若干不必要的部门,甚至根本无权收集的主体强制性收集当事人家庭住址的具体门牌号码、父母或配偶的工作单位和电话号码等。这些领域应采取相应的治理措施。至于加强所谓用户教育,呼吁执法部门在资源有限、权责分配与考核机制既定的前提下加强执法力度,恐怕似是而非,一厢情愿。

4. 北京市公安局——知乎网络问答社区传播违法信息

2018 年 5 月,北京公安网安部门调查发现,“知乎”网络问答社区中以提出问题或自问自答等方式传播违法信息问题突出,涉及求购枪支、非法代开发票、网络招嫖、贩卖公民个人信息、制贩假证、兜售考试作弊工具等 7 类违法信息。公安机关依法对该网站予以行政处罚,责令其限期改正,全面清理违法信息。[1]

类似案例多有。例如,2018 年 3 月,北京公安网安部门调查发现,“360 搜索”中出现大量嵌入涉枪、招嫖信息内容的违法图片。公安机关依法对该网站予以行政处罚,责令其限期改正,全面清理违法信息。[2] 又如,2018 年 9 月,北京市市住建委、网信办针对 58 集团旗下 58 同城、赶集网、安居客等产品未能有效履行平台监管责任导致平台上长期大量存在出售“小产权房”、出租“群租房”等严重违法违规的房源信息和从事房地产经纪业务的“黑中介”内容,经督促整改效果不明显的情形,依法约谈 58 集团主要负责人,责令立即开展专项整治,整治期间(自 9 月 21 日 18 时至 9 月 25 日 18 时止)暂停其网站所有北京房源信息发布。[3]

此类案例的执法焦点问题是平台类网络运营商的信息审核义务。在现代社会,互联网的信息媒介作用催生了大量信息居间商主体,前述知乎问答社区、360 搜索引擎、58 同城、赶集网,均是典型。类似还有新浪微博、百度贴吧、微信公众号、新闻门户网站、视频网站、电商网站评论区等。毫无疑问,信息媒介平台上必然出现违法信息;同样毫无疑问,信息媒介平台必然承担一定的信息审核义务。

---

〔1〕 佚名:《公安机关对网络违法犯罪案件实行“一案双查”公安部公布 9 起打击整治网络乱象典型案例》,载公安部官方网:http://www.mps.gov.cn/n2254314/n2254487/c6291654/content.html,最后访问日期:2019 年 3 月 27 日。

〔2〕 陈璇、陈晓波:《晒“年度账单”却掉坑里,用户权益难逃“潜规则”?》,新华社杭州 2018 年 1 月 4 日电。转引自中华网:http://news.china.com/domesticgd/10000159/20180105/31918210.html,最后访问日期:2019 年 3 月 27 日。

〔3〕 王萍:《安居客被令暂停发布京房信息、另有 21 家房产中介被查处》,载《北京晨报》,转引自搜狐网:https://house.focus.cn/zixun/7f0a6a8521b842e8.html,最后访问日期,2019 年 3 月 27 日。

问题的核心在于承担何种内容和程度的义务。对此,立法者和执法者应当给予明确提示。

一方面,居间商显然不得以“技术中立”,[1]或者仅为“居间人”而不是非法信息的发布者、交易关系的参与者而免责。这些均是离题的辩解。技术固然中立,问题是执法者所处罚的从来都是行为,不是技术本身。另一方面,要求居间商确保平台戒绝不法信息,无疑不现实。可行要求是区分平台类型、技术手段、信息体量、传播范围等,明确配置不同程度和内容的审核义务。做责任认定时,不仅要考虑违法信息是否大量存在,更应考虑公司所付出的审核成本、现有的行业平均技术水平、公司有无主动庇护非法信息行为、之前是否受到行政处罚等。

事实上,(2015)海刑初字第512号(快播案)仍有启示意义。人民法院认定其罪绝非因为快播平台涉黄,而是平台拒不履行安全管理义务,甚至主动采取逃避检查的技术措施。包括(1)公司明知存在大量淫秽视频。(2)公司在技术上可以轻易、低成本审查、判断、批量清除缓存服务器内的淫秽视频,包括视频关键帧提取、淫秽视频图像识别、关键词、二级域名屏蔽等行业通行的措施。但公司几乎没有任何举措。公司法定代表人在第一次庭审中曾反复强调公司没有审查义务。(3)公司曾因淫秽视频问题前后受到两次行政处罚,但并未实质整改。公司设立的信息安全工作组是专门应付检查用,检查后则名存实亡。(4)公司以碎片化储存方式规避盗版、淫秽视频被监管的风险。

可见,关键不是非法信息的存在,而是公司是否采取了行业通行的、合理的,至少是最低限度的技术审查措施。这有赖于大量行政执法建立规则。遗憾的是,执法机关对知乎社区、360搜索、58同城网站的执法,仅见只言片语,不见完整文本,更不见义务规则的厘定创设。如此一来,此类执法仅具个案价值,一次性、临时性、运动式执法特征凸显,而规则建构意义、先例示范意义几乎阙如。整体观察,当前网络安全行政执法确有实质发展,执法主体通常能针对社会反响较

---

[1] “技术中立”辩词最知名的应用可能是吴铭等制作、复制、出版、贩卖、传播淫秽物品牟利罪一审刑事判决书中,被告发表的辩护意见。“快播技术不是专门发布淫秽视频的工具,而是提供缓存服务以提高网络传输效率,为用户提供P2P视频点播技术服务;基于技术中立原则,对快播公司的行为应适用避风港原则,快播公司不应为网络用户传播淫秽物品承担刑事责任”。(2015)海刑初字第512号。

大的事件给出断然措施。但苛责而言,行政执法似乎未能展示其应有的规范性、专业性、严肃性品位,而呈现出非正式性执法、调解式处理、公关式应对、柔性策略、桌下私下交易、迂回和太极式结案的显著特色。大量的约谈和整改的运用是一例。对行政执法文书的完整内容不予披露,尤其是针对被执法行为是否符合行政违法行为的制度构成的说理予以坚决省略,又是一例。2018 年 1 月南京中级人民法院予以立案的江苏诉百度涉嫌侵害个人信息案的调解结案,又是一例。

(三)专项行动概览〔1〕

1. 2018 年 8 月 ~2018 年 12 月全国信息安全标准化技术委员会隐私条款专项工作〔2〕

2018 年 8 月 27 日,全国信息安全标准化技术委员会秘书处组织召开"2018 年隐私条款专项工作启动暨专家组成立会",正式启动了 2018 年隐私条款专项工作。

2018 年 9 月 5 日,全国信息安全标准化技术委员会秘书处在北京组织召开了"2018 年隐私条款专项工作企业启动会"。来自此次隐私条款专项工作参与实施单位的 40 余位企业代表参加了会议。会议指出,2018 年隐私条款专项工作旨在落实《网络安全法》等法律法规中关于个人信息保护的要求,贯彻实施国家标准《信息安全技术个人信息安全规范》(GB/T 35273—2017)是在总结 2017 年隐私条款专项工作的基础上组织开展的,以提升网络运营者个人信息保护水平为目的的活动。

2018 年 12 月 5 ~6 日,全国信息安全标准化技术委员会秘书处在北京组织召开了 2018 年隐私条款专项工作的专家集中评审会。会议上专家依托隐私条

---

〔1〕 本部分的事件选取,参见陈际红、吴佳蔚、薛泽涵:《致敬数据合规元年:2018〈网络安全法〉执法案件大盘点》,载中伦律师事务所官网:http://www.zhonglun.com/Content/2019/01-15/1053489268.html,最后访问日期,2019 年 3 月 27 日。

〔2〕 参见佚名:《"2018 年隐私条款专项工作启动暨专家组成立会"在京召开》,载全国信安标委官网:https://www.tc260.org.cn/front/postDetail.html?id=20180831211706,最后访问日期:2019 年 3 月 27 日;佚名:《"2018 年隐私条款专项工作企业启动会"在京召开》,载全国信安标委官网:https://www.tc260.org.cn/front/postDetail.html?id=20180831211706,最后访问日期:2019 年 3 月 27 日;佚名:《2018 年隐私条款专项工作专家评审会议召开》,载全国信安标委官网:https://www.tc260.org.cn/front/postDetail.html?id=20180831211706,最后访问日期:2019 年 3 月 27 日。

款专项评审工具对 40 款网络产品和服务的隐私条款进行了评审，其中涉及“2017 年隐私条款专项工作”中的微信、新浪微博、淘宝、京东商城、支付宝、高德地图、百度地图、滴滴、航旅纵横、携程网 10 款产品，以及“2018 年隐私条款专项工作”中出行旅游、生活服务、影视娱乐、工具资讯和网络支付 5 大类 30 款产品。2018 年隐私条款专项工作较上年相比，在评审对象、评审方式、评审要点等方面均有许多变化。本次评审对象数量明显增多，首次采用工具按产品类别进行评审，专家评审从面对面转变为背靠背，评审要点也更加细化完善。

2. 2018 年 8 月 13 日工信部电信和互联网行业网络安全检查工作

2018 年 8 月 13 日，工信部向地方通信管理局及相关企事业单位下发《关于开展 2018 年电信和互联网行业网络安全检查工作的通知》，要求地方部门及企事业单位配合调查，通过定级备案、自查整改、开展抽查等方式重点关注依法获得电信主管部门许可的基础电信企业、互联网企业、域名注册管理和服务机构等网络运行单位建设与运营的网络和系统在落实《网络安全法》等相关规定及可能存在的网络安全风险隐患等情形，并于 10 月 31 日前向工信部网络安全管理局上报检查工作总结报告。目前，各地方部门已按要求进行区域自查并汇总，有待工信部网络安全管理局正式推出整体总结报告。[1]

3. 2018 年全年全国扫黄打非办等“净网 2018”“护苗 2018”专项行动[2]

“净网 2018”专项行动专项整治问题多发的五个领域：一是严厉打击利用云盘、APP 应用商店传播有害信息活动。二是查处违法违规网络直播平台。三是规范整治违法违规网络游戏。四是大力整顿非法网络群组。五是深入清理非法弹窗广告。

“护苗 2018”专项行动专项整治两个领域：一是集中清查校园周边出版物及文化用品经营等场所。二是及时发现清理网上涉少儿非法有害出版物及信息，重点清查存在问题较多的网络游戏、网络直播、短视频、教育类 APP 等领域，确保网站、互联网应用软件等不传播防害未成年人健康成长的内容。

---

〔1〕 本段全文摘引自陈际红、吴佳蔚、薛泽涵：《致敬数据合规元年：2018〈网络安全法〉执法案件大盘点》，载中伦律师事务所官网：http://www.zhonglun.com/Content/2019/01-15/1053489268.html，最后访问日期：2019 年 3 月 27 日。

〔2〕 佚名：《全国“扫黄打非”办推进开展“净网 2018”等三大专项行动》，载国家网信办官网：http://www.cac.gov.cn/2018-04/09/c_1122655214.htm，最后访问日期：2019 年 3 月 27 日。

专题建议篇

网络安全产业的保障与促进制度研究

周学峰* 吕 游** 陈祖晖***

一、绪论

(一)研究背景

在当今社会,网络空间被认为继陆海空天之外的第五领域,网络空间安全是国家安全的重要组成部分,这已成为国际共识。习总书记早在2014年就提出"没有网络安全就没有国家安全"的著名论断,2015年颁布的《国家安全法》正式将网络安全列为国家安全的组成部分。从国外的情况来看,美国、英国、德国、俄罗斯等国均将网络安全纳入国家安全战略中去统一筹划,有的国家甚至将网络安全威胁看作与恐怖主义威胁、重大自然灾害、军事威胁相同程度的一级威胁[1],足以显示网络安全与国家安全之间的关系。因此,可以说,一个国家的网络安全水平关系着该国的国家安全水平。

---

* 周学峰,北京航空航天大学法学院教授。

** 吕游,北京航空航天大学法学院硕士研究生。

*** 陈祖晖,北京航空航天大学法学院硕士研究生。

〔1〕 参见华屹智库:《英国国家网络安全战略发展及实施情况》,载《网信军民融合》2018年第8期。

信息化是实现国家现代化的重要途径,而网络安全与信息化是一体两翼的关系,是推动信息进程的重要保障手段。目前,包括我国在内的世界上许多国家都在致力于发展数字经济,美国、英国、欧盟等国家和地区发布的关于建设数字经济或数字社会的国家战略中均将网络安全作为其中重要的一部分[1],这是因为,只有网络安全能够得到保障,企业和消费者才有意愿、有信心参与到数字经济中,才能保障数字经济的长期健康地发展。

网络安全是一项系统工程,网络安全产业是其中的关键环节。无论网络安全硬件的制造、软件的开发、系统的维护、安全服务的提供、应急事件的处理、安全信息的共享、安全技术的研发与应用,都离不开网络安全产业。因此,一个国家的网络安全产业的发展水平对该国网络安全水平有着极其重要的影响。正因如此,世界有许多国家都出台了促进网络安全产业发展的法律或政策。

2016 年我国立法机关颁布了《网络安全法》,不仅为网络运营者规定了严格的网络安全保护义务,并且设有专门一章规定"网络安全支持与促进",充分体现了立法机关对于网络安全产业的重视,特别是该法第 16 条明确规定:"国务院和省、自治区、直辖市人民政府应当统筹规划,加大投入,扶持重点网络安全技术产业和项目,支持网络安全技术的研究开发和应用,推广安全可信的网络产品和服务,保护网络技术知识产权,支持企业、研究机构和高等学校等参与国家网络安全技术创新项目。"因此,扶持网络安全产业的发展是国务院和地方政府的一项法定职责,但是,对于该职责应当如何落实,尚有待行政法规、地方性法规和规章等配套立法去规定。在现有的法律环境下,制定一部行业促进法,绝非易事,其需要处理好产业政策、财政政策、公平竞争政策、对外贸易政策和国家安全政策之间的协调关系。因此,从法律保障的角度来探讨网络安全产业发展的问题是非常有意义的。

(二)本课题研究的主要问题

本项研究课题所要解决的中心问题是如何通过法律的手段来保障和促进网

---

〔1〕 参见 2018 年 9 月美国白宫发布《美国国家网络空间战略》(National Cyber Strategy of USA);英国政府于 2017 年 3 月 1 日发布的《英国数字化战略》(UK Digital Strategy);欧盟于 2018 年发布的关于"数字欧洲项目"(Digital Europe programme)的建议。

络安全产业的发展,从而完善我国的网络安全保障体系,提高全社会的网络安全保护能力。从该中心问题出发,需要解决的关键问题是找准法律介入网络安全产业的入口,并选择恰当的介入方式和途径。围绕着上述问题,我们需要重点研究以下具体问题:网络安全产业的内涵和外延;网络安全产业政策与法律制度之间的关系;法律介入网络安全产业的正当性;法律保障和促进网络安全产业发展的形式与途径;我国现行网络安全产业发展的政策法律制度存在的问题;如何通过立法进一步完善我国网络安全产业法律制度。

(三)已有研究文献综述

第一,关于网络安全产业的表述,在已有研究文献中表达不一。有的使用“信息安全产业”[1];有的使用“网络和信息安全产业”[2];有的使用“网络安全产业”[3];有的使用“网络空间安全产业”[4]。另外,需要注意的是,在有些研究文献中,对于“网络安全”和“网络空间安全”进行了不加区分的使用[5],而在另外一些著作中则对“网络”与“网络空间”进行了区分。而对于网络安全产业的类型和外延划分,现有研究文献也看法不一。[6] 因此,在本课题组看来,我们需要对“网络安全产业”的内涵和外延进行界定,并且,需要澄清信息安全、网络安全、网络空间安全等概念之间的区别与联系,辨析网络安全法意义上的网络安全与网络安全行业意义上的网络安全以及网络安全行业政策法律制度意义上的网络安全。

第二,关于通过政策法律的方式来保障和促进网络安全产业的发展的正当性,现有研究文献多是通过强调网络安全的重要以及我国网络安全产业尚处于

[1] 陈宝国、李为:《信息安全产业与信息安全经济分析》,载《中国安全科学学报》2004 年第 12 期。

[2] 中国信息通信研究院:《网络和信息安全产业白皮书(2015 年)》。

[3] 中国信息通信研究院:《网络安全产业白皮书(2017)》。

[4] 安达、梁智昊等:《网络空间安全产业发展研究》,载《中国工程科学》2016 年第 4 期。

[5] 例如,国家计算机网络应急技术处理协调中心:《2017 年中国互联网网络安全报告》,人民邮电出版社 2018 年版,前言:网络空间安全(以下简称网络安全)。

[6] 参见陈小洪、陈金桥等编:《中国互联网安全产业发展研究》,电子工业出版社 2015 年版;360 法律研究院编:《中国网络安全法治绿皮书(2018)》,法律出版社 2018 年版;中国信息通信研究院:《网络和信息安全产业白皮书(2015 年)》《网络安全产业白皮书(2017)》《网络安全产业白皮书(2018)》。

成长期为由，主张国家通过积极的政策法律的方式来扶持网络安全产业的发展。[1] 其欠缺的是，并没有从理论上，产业政策理论，或市场经济理论的角度，充分论证政府或立法者对网络安全行业或市场进行干预的正当性。尤其是在当前国内经济学界对于产业政策的运用存在重大争议的背景下，深入讨论这一问题具有较强的现实意义和理论价值。

第三，关于如何通过政策法律的手段来保障和促进网络安全产业，现有的研究文献较多地注重以下途径：制订国家网络安全战略与网络安全产业规划；制定网络安全产业促进的政策或法律；制定与网络安全相关的标准；制定税收激励措施；完善政府采购制度；出台鼓励网络安全技术自主创新的政策与法律；制定网络安全审查制度；制定外国投资国家安全审查制度；明确网络安全产品与技术进出口规则；制定便于网络安全企业融资的政策与促进风险投资的制度；加强网络安全教育与人才培养，等等。[2] 本课题将在前述研究文献的基础上开展相关研究，并区分政策与法律，处理好两者之间的关系。

第四，关于网络安全产业法律制度的比较研究，现有的研究文献对于美国的相关政策与法律论述得比较详细，另外，也有许多研究文献对俄罗斯、日本、欧盟、以色列等国家和地区的网络安全战略与网络安全产业政策有所介绍，但是，往往未明确区分政策与法律，以至于网络安全战略和网络安全产业发展现状论述较多，而对于与网络安全产业直接相关的具体的法律规则描述得较少。[3] 总得来看，目前这方面的研究仍是粗线条的，有待强化对相关制度细节的描述。

第五，关于产业政策的作用或效果，以及政府与市场之间的关系，在经济学界存在许多争议。[4] 从法学的角度来研究产业政策，学术界关注的是产业政策

---

〔1〕 参见陈小洪、陈金桥等编：《中国互联网安全产业发展研究》，电子工业出版社 2015 年版；360 法律研究院编：《中国网络安全法治绿皮书（2018）》，法律出版社 2018 年版；中国信息通信研究院：《网络和信息安全产业白皮书（2015 年）》《网络安全产业白皮书（2017）》《网络安全产业白皮书（2018）》。

〔2〕 参见陈小洪、陈金桥等编：《中国互联网安全产业发展研究》，电子工业出版社 2015 年版；360 法律研究院编：《中国网络安全法治绿皮书（2018）》，法律出版社 2018 年版；中国信息通信研究院：《网络和信息安全产业白皮书（2015 年）》《网络安全产业白皮书（2017）》《网络安全产业白皮书（2018）》。

〔3〕 参见刘权、王闯、蒋丽：《国内外网络安全产业比较研究》，载《产业经济》2015 年第 4 期；刘金瑞：《欧盟网络安全立法最新进展及其意》，载《汕头大学学报》（人文社会科学版）2017 年第 1 期；陈小洪、陈金桥等编：《中国互联网安全产业发展研究》，电子工业出版社 2015 年版；360 法律研究院编：《中国网络安全法治绿皮书（2018）》，法律出版社 2018 年版。

〔4〕 参见张维迎、林毅夫：《政府的边界》，民主与建设出版社 2017 年版。

与财政政策、竞争政策的关系,有些研究文献试图从理论上进行描述[1],本项课题将在此基础之上继续深化相关研究。

二、相关概念的界定

(一)网络安全

论述网络安全产业,有必要首先明确"网络安全"的含义。"网络安全"一词作为正式的官方用语,首见于2014年2月成立的"中央网络安全和信息化领导小组"。其作为正式的法律用语,系经由2016年全国人大常委会颁布的《网络安全法》而得以确认。然而,"网络安全"一词的含义仍存在许多模糊之处,从而产生了许多争议与分歧。例如,从《网络安全法》第76条第2项关于"网络安全"的界定来看,其含义更类似于英文中的"Network Security"而非"Cybersecurity"或"Cyberspace Security",然而,如果从《网络安全法》实际调整的内容来看,其更接近于网络空间安全(Cybersecurity),而非狭义的网络安全(Network Security)。[2] 中央网络安全和信息化委员会办公室的中文名称中使用了"网络安全"这一词语,但是,其英文名称中却使用的是"Cyberspace Affairs"。[3] 如何辨别网络安全与信息安全、网络空间安全之间的关系,时常令人心生困惑。

在笔者看来,无论是"网络安全"还是"网络安全产业",都不是凭空产生的概念,在这两个概念产生之前,已存在许多相关的概念表述。如果我们抛开概念的形式表达,从其实质意义来看,我们会发现网络安全产业实际上已早于这一概念而存在。我们可以结合网络安全产业的发展历史,通过考察与网络安全相关的概念表述在历史上的变化,来准确地把握"网络安全"一词在当下的含义。从历史的角度看,我国的网络安全观念和相关法律制度的发展历经了以下几个历史阶段。

---

[1] 姚海放:《论政府补贴法治:产业政策法、财政法和竞争法的协同治理》,载《政治与法律》2017年第12期。

[2] 参见寿步:《网络安全法基本概念若干问题》,载《网络信息法学研究》2018年第1期。

[3] 参见中央网络安全和信息化委员会办公室官方网站:http://www.cac.gov.cn,该机构的英文名称被译为"Office of Central Cyberspace Affairs Commission"。

1. 信息安全的概念阶段(1987～1994年)

1986年,我国政府已经意识到了世界信息技术革命的到来与挑战,国务院批准建设国家经济信息系统并组建国家经济信息中心;1987年1月24日,国家经济信息中心正式成立;1988年1月22日,邓小平同志亲笔题名“国家信息中心”。[1] 国家经济信息中心成立之初,便设立了信息安全处,这是我们国家第一个信息安全机构。[2] 其定位于“信息安全”,主要是保护存储在计算机等信息系统中的信息的安全。当时我国尚未国际互联网建成,因此,所谓的信息安全主要是指计算机单机或局域网背景下的安全问题。

2. 计算机信息系统安全的概念阶段(1994～1999年)

1994年中国正式接入国际互联网,通过网络对计算机信息系统进行入侵和破坏成为可能,为此,在同一年国务院颁布了《计算机信息系统安全保护条例》。此后,国务院和公安部以该条例为基础制定了一系列关于信息系统安全方面的法规和规章。

3. 互联网安全与信息安全的概念阶段(2000～2014年)

2000年前后,蠕虫病毒、木马、黑客攻击等相继出现,为了保障互联网的运行安全和信息安全,全国人民代表大会常务委员会于2000年颁布了《关于维护互联网安全的决定》,“互联网安全”的概念正式进入国家立法。2007年公安部颁布《信息安全等级保护管理办法》,2009年工信部发布《通信网络安全防护管理办法》《互联网网络安全信息通报实施办法》《木马和僵尸网络监测与处置机制》,在这一阶段,互联网安全与信息安全成为经常使用的概念,以至于全国人大常委会于2012年颁布《关于加强网络信息保护的决定》时使用了“网络信息安全”的概念。[3]

4. 网络安全的概念阶段(2014～2016年)

2013年发生的斯诺登事件令世界各国震惊,也使得我国政府前所未有地重

[1] 参见国家信息中心网站:http://www.sic.gov.cn/Column/94/0.htm,最后访问日期:2019年3月10日。

[2] 刘权、李建武:《三十载话中国网络安全》,载《互联网经济》2015年第8期。

[3] 《全国人大常委会关于加强网络信息保护的决定》:“为了保护网络信息安全,保障公民、法人和其他组织的合法权益,维护国家安全和社会公共利益,特作如下决定。”

视网络安全,并从国家安全的角度来看待网络安全。[1] 2014 年“中央网络安全和信息化领导小组”正式成立,网络安全这一概念开始正式进入各种官方的政策文本并被广泛传播,其在 2016 年全国人大常委会制定的《网络安全法》中得到了强化和立法确认。随着《网络安全法》的颁布和实施,原有的《信息安全等级保护管理办法》即将被《网络安全等级保护条例》所取代,也标志着“信息安全”概念向“网络安全”概念的转化。[2]

5. 网络安全与网络空间安全交替使用的概念阶段(2016 年至今)

2016 年,即《网络安全法》颁布的同一年,国家网信办发布《国家网络空间安全战略》,并于次年发布了《网络空间国际合作战略》,这两项战略都使用了“网络空间”的概念表述。从当前的实践来看“网络安全”与“网络空间安全”经常被交替使用。

以上是对概念表述变化的大致梳理,其各阶段之间的划分并非黑白分明的,而是有可能存在多个概念的并用或混用,但仍可发现概念变化的大致过程,我们可以将其概括:从单机或局域网意义上的信息安全到联网意义上的计算机信息系统安全,再到外延更为宽广的互联网安全,然后以互联网安全与信息安全为基础提出网络安全的概念,最后又扩展至网络空间安全,我们可以发现这些概念一方面是在随着信息技术的发展和应用场景的变化而在不断变化,另一方面其总体上呈现出概念外延不断扩展的趋势。就网络安全目前的含义而言,不仅已经涵盖了信息安全的概念,而且有向网络空间安全的方向进行泛化的趋势,其不仅包括网络系统的运行安全、网络数据的安全,也包括网络信息内容的安全。

(二)网络安全产业

网络安全产业是一个年轻的行业,对其内涵和外延的理解存在多种观点。第一种观点认为,网络安全产业是指与互联网安全有关的设备制造、运营服务、专业安全产品制造和服务企业群体组成的产业,其包括 ICT 企业和安全企业,分别包括硬件、软件和服务三大类,就安全企业而言,安全硬件包括防火墙/VPN、

[1] 全国人大常委会在 2015 年 7 月颁布的《国家安全法》第 25 条提到:“国家建设网络与信息安全保障体系。”

[2] 参见 2018 年 6 月 27 日公安部发布的《网络安全等级保护条例(征求意见稿)》。

入侵检测、入侵防御、统一威胁管理、安全内容管理、VPN 硬件等;安全软件包括安全内容与威胁管理软件、安全性与漏洞管理软件、身份管理与访问控制软件、终端安全管理、安全管理平台、网络内容与行为审计;安全服务包括安全咨询服务、安全托管服务、安全审计服务、安全运维管理服务、安全培训服务。[1]

第二种观点认为,网络安全产业指为保障网络安全提供技术、产品和服务的相关行业总称,其包括五部分:一是基础安全产业,主要包括安全操作系统、安全数据库和安全芯片;二是 IT 安全产业,主要涵盖防火墙、VPN 等硬件产品、安全威胁管理软件、防火墙软件等网络安全软件产品,以及培训、咨询等网络安全服务;三是业务连续性和灾难备份行业,主要包括数据中心服务和灾难备份服务等;四是电子认证服务业;五是其他网络安全内容。[2]

第三种观点认为,网络安全产业可分为网络安全产品和网络安全服务两大类。其中,网络安全产品包括安全防护、安全管理、安全合规和其他安全产品四种类别;网络安全服务包括安全集成类、安全运维类、安全评估类、安全咨询类四种类别;上述网络安全产品和服务可以服务于网络安全防御的四个阶段,即预测、基础防护、响应和恢复。[3]

第四种观点认为,在对网络安全产业进行界定时,可以借鉴国家统计局制定的《国民经济行业分类》中的行业分类标准,将网络安全产业界定为:为了保障网络空间安全,以向机构、个人等提供网络安全产品和服务为主要内容的新兴产业。[4]

从以上的介绍中我们可以看出,第一种观点和第二种观点是从广义的网络安全的含义出发来界定网络安全产业的,但是,他们都区分了狭义的网络安全企业(或 IT 安全产业)与其他企业。第三种观点和第四种观点对网络安全产业的界定则采取了相对较窄的视角,第四种观点的特别之处在于其强调了网络安全产业的服务对象不仅包括企业、政府等机构用户,还包括个人消费者。[5] 在本

---

〔1〕 陈小洪、陈金桥、王育民主编:《中国互联网安全产业发展研究》,电子工业出版社 2015 年版,第 16 页、第 69 页。

〔2〕 中国电子信息产业发展研究院编著:《2014 ~2015 年中国网络安全发展蓝皮书》,人民出版社 2015 年版,第 53 页、第 54 页。

〔3〕 参见中国信息通信研究院:《网络安全产业白皮书(2017)》,第 1 ~4 页。

〔4〕 360 法律研究院编写:《中国网络安全法治绿皮书》(2018),法律出版社 2018 年版,第 173 页。

〔5〕 360 法律研究院编写:《中国网络安全法治绿皮书》(2018),法律出版社 2018 年版,第 173 页。

文看来,广义的网络安全产业几乎涵盖了整个ICT产业,从而无法突出网络安全产业的特殊性,亦无法揭示该产业所存在的问题,因此,本文在确定研究对象时,系从狭义出发,将其界定为提供网络安全产品和服务的企业,并重点关注以提供网络安全产品和服务为主业的企业。

(三)法律保障机制

网络安全产业的法律保障机制,亦从广义和狭义两个角度来理解。广义的网络安全产业的法律保障机制,是指由所有与保障、促进网络安全产业发展相关的法律规范所组成的法律系统,其所包括的具体法律规范可散见于各个部门法和单行法之中,如《网络安全法》《刑法》《科学技术进步法》《促进科技成果转化法》《政府采购法》《企业所得税法》《中小企业促进法》《民法总则》《教育法》等。狭义的网络安全产业的法律保障机制,是指由立法机关制定的专门用于调整网络安全产业的法律、法规或规章,这方面最典型的立法当属韩国的《促进信息安全产业法》。本文主要是从广义的角度来探讨网络安全产业的法律保障机制的,主要包括网络安全技术标准、网络安全审查制度、网络安全技术转化机制等。

1. 网络安全技术标准

随着网络时代的发展,网络安全技术标准作为网络安全产业发展所遵守的准则,它的作用在网络战略竞争中越来越重要,也越来越能体现一个国家的网络安全产业发展水平。要明确网络安全技术标准的含义,首先应当界定标准的概念。所谓标准,通常是指在一定范围内,为达到合理状态、活动时所共同遵循的规则、准则或模式,[1]标准文本多以规范、协议、指南以及机制等形式呈现。技术标准可以通过规范市场、加强竞争、降低交易成本、促进规模经济来促进产业

---

[1] GB/T 20000.1—2002《标准化工作指南 第1部分:标准化和相关活动的通用词汇》中对标准的定义是:为了在一定范围内获得最佳秩序,经协商一致制定并由公认机构批准,共同使用的和重复使用的一种规范性文件。国家标准GB/T 3935.1—83定义:"标准是对重复性事物和概念所做的统一规定,它以科学、技术和实践经验的综合为基础,经过有关方面协商一致,由主管机构批准,以特定的形式发布,作为共同遵守的准则和依据"。国家标准GB/T 3935.1—1996《标准化和有关领域的通用术语 第一部分:基本术语》中对标准的定义是:为在一定范围内获得最佳秩序,对活动或其结果规定共同的和重复使用的规则、导则或特性的文件。该文件经协商一致制定并经一个公认机构的批准。它以科学、技术和实践经验的综合成果为基础,以促进最佳社会效益为目的。

的发展,进而影响产业的竞争力。[1] 技术标准的发展与科技进步密不可分,它通过提高工业生产效率、引导行业标准以获得先发优势、赢得知识产权等途径直接促进经济增长。[2]

网络安全技术标准涉及网络系统安全专用产品,涉及设施安全、运行安全和信息安全三个方面,网络安全标准化体系是一个包括标准体系研究、标准文本制订和技术验证、标准的产业化应用等环节及其相关组织运作和程序的整体,必须是研发者、建设者、运营管理者面向产业和市场在国家的主导下共同参与,才能开发出我国有自主知识产权的网络安全标准。[3] 网络安全技术标准对网络安全产业的发展而言有以下作用:(1)保证网络空间安全;(2)为网络空间安全的设计者提供一个系统的技术方法和技术要求,以及应考虑到的技术性的各个方面;(3)指导安全产品和系统的采购;(4)提供网络空间安全系统工程建设的技术依据;(5)作为网络安全产品研究开发的方向和依据;(6)作为安全产品和网络空间安全系统的测试、评估和认证的依据;(7)网络安全领域互通、互连、互操作的依据。[4]

2. 网络安全技术转化机制

我国目前没有直接关于网络安全技术转化机制的法律法规,但我国早在1996年就颁布了《促进科技成果转化法》,并于2015年进行了修订。科技成果转化可以看作是技术创新最为重要的环节,是新技术、新发明最终实现市场价值的“惊险一跳”,是科技进步支撑经济发展的关键所在。[5] 网络安全技术研发成果转化是一个复杂过程,当前我国技术研发成果转化效率不容乐观,网络安全技术的研发本身就是一个高风险、高投资以及高时间成本的研究过程,如果再加上效率低下的研发技术成果转化,那么网络安全产业的发展水平就更难以提升。

[1] 参见龚艳萍、周亚杰:《技术标准对产业国际竞争力的影响——基于中国电子信息产业的实证分析》,载《国际经贸探索》2008年第4期。

[2] 参见赵景柱、罗祺姗、段光明、邓红兵、汤万金:《论技术标准的作用及其对综合国力的贡献》,载《中国标准化》2004年第12期。

[3] 参见陈力:《论网络安全技术标准与法律规范的耦合机制之构建》,载《福建公安高等专科学校学报》2006年第3期。

[4] 参见吴世忠、陈晓桦、张帆编著:《网络安全标准语认证》,贵州科技出版社2004年版,第32页。

[5] 蔡跃洲:《科技成果转化的内涵边界与统计测度》,载《科学学研究》2015年第1期。

因此,国家应当重视网络安全技术成果转化,采取一系列措施来解决当前技术成果转化效率低下的问题。

3. 网络安全审查制度

网络安全审查制度是提高网络安全产业发展水平的重要制度保障,对保证网络安全产品和服务安全可靠发挥着不可或缺的作用。网络安全审查,是指对关系国家安全和社会稳定信息系统中使用的信息技术产品与服务及其提供者的安全性、可控性与可信性进行评估、监测分析、持续监督。[1] 当网络产品或服务存在安全漏洞时,则可能会被人恶意利用,实施破坏网络秩序影响网络安全的活动,这将严重影响社会稳定和国家安全。《网络安全法》第35条规定:"关键信息基础设施的运营者采购网络产品和服务,可能影响国家安全的,应当通过国家网信部门会同国务院有关部门组织的国家安全审查。"[2]这在我们国家以法律的形式正式确定了网络安全审查制度,在2017年5月,国家网信办出台了《网络产品和服务安全审查办法(试行)》,对网络安全审查制度作出了进一步规定。

从《网络产品和服务安全审查办法(试行)》中可知网络安全审查的对象是关系国家安全的网络和信息系统采购的重要网络产品和服务[3];网络安全审查的内容是重点审查网络产品和服务的安全性、可控性,主要包括:(1)产品和服务自身的安全风险,以及被非法控制、干扰和中断运行的风险;(2)产品及关键部件生产、测试、交付、技术支持过程中的供应链安全风险;(3)产品和服务提供者利用提供产品和服务的便利条件非法收集、存储、处理、使用用户相关信息的风险;(4)产品和服务提供者利用用户对产品和服务的依赖,损害网络安全和用户利益的风险;(5)其他可能危害国家安全的风险[4]。网络安全审查制度的主体及主要职责,首先网络安全审查委员会作为领导机构,负责审议网络安全审查的重要政策,统一组织网络安全审查工作,协调相关重要问题,其次网络安全审查办公室作为实施机构,负责组织具体的网络安全审查工作,再次重要的行业机

---

[1] 陈晓桦、何德全、王海龙、尚燕敏、徐克付:《网络安全审查制度研究及建议》,载《中国工程科学》2016年第6期。

[2] 《中华人民共和国网络安全法》第35条之规定。

[3] 参见国家网信办2017年5月发布的《网络产品和服务安全审查办法(试行)》第2条规定。

[4] 参见国家网信办2017年5月发布的《网络产品和服务安全审查办法(试行)》第5条、第7条、第8条、第9条、第10条规定。

构组织开展实施本行业内的网络安全审查工作,最后第三方机构,承担网络安全审查中的第三方评价工作。[1]

三、我国网络安全产业发展的历史、现状与问题

(一)我国网络安全产业发展的历史概述

我国的网络安全产业是随着信息技术的发展和应用而逐渐发展起来的,而且其与我国在网络安全领域的法律政策的变迁和观念的变化有着密切的关联。

1. 萌芽时期(1987~1993年)

中国发现的第1例计算机病毒——“小球”病毒,系1986年从境外通过软盘形式传入。1986年,公安部成立了计算机病毒研究小组,并于1989年推出我国第1款防病毒软件KILL。1993年6月,公安部将KILL的所有有形和无形资产、开发人员移交公安部所属的中国金辰安全技术实业公司,开始商品化销售KILL软件,中国金辰安全技术实业公司成为我国第1家销售安全软件的企业。[2]

2. 启动时期(1994~1999年)

1994年国务院颁布了《计算机信息系统安全保护条例》,又于1996年颁布《计算机信息网络国际联网管理暂行规定》,对计算机联网安全提出了要求。1997年6月公安部又出台了《计算机信息系统安全专用产品检测和销售许可证管理办法》,规定了计算机信息系统安全专用产品的检测制度和销售许可制度,对于网络安全产品的产业化有着重要影响。1999年国家计算机网络与信息安全管理协调小组成立,显示了国家对于网络安全的重视。1999年出现了通过互联网在大范围内进行传播的新型病毒,我国许多国家机关和企事业单位开始对计算机联网安全予以重视,从而在一定程度上也刺激了网络安全产业的发展。在这一时期,有一批网络安全企业开始成立,如天融信、启明星辰等,这些企业至

---

〔1〕 参见国家网信办2017年5月发布的《网络产品和服务安全审查办法(试行)》第5条、第7条、第8条、第9条、第10条规定。

〔2〕 刘权、李建武:《三十载话中国网络安全》,载《互联网经济》2015年第8期。

今仍然是安全产业的领军企业。[1] 截至1999年年底,我国网络安全产业市场规模达12.88亿元,安全硬件市场44.1%、安全软件市场32.6%、安全服务市场23.3%。[2]

3. 发展与调整时期(2000~2013年)

2000年以后,随着互联网在我国的广泛应用与快速普及,病毒与木马威胁频发,我国网络安全产业进入快速发展期,不仅出现了一批专业从事网络安全的企业,而且,许多互联网企业,如腾讯、百度、阿里巴巴等也纷纷进入网络安全领域,建立自己的网络安全部门。在这一时期,不仅网络安全产品和服务市场得到快速扩张[3],而且,随着卫士通、国民技术、启明星辰、奇虎360、网秦科技等网络安全企业在海内外证券市场公开上市,网络安全企业的规模得到了大幅提升。在这一阶段,随着奇虎360公司推出免费提供杀毒服务的商业模式,以及大型互联网企业的进入,从而对网络安全软件市场和各企业的市场份额产生了重要影响,使得网络安全市场一度处于调整期。

4. 产业强化时期(2014年至今)

2014年,随着中央网络安全和信息化领导小组的成立,《国家安全法》《反恐怖主义法》《网络安全法》的颁布,网络安全问题被上升到国家安全层面,从而受到前所未有的关注。对于国家安全的注重,成为这一时期的网络安全产业发展的新特点。一些大型国企,如中国电子科技集团公司、中国电子信息产业集团公司也开始进入网络安全产业领域,推动了这一产业的发展。基于《网络安全法》的要求,许多政府机构和企事业单位,特别是关键基础设施的运营者,都面临着在网络安全方面的合规要求,特别是随着"互联网+"在全国各地和各行业的推广、物联网和工业互联网的发展,几乎各行业都面临着网络安全方面的需求,从而给网络安全企业带来了前所未有的发展机遇和空前的需求。另外,《网络安全法》明确要求国务院和省、自治区、直辖市人民政府应当加入网络安全方面的投

[1] 中国电子信息产业发展研究院编著:《2014~2015年中国网络安全发展蓝皮书》,人民出版社2015年版,第68页。

[2] 刘权、李建武:《三十载话中国网络安全》,载《互联网经济》2015年第8期。

[3] 据统计,1998年中国IT安全市场销售额仅4.5亿元人民币左右,到2004年时销售额已增至46.8亿元,增长了10倍。参见中国电子信息产业发展研究院编著:《2014~2015年中国网络安全发展蓝皮书》,人民出版社2015年版,第68页。

入政策扶持力度,这也在一定程度上促进了网络安全产业的发展。

(二)我国网络安全产业发展的现状与问题

目前,我国网络安全产业仍保持着强劲发展的态势。据中国信息通信研究院披露,2017 年我国网络安全产业规模达到 439.2 亿元,较 2016 年增长27.6%,预计 2018 年达到 545.49 亿元。[1] 从当前国内形势来看,网络安全市场的需求旺盛,网络安全行业仍处于上升期。

在促进网络安全产业发展方面,政府发挥了积极的作用。在网络安全技术方面,自 2016 年开始,“网络空间安全”被纳入国家重点研发计划,国家给予研究经费的支持。2017 年 12 月,工信部和北京市达成战略合作协议,共同建设国家网络安全产业园区。网络安全行业的快速发展导致了网络安全专业人才的短缺。为了加强对网络安全专业人才的培养,2015 年 6 月,国务院学位委员会决定在“工学”门类下增设“网络空间安全”一级学科。2016 年 2 月,中国互联网发展基金会设立了国内首个网络安全专项基金,主要用于奖励网络安全优秀人才、优秀教师、优秀标准、优秀教材,支持网络安全人才培养基地等工作。[2] 2016 年,教育部、中央网络安全和信息化领导小组办公室等六部门联合发布了《关于加强网络安全学科建设和人才培养的意见》。2017 年 8 月,教育部办公厅和中央网络安全和信息化领导小组办公室秘书局又联合印发了《一流网络安全学院建设示范项目管理办法》,提出培育建设世界一流网络安全学院的目标。[3] 2018 年 9 月,西安电子科技大学、北京航空航天大学等 7 所高校入围首批一流网络安全学院建设示范项目,对我国网络安全人才的培养提供有力的支撑。

尽管我国的网络安全产业近年来一直都在不断增长,但是,相对于快速增长网络安全需求,以及当前国内和国际的网络安全形势,我国的网络安全产业仍存

---

〔1〕 参见中国信息通信研究院于 2018 年 9 月发布的《中国网络安全产业白皮书(2018)》,载 http://www.caict.ac.cn/kxyj/qwfb/bps/201809/t20180919_185440.htm,最后访问日期:2019 年 3 月 13 日。

〔2〕 参见“中国首个网络安全专项基金成立”,载 http://www.cac.gov.cn/2016-02/03/c_1117974682.htm,最后访问日期:2019 年 3 月 1 日。

〔3〕 参见中央网络安全和信息化领导小组办公室秘书局、教育部办公厅:《一流网络安全学院建设示范项目管理办法》,载 http://www.moe.gov.cn/srcsite/A16/s3342/201708/t20170815_311176.html,最后访问日期:2019 年 3 月 3 日。

在许多不足,尚不能满足社会各方面的需求与期待,其主要表现在以下方面:

第一,网络安全产业规模较小。与美国等网络安全产业强国相比,我国的网络安全产业规模仍然偏小,特别是龙头企业之间的差距更为明显,这会影响到我国的网络安全产业在国际上的竞争力。

第二,国家对网络安全产业方面的资助政策较少。在我们国家,中小安全企业技术理念方向虽新,但由于成立年限短、团队规模小、资质不全、项目经验缺乏等因素难以拓展市场;国际上,美国、英国等政府针对网络安全创新创业企业,推出了"一揽子"扶持措施,特别是政府奖励扶持、先试先用,起到示范效应,为企业发展提供助力,我国对技术创新的引导、激励和扶持亟待进一步提升。[1]

第三,网络安全事故频发。根据金雅拓公司(Gemalto)的调查现实,2018年前半年在世界范围内发生的网络数据泄露事件达945起,被窃取、泄露以及遗失的网络数据达45亿条,与2017年同期增长了133%。在我们国家,如2018年8月发生的浙江省1000万学籍数据在暗网被售卖事件、2018年8月发生的华住旗下酒店5亿条信息泄露事件、2018年10月发生的国泰航空940万用户隐私数据泄露事件等。[2] 另外,根据研究公司Coleman Parkes抽样调查显示,在2018年期间,77%的机构至少经历过一次基于DNS的网络攻击,并且大多数网络攻击伴随着数据信息的泄露,如2018年2月,上海某公立医院HIS系统被黑,勒索2亿"以太币"。[3]

第四,网络安全创新能力较弱。从我国网络安全技术发展的产业结构来看,我国网络安全技术研发大多存在传统的网络安全领域,对诸如芯片、操作系统等网络安全领域的技术创新仍有很多不足,但正是这些网络安全基础技术方面的创新对网络安全产业的发展至关重要,这些基础领域的创新研发技术难度高、耗时长、风险大,真正投入这些网络安全基础领域的创新研发的网络安全企业很少。2017年,在由Cybersecurity Ventures发布的2018年度"网

---

[1] 魏亮、赵爽、方滥超:《网络安全产业发展的成就、挑战与变革》,载《中国信息安全》2018年第10期。

[2] 参见安胜:《2018年网络安全行业大事记》,载https://www.anquanke.com/post/id/168990,最后访问日期:2019年2月12日。

[3] 参见安胜:《2018年网络安全行业大事记》,载https://www.anquanke.com/post/id/168990,最后访问日期:2019年2月12日。

络安全企业创新能力 500 强”企业名单中，美国有 350 多家安全公司上榜，且占据了前 10 名中的 8 个席位，中国大陆有 7 家安全公司上榜，且都排在 100 名之后。[1]

第五，能够提供完整的行业解决方案和完整产品线的能力较弱。网络安全行业是一个非常注重安全的行业，完整的产业链和关键技术的自主可控是衡量安全能力的重要因素。在新兴网络安全市场，与国外相比尚有差距，创新动能不足，如区块链安全、工控/物联网安全、威胁智能感知等领域相关的企业较少，这会导致我国网络安全产业发展后劲不足。[2]

第六，缺乏明确的网络安全技术标准。我国目前有《标准化法》，在该部法律中赋予了国家强制标准的法律拘束力，但这部法律更多的是针对卫生、健康等相关的传统行业的标准的规定，并不能很好适应诸如网络安全技术类似的科学技术的发展。全国信息安全标准化技术委员会针对信息安全领域也制定了不少行业标准，我国的网络安全技术标准也存在着技术标准覆盖不完全、制定体系僵化、内容缺乏可行性且与当下技术发展现状脱节的问题。[3]

四、我国网络安全产业法律制度的现状与问题

（一）我国网络安全产业法律制度的现状

在网络安全产业法律、政策方面，我国目前尚无单行的集中立法或专门性规范文件，而是散见于多部相关法律、法规、规章和规范性文件中。

在中国正式接入国际互联网之初，中国政府就意识到了网络安全问题的重要性。1994 年国务院颁布了《计算机信息系统安全保护条例》，又于 1996 年颁布了《计算机信息网络国际联网管理暂行规定》，对于联网的计算机信息系统和

---

〔1〕 相关信息可参见网址：https://cybersecurityventures.com/cybersecurity-500-list/#home/?view_1_page=1，最后访问日期：2019 年 3 月 14 日。

〔2〕 上海赛博网络安全产业创新研究院：《全球网络安全产业变革与我国网络安全产业创新》，载《信息安全与通信保密》2018 年第 7 期。

〔3〕 参见常健、叶丹枫：《论网络空间安全保障的战略导向与制度完善》，载《科技与法律》2016 年第 3 期。

联网防护提出要求。随后,公安部于1997年先后颁布了《计算机信息系统安全专用产品分类原则》《计算机信息系统安全专用产品检测和销售许可证管理办法》,对于早期的网络安全产业的发展起到了规范作用。随着网络安全问题日益突出,2007年公安部颁布了《信息安全等级保护管理办法》,对于不同等级的信息系统所需要采购的信息安全产品和信息安全测试提出了具体的要求,并密码产品的研制、采购和使用提出要求。[1] 另外,商用密码产品的科研、生产、销售和使用要受到国务院颁布的《商用密码管理条例》和国家密码管理局制定的《商用密码科研管理规定》《商用密码产品生产管理规定》《商用密码产品销售管理规定》的严格管制。

2016年11月颁布的《网络安全法》是对网络安全产业发展具有重要影响的一部法律。该法律第二章"网络安全支持与促进"规定了多项政府应当采取的与网络安全产业有直接关系的措施,其主要包括以下几个方面:

第一,国家建立和完善有关网络安全产品和服务的国家标准、行业标准,并支持企业、研究机构等参与网络安全标准的制定。

第二,法律要求国务院和省、自治区、直辖市人民政府应当加大投入,扶持重点网络安全技术产业和项目,支持网络安全技术的研究开发和应用,推广安全可信的网络产品和服务,保护网络技术知识产权,支持网络安全企业参与国家网络安全技术创新项目。

第三,国家鼓励有关企业、机构开展网络安全认证、检测和风险评估等安全服务。同时,该法第23条规定网络安全专用产品应当按照相关国家标准的强制性要求,由具备资格的机构安全认证合格或者安全检测符合要求后,方可销售或者提供;该法第38条规定,关键信息基础设施的运营者应当自行或者委托网络安全服务机构对其网络的安全性和可能存在的风险每年至少进行一次检测评估。上述这些安全认证、检测和风险评估也都需要由专业机构来进行。

第四,国家鼓励开发数据安全保护和利用技术,从而为后续出台具体的支持措施提供法律依据。

第五,政府应当开展经常性的网络安全宣传教育,有针对性的向社会公众宣

---

[1] 《信息安全等级保护管理办法》第37条。

传网络安全，提高社会公众的网络安全意识。

第六，政府应当支持网络安全教育和培训，采取多种方式培养网络安全人才。

《网络安全法》通过后，有关部门正在制定相关配套法规和规章，如《关键基础设施保护条例》《网络安全等级保护条例》《网络产品和服务安全审查办法（试行）》等。另外，《密码法》也已被列入全国人大常委会的立法计划中，目前《密码法》的草案已经公开征求意见。上述这些正在起草中的法律、法规和规章的出台也将对网络安全产业的发展产生重要影响。除此之外，我国网络安全产业法律制度的发展现状还包括以下几个方面：

在网络安全产业政策激励方面，除了《网络安全法》之外，还有一些相关文件，如《国家网络空间安全战略》《十三五国家信息化规划》《国家信息化发展战略纲要》《信息产业发展指南》《信息通信行业发展规划（2016—2020 年）》。从整体看，关于网络安全产业政策框架在宏观层面已初步形成，但具体到所规定的网络安全产业的政策内容，大多是从全局的角度，从整体的发展趋势来考虑的，相关网络安全产业的激励政策是需要具体的配套规则来细致规定的，从而将激励政策进一步类型化和特定化，这样才更有针对性和可操作性。

在网络安全技术标准方面，我国目前有《标准化法》，这部法律在 1988 年审议通过，2017 年进行修订，更多的是针对与卫生、健康等相关的传统行业的标准的规定，并不能很好适应诸如网络安全技术类似的科学技术的发展。2017 年发布的《信息安全国家标准项目管理办法》，对信息安全国家标准制定、标准修订和标准研究项目的申请、立项评审以及项目的实施与结题验收做出了程序性规定。另外，在《网络安全法》第 15 条中规定，国家建立和完善网络安全标准体系，国务院标准化行政主管部门和国务院其他有关部门根据各自的职责，组织制定并适时修订有关网络安全管理以及网络产品、服务和运行安全的国家标准、行业标准，国家支持企业、研究机构、高等学校、网络相关行业组织参与网络安全国家标准、行业标准的制定。[1]

在网络安全信息交流方面，《网络安全法》第 26 条中明确了向社会发布网

---

〔1〕《中华人民共和国网络安全法》第 15 条之规定。

络安全信息的范围,包括系统漏洞、计算机病毒、网络攻击、网络侵入等。网络安全信息不仅涉及国家安全,而且对社会公众、公民个人都息息相关,在《保守国家秘密法》《国家安全法》《民法》《刑法》等相关法律法规中对侵犯到国家秘密、商业秘密、社会公众利益或者公民个人隐私的行为做出了承担相应法律责任的规定。但值得注意的是,实践中有些主体掌握了关于网络系统漏洞、网络状况等信息,但出于这些信息可能属于敏感信息或者会牵涉其他利益主体而不情愿共享这些网络安全相关信息。因此为了鼓励网络安全信息主体对相关信息共享,需要在法律法规中明确对信息共享主体对有关信息共享的豁免责任,如对"白帽子"人员的法律责任豁免,网络安全信息共享主体之间信息共享行为的反垄断责任豁免等。

关于网络安全审查制度,国家网信办出台了《网络产品和服务安全审查办法(试行)》,在《网络安全法》《国家安全法》等法律的基础之上对网络安全审查制度做出了进一步规定。在《网络产品和服务安全审查办法(试行)》中,对网络安全审查的对象、范围、主体及其职责等都作出了具体的规定,这对我国现有网络安全审查制度的运行提供了良好的法律遵循。

为了保障关键信息基础设施的安全,国家网信办根据《网络安全法》起草了《关键信息基础设施安全保护条例》,并于2017年7月向社会公众征求意见。对关键信息基础设施安全保护坚持顶层设计、整体防护,统筹协调、分工负责的原则,充分发挥运营主体作用,社会各方积极参与,共同保护关键信息基础设施安全。[1] 该条例不仅规定了国家对关键信息基础设施的支持与保护,还涉及了运营者对关键信息基础设施的保护与责任,并且也对关键信息基础设施的监测预警、应急处置和检测评估作出了规定。

从2017年6月1日《网络安全法》正式实施以来,我国网络安全相关领域的法律法规及其配套规定不断完善,网络安全产业政策框架体系也在逐步健全,这将为我国网络安全产业的发展提供制度保障,更有利于网络安全产业快速、稳定的发展,但随着网络安全产业的发展,我们也不断发现之前所忽略的问题以及新产生的问题,因此网络安全领域的相关法律法规的制定也是一个不断完善的过程。

---

〔1〕《关键信息基础设施安全保护条例(征求意见稿)》第3条之规定。

(二)我国网络安全产业法律制度目前存在的问题

尽管当前我们国家围绕网络安全产业的不同方面制定了许多法律法规,但我们还应看到,我国的网络安全产业法律制度体系尚不够完善,在许多方面仅仅是做出了一些原则性或指引性的规定,缺乏具体的落实措施,主要表现在以下方面:

第一,缺乏落实网络安全产业扶持政策的法律法规。《网络安全法》第16条要求国务院和省、自治区、直辖市人民政府应当加大对网络安全技术产业的扶持、支持网络安全技术的研发和应用、推广安全可信的网络产品和服务。事实上,许多地方政府的重视程度和所采取的举措尚未达到法律所要求的程度,或者,其所出台的规范性文件的级别或效力程度较低,从而在实践中难以发挥应有的作用,因此,尚有待于国务院制定行政法规或由各省、自治区、直辖市人民政府对政府规章的方式正式出台一些保障和促进网络安全产业发展的措施,并将其制度化和规范化。

第二,当前网络安全事故频发,在我国网络安全法律体系中所欠缺的不仅仅是制度化的促进措施,更为重要的是一些必要的制度保障。例如,我国《网络安全法》第26条规定:"开展网络安全认证、检测、风险评估等活动,向社会发布系统漏洞、计算机病毒、网络攻击、网络侵入等网络安全信息,应当遵守国家有关规定。"事实上,该条款所称的"有关规定"在现实中是欠缺的,其后果是一些从事网络安全服务的企业或人员向外界公布系统漏洞、网络侵入等网络安全信息时,有可能会招致法律责任的风险。[1]

第三,缺乏对网络安全技术创新企业进行财税激励的法律规范,难以激发企业的创新活力。我国网络安全企业的技术研发大多集中在传统网络安全领域,对诸如操作系统、芯片等耗时长、风险高、难度大的基础网络安全领域的技术研发缺乏积极性,真正大规模投入的网络安全企业很少,而在国外,如英国、美国等一些国家通过法律法规的形式明确规定对网络安全技术有重大创新的企业给予财政支持、税额减免等激励政策,以此来激发企业积极投入到对网络安全高新技

[1] 参见赵精武:《网络安全漏洞挖掘的法律规制研究》,载《暨南学报》(哲学社会科学版)2017年第5期。

术的研发中。我国也应当借鉴此种做法,通过法律法规的形式确定对重大技术创新的企业进行财税激励的方式,激发企业创新活力,打破网络安全技术创新停滞不前的困境。

第四,缺乏规范网络安全信息交流的专门性法律。企业之间通过对网络安全信息的交流,不仅能就技术信息交流以加快解决网络安全技术发展“瓶颈”的问题,而且能就网络安全产业发展中出现的困境进行交流,减少无效的成本支出。虽然《网络安全法》中已经有关于网络安全相关信息交流的法律规定,但目前缺乏专门的、细致的制度实施规定,如针对“白帽子”人员作为网络安全信息交流的主体应当如何规制,网络安全信息交流是否应当有某方面的责任豁免,如果有,应当是哪些方面?这些都有待专门的网络安全信息交流方面的规范性文件进一步明确。

第五,对于网络安全产业而言,各种法律规则之间的相互协调是非常重要的。例如,国内许多研究者发现国外政府促进网络安全产业发展的一项重要途径就是政府采购,事实上,政府采购网络安全产品和服务,不仅涉及政府采购法,而且还与网络安全等级保护制度、关键基础设施保护制度、网络安全产品服务的安全审查制度、认证与检测制度等密切相关。因此,在对一国的网络安全产业法律制度进行评估时,应着眼于体系化的评估。

五、世界主要国家网络安全产业法律与政策

(一)美国

1. 与网络安全产业相关的政策法律

作为互联网起源地的美国,有着大量的世界级网络安全企业。美国的网络安全产业在世界范围内处于长期领先地位,这是与近二十年来历届美国政府持之以恒地推行网络安全战略有着密切的关联的。

美国的网络安全战略始于对关键基础设施的保护政策,首见于1998年5月克林顿签发的总统令《关于对关键基础设施保护的政策》,此后,几乎美国历任总统上任后都会发布关于保护关键基础设施的总统令,足以凸显对

其重视。[1]

在加强关键基础设施保护的基础之上,克林顿总统在卸任前夕又将保护对象扩展至信息系统,于2000年1月发布了《保护美国的网络空间——信息系统保护国家计划》,尝试建立公私合作关系,加强信息安全。小布什总统上任后,进一步扩展了战略的覆盖范围,于2003年正式发布了《保护网络空间的国家战略》,又于2008年发布了《国家网络安全综合计划》。奥巴马政府时期于2011年5月发布了《网络空间国际战略》,又于2016年2月发布了《网络安全国家行动计划》。[2] 特朗普政府时期,先后发布了《网络安全战略》和《国家网络空间战略》(National Cyber Strategy)。上述这些国家战略的发布,不仅有利于增强美国联邦政府和关键基础设施的网络安全水平,而且还为网络安全产品和服务制造了巨大的市场需求,政府部门的庞大的采购计划促进了美国网络安全产业的发展。

值得注意的是,特朗普政府于2018年发布的《国家网络空间战略》中,在保护联邦信息系统安全方面提出,联邦政府在网络安全的标准和实践方面应当起到带头作用,并可以通过政府采购等手段促进网络安全行业产品和服务水平的提高;在保护关键基础设施方面提出,应当激励相关政府部门在网络安全领域投资;该战略还提出应当激励安全技术创新,保障美国在新兴技术领域的领导地位,以及培养网络安全专业人才。另外,该战略还强调改进联邦供应链风险管理,为更好地确保联邦政府部署的技术安全可靠,政府将供应链风险管理整合到机构采购和风险管理流程中,这将进一步有利于美国本土网络安全产业的发展。

在美国国会所颁布的法律中,与促进网络安全产业发展相关的法案主要有2002年11月颁布的《网络安全研究与发展法案》(Cyber Security Research and Development Act)、2002年12月颁布的《联邦信息安全管理法案》(Federal

---

[1] 小布什总统政府时期,在2001年美国国会颁布的《爱国者法案》中对"关键基础设施"进行了界定;2002年小布什政府又发布《关键基础设施和重要资产的物理保护国家战略》,2003年发布国土安全总统令《关键基础设施标识、优先级和保护》;奥巴马政府时期,先后于2013年发布总统政策令《关键基础设施安全和韧性》和行政令《增强关键基础设施网络安全》。2017年5月11日,特朗普政府通过了《关于增强联邦网络和关键基础设施网络安全的总统行政命令》;2018年11月16日,特朗普签署了一项新法案《网络安全与基础设施安全局法案》。

[2] 1988年到2017年美国政府发布的相关网络安全战略与政策,可参见左晓栋等编译:《美国网络安全战略与政策二十年》,电子工业出版社2017年版。

Infornation Security Management Act,FISMA)、2014 年颁布的《网络安全增强法案》(Cybersecurity Enhancement Act of 2014)、2018 年颁布的《NIST 小企业网络安全法案》(NIST Small Business Cybersecurity Act)和《网络安全与基础设施安全局法案》(Cybersecurity and Infrastructure Security Agency Act of 2018)。

2. 关于资助网络安全技术研发的法律制度

美国政府一向重视对网络安全技术研发的支持。早在 2002 年 11 月美国国会颁布的《网络安全研究与发展法案》中就规定,政府应制定专项财政预算,用于资助与计算机、网络安全有关的基础研究和教育,法案明确制定了资助项目和每个年度的拨款计划。该法案在 2017 年被修订。法案授权国家科学基金资助旨在提高与网络安全的有关计算机与网络的硬件、软件的创新性的基础研究,并给予高等教育机构和非营利性研究机构所设立的计算机与网络安全研究中心以资助。[1]

2014 年美国国会通过的《网络安全增强法案》明确要求联邦政府部门与国家科技委员会等机构合作,制订并每四年更新一次网络安全研发战略计划,确定短期、中期和长期研发目标,并且,在制订计划过程中,相关应用部门应与企业和相关利益群体合作,征求其意见,避免重复私营机构已从事的研发项目。[2]

3. 关于资助网络安全专业人才培育的法律制度

美国政府对于网络安全专业人才培育的重视体现在,几乎政府发布的每一份网络安全国家战略中都会强调对网络安全专业人才培养和教育的重要性,并且,美国联邦政府对于网络安全专业人才培育的资助会通过国会的相关立法将其制度化,既有利于该制定的实施和稳定,也有利于财政资金的利用效率和资助效果的评估。

美国国会于 2002 年 11 月颁布的《网络安全研究与发展法案》明确授权国家科学基金会可以创设一个项目,用于资助高等教育机构加强计算机与网络安全方面的本科生和硕士研究生教育。[3] 2014 年通过的《网络安全增强法案》进一步规定,联邦政府有关部门应当采取措施,发现在网络安全方面有天赋的学生进

---

[1] Cyber Security Research and Development Act,Sec. 4.

[2] Cyber security Enhancement Act of 2014,Sec. 201.

[3] Cyber Security Research and Development Act,Sec. 5.

行培养，激励其创新，并创建联邦奖学金计划（Federal Cyber Scholarship-for-Service Program），为学生接受网络安全教育提供奖学金、实习和在联邦政府网络安全部门就业的机会。[1] 该法案还要求国家标准与技术研究院与有部门合作，建立一项全国性的网络安全意识与教育项目，宣传网络安全技术标准与最佳实践，增强大众的网络安全意识，开展相关教育培训。[2]

2017 年 5 月 11 日，特朗普当局通过了《关于加强联邦网络和关键基础设施网络安全的总统行政命令》，在该行政命令第三部分国家网络安全中涉及有关网络安全人员的规定，指出商务部和国土安全部部长负责对从小学到高等教育的网络安全相关课程以及网络安全培训计划等的共同评估和培训。[3]

2017 年 8 月，美国商务部国家标准与技术研究院（NIST）发布了《国家网络安全教育计划——网络安全人力框架》（National Initiative for Cybersecurity Education，NICE）该框架彰显了美国网络安全产业人才“多样化、标准化和可持续化”的发展格局初步的形成。该框架的作用对象不仅限于网络安全专门人员，还包含了与网络安全相关的从业人员；另外将网络安全人才分别从工作类别、专业领域、工作角色、任务、知识、技能等方面作出详细规定，设立七种工作类别，包含 33 个专业领域，52 种工作角色等。该框架的核心目的是提升网络安全产业的核心竞争力，同时作为政府统筹、联合各部门各企业的长期策略，也将是一种多样化、标准化和可持续化的网络安全产业人才的发展思路。

2018 年 5 月 30 日，美国国土安全部与商务部共同发布《支持国家网络安全人才持续发展——为美国更安全的未来构建基础》，在该文件中从不同角度来支持国家网络人才发展：首先，在全国范围内，整合公共以及私营部门教育资源，满足网络安全人员的工作需要；其次，改善、提升学习环境，促进多元、标准和可持续的网络安全人才队伍建设；最后，将网络安全教育与社会需求相对接，有针对

[1] 参见 Cybersecurity Enhancement Act of 2014，Sec. 301，302。值得关注的是，2017 年 3 月 28 日，众议院提出网络奖学金机会法案的提案（Cyber Scholarship Opportunities Act of 2017）（H. R. 2184），同年参议院也提出网络奖学金机会法的提案（Cyber Scholarship Opportunities Act of 2017）（S. 754），旨在对《2014 年网络安全增强法案》中的相关条款进行修订。

[2] Cyber security Enhancement Act of 2014，Sec. 401.

[3] Presidential Executive Order on Strengthening the Cybersecurity of Federal Networks and Critical Infrastructure.

性的培养网络安全人才。[1] 在每项命令之下又分别指出具体的建议和要采取的行动,旨在打造一支保护美国网络安全、促进经济繁荣、提升网络竞争优势的高水平、专业化网络安全人才队伍。

4. 网络安全信息共享

网络安全信息的共享对于网络安全服务水平的提高和网络安全产业的发展都有着重要的意义,而美国网络安全政策历来都强调公私合作与信息共享。特别是2015年10月美国国会通过的《网络信息安全共享法案》(Cybersecurity Information Sharing Act of 2015,S. 754),该法案在2015年12月15日通过修订纳入美国众议院的综合支出法案,并于2015年12月18日由奥巴马签署成为法律。该法律的通过在一定程度上免除了私营企业对外披露安全信息而有可能招致的法律责任风险。

(二)俄罗斯

1. 与网络安全产业相关的法律、法规和纲领性文件

俄罗斯一向注重网络安全,并将网络安全视为国家安全体系中的重要部分。2016年12月颁布的新版《俄罗斯联邦信息安全学说》指出,信息技术已成为推动国家经济快速发展和构建信息社会的重要因素,正越来越多被用于达成地缘政治、军事和战略稳定等目的,信息安全体系已成为国家安全保障体系的重要组成部分,为此必须建立安全、可靠的信息安全保障体系[2]。俄罗斯信息安全立法目前形成了以《俄罗斯联邦宪法》为根本立法依据,以《信息、信息技术和信息保护法》《关键信息基础设施法》《个人数据法》等法律为基础,以《俄罗斯国家安全构想》《国家信息安全条令》《国家安全战略》《俄罗斯网络立法构想》《国家信息安全学说》《2020年前俄罗斯联邦国际信息安全领域国家政策框架》等若干纲

[1] See Supporting the Growth and Sustainment of the Nation's Cybersecurity Workforce: Building the Foundation for a More Secure American Future[EB/OL].

[2] ДОКТРИНА информационной безопасности Российской Федерации. http://www.kremlin.ru/acts/bank/41460/,最后访问日期:2019年2月3日。

领性文件为政策指导的较为完备的信息安全法律体系。[1] 其中,与网络安全产业直接相关的法律、法规和法令有《信息保护设备认证法》《有关遵守加密设备的研制、生产、实现和应用以及提供加密信息领域服务的合法性措施》《禁止生产和使用未经批准许可的密码设备》《信息安全标准体系和测评认证制度》等。

2. 网络安全产业政策

近些年来,俄罗斯在制定产业政策时,一直将信息通信技术作为优先发展的方向,并制定了信息技术发展路线图。[2] 俄罗斯政府通过以下方式促进网络安全产业的发展:第一,政府采购,2014 年 6 月,俄总统普京曾表示,在实施政府采购时俄罗斯国产软件产品定价可高于外国产品金额的 15%;第二,政府加大在网络安全技术领域的研发费用支出,根据《2030 年前科技发展前景预测》文件,2020 年前俄政府的信息技术开发费用支出在 GDP 中的比重将由目前的 1.5% 增长到 3%;第三,税收减免政策,俄罗斯规定从事软件研发的公司所缴纳的退休金、医疗保险和社会保险的费率,由 34% 降到 14%,俄罗斯国家杜马还通过对创新科技园区入驻企业实施税收优惠的修改法案,规定入驻创新中心的企业在十年之内免缴增值税,社会统一税缴纳比例降至 14%;第四,财政补贴政策,根据俄政府规定,工业科技部有权将当年联邦财政预算中用于"基础研究和促进科技进步"所拨款项的 2% 作为资金储备,并以补贴的形式直接划拨于相关企业,用于资助临时出现并必须在当年完成的基础性、探索性科研活动以及重要的应用性科研与实验设计工作;第五,在网络安全产业的发展过程中,通过推进国防

---

〔1〕 参见马海群、范莉萍:《俄罗斯联邦信息安全立法体系及对我国的启示》,载《俄罗斯中亚东欧研究》2011 年第 3 期;华屹智库:《守正出奇:"远东巨熊"的苏醒与追击——俄罗斯网信军民融合发展情况及经验启示》,载《网信军民融合》2017 年第 7 期。

〔2〕 在 2011 年确定的联邦科学、工艺和技术优先发展方向中,俄罗斯将"安全和反恐"和"信息通信技术"分别列为要第一和第三优先发展的方向。2012 年出台的《2013 ~2025 年电子和无线电电子工业发展国家纲要》则明确提出,要进一步加强电子工业基础能力建设,注重挖掘其科技创新潜力、提升国际竞争力,最终缩小与世界先进水平的差距,为俄罗斯社会经济发展和国家安全建设提供技术和产品保障。(Государственная программа "Развитие электронной и радиоэлектронной промышленности на 2013 - 2025 годы". http://government.ru/programs/249/events/,最后访问日期:2018 年 12 月 2 日)2013 年,俄罗斯研究制定了一个五年期的《信息技术发展路线图》,明确了 2018 年前俄罗斯信息产业的发展目标和实施路径,指出要通过科技园区建设、加大技术研发、加强基础教育、予以税收优惠、加大国产产品的推广应用等手段,推动俄罗斯信息产业的发展,提升其能力与水平,并提出了具体的指标。[План мероприятий ("дорожная карта") "Развитие отрасли информационных технологий". http://government.ru/media/files/41d4b29db7c74fb,最后访问日期:2019 年 2 月 4 日]

军工企业改组转型,促进网信产业军民融合发展,亦是俄罗斯的一项特色。[1]

3. 注重关键技术、产品和设备的自主研发

俄罗斯在《网络安全战略构想》中提出,将推进国家规划的网络安全技术设备研发,由国家向国内网络安全设备生产商提供减税、协助推广等支持,制定措施推广使用包括网络安全产品和设备在内的国产软硬件,替代国家政务系统、关键基础设施中的国外产品,[2]上述政策的推行有力地促进了俄罗斯国内网络安全产业的发展。

4. 对网络安全领域外国投资进行国家安全审查的制度

俄罗斯国家杜马于2008年4月2日通过《俄罗斯联邦有关外资进入对保障俄罗斯国防和国家安全具有战略意义的经营公司的程序法》,明确将密码加密设备、电信固定线路列为42个俄罗斯战略性行业之中,规定外国投资除需符合程序法有关要求外,还应遵守相关行业规范。在该法实施之后,只要外国政府控制下公司取得了俄罗斯战略行业公司的25%或者5%(对于联邦性矿产资源)以上的表决股权,或者有可能冻结该俄罗斯战略行业公司管理机构的决定(取决于该公司的治理结构等诸多因素)时,无论是直接出面投资,还是提供信托方式或者委托方式,都要事先取得俄罗斯政府的批准,否则即为违法[3]。

5. 构建信息安全人才培养体系

俄联邦政府将全国90所开设信息安全专业大学、22个信息安全地区教学中心、十二个部委信息安全管理机构和科研机构组成一个信息安全人才培养体系,设置6个国家教学标准和包括密码学、计算机安全、信息保护制度与技术、信息对象的综合保护、自动化系统的信息安全综合保障、通信系统的信息安全和反侦察信息技术等在内的7个基本专业。俄国防部自2013年起陆续在各军兵种

---

〔1〕 参见贾易飞、梅占军:《俄罗斯网络安全机制的构建》,载《军事文摘》2017年第5期;华屹智库:《守正出奇:"远东巨熊"的苏醒与追击——俄罗斯网信军民融合发展情况及经验启示》,载《网信军民融合》2017年第7期。

〔2〕 参见王舒毅:《俄罗斯网络安全战略的主要特点》,载《信息安全》2016年第8期;See Russia wants to replace US computer chips with local processors, Accessed Dec. 1, 2018, http://tass.ru/en/economy/736804;贾易飞、梅占军:《俄罗斯网络安全机制的构建》,载《军事文摘》2017年第5期。

〔3〕 О порядке осуществления иностранных инвестиций в хозяйственные общества, имеющие стратегическое значение для обеспечения обороны страны и безопасности государства. http://kremlin.ru/acts/bank/27332,最后访问日期:2019年2月10日。

院校和科研机构组建了 12 支科学连，用以吸引地方高校具有高科技专长的优秀毕业生入伍参与国防科研工作。[1]

(三)欧盟

1. 与网络安全产业相关的立法

2017 年 10 月 4 日，欧洲议会和理事会在布鲁塞尔召开会议，会议旨在促进有效实施 2016 年 7 月 6 日通过的《欧盟网络与信息系统指令》(Network and Information Security Directive，以下简称 NIS 指令)[2]，在这次会议的附件一中主要包括国家网络和信息系统安全战略、建立计算机安全事件网络响应小组、基础服务运营商(OES)、NIS 指令与其他法之间的关系等几大部分，在该附件第三部分第五小节协助发展计算机安全事件网络响应小组中指出"连接欧洲基金(CEF)的网络安全数字服务基础设施(DSI)计划可以提供大量欧盟资金，用于协助成员国的网络安全事件应急小组(CSIRT)通过信息交换合作机制提高其能力并相互合作。"[3]

2016 年颁布并在 2018 年开始实施的《欧盟一般数据保护条例》(GDPR)为个人数据保护规定了较高的标准，对于数据泄露规定了强制报告制度，并规定了高额的罚金制度，从而激发了许多企业在网络安全领域的需求。

2. 欧盟在网络安全领域的投资计划

2018 年 6 月，欧盟公布《投资未来：欧洲 2021 ~ 2027 数字化转型》(Investing In The Future Digital Transformation 2021 - 2027)在该计划中指出五个具体目标：超级计算、人工智能、网络安全和信任、先进数字技术以及推广先进技术。《建立

---

[1] 华屹智库：《俄罗斯信息安全战略发展及实施情况》，载《网信军民融合》2018 年第 11 期。

[2] Directive(EU)2016/1148 of the European Parliament and of the Council of 6 July 2016 Concerning Measures for a High Common Level of Security of Network and Information Systems across the Union [EB/OL].

[3] See COM (2017) 476 final/2, on making the most of NIS-towards the effective implementation of Directive(EU)2016/1148concerning measures for a high common level of security of network and information systems across the Union, 3.5 Assistance for the development of CSIRTS: "The Cybersecurity Digital Service Infrastructures(DSI) programme of the Connecting Europe Facility (CEF) can provide for significant EU funding in assisting Member State CSIRTs to improve their capabilities and cooperating with each other through an information exchange co-operation mechanism."

2021～2027期间的数字欧洲计划》第六节网络安全与信任中指出:“网络安全和信任应追求以下业务目标:(a)与会员国一道,全面遵守数据保护立法,采购先进的网络安全设备,工具和数据基础设施;(b)支持最佳利用与网络安全相关的欧洲知识,能力和技能;(c)确保在整个经济中广泛部署最新的网络安全解决方案;(d)加强成员国和私营部门的能力,帮助他们达到2016年7月6日欧洲议会和理事会2016/1148号指令《关于整个联盟的网络和信息系统的高度共同安全水平的措施》[1]。”[2]

在计划第九节指出,“按现行价格计算,2021～2027年执行该方案的财务费用为9,194,000,000欧元,其中超级计算的目标费用达2,698,240,000欧元,人工智能的目标费用达2,498,369,000欧元,网络安全和信任的费用达1,998,696,000欧元,先进数字技术的目标费用达699,543,000欧元以及推广先进技术的目标费用达1,299,152,000欧元。该数额可用于执行方案的技术和行政援助,例如筹备,监测,控制,审计和评价活动,包括公司信息技术系统等。”[3]

(四)英国

1. 与网络安全产业相关的政策

2009年6月,英国公布了首个国家网络安全战略:《英国网络安全战略:网络空间的安全、可靠性和可恢复性》;2010年10月,英国政府又发布两个文件——《国家安全战略:不确定时代的强大英国》和《战略防御与安全评估:保护不确定时代的英国安全》,将网络攻击与恐怖主义、紧急民事(重大事故和自然灾害)、军事危机等并列为英国国家安全面临的一级威胁(最高威胁),后者还决定在未来4年实施“国家网络安全计划”(NCSP),用以支持国家网络安全战略的实施。[4] 2011年11月,英国政府发布第二版国家网络安全战略——《英国网

---

[1] Directive(EU)2016/1148 of the European Parliament and of the Council of 6 July 2016 concerning measures for a high common level of security of network and information systems across the Union. The Directive entered into force on 8 August 2016.

[2] See COM(2018)434 final, on establishing the Digital Europe programme for the period 2021-2027, the digital Europe programme, article 6 Cybersecurity and Trust.

[3] See COM(2018)434 final, on establishing the Digital Europe programme for the period 2021-2027, the digital Europe programme, article 9 Budget.

[4] 华屹智库:《英国国家网络安全战略发展及实施情况》,载《网信军民融合》2018年第8期。

络安全战略:保护和促进数字世界中的英国》,同时启动了国家网络安全计划。

2016 年 11 月 1 日,英国发布第三版国家网络安全战略,即《国家网络安全战略 2016～2021》,该战略明确了 2021 年网络安全的愿景目标以及未来 5 年的行动方案等事项。2017 年 3 月,英国政府正式出台《英国数字化战略》(UK Digital Strategy),其中亦有专门部分对于政府如何促进网络安全产业做出了阐述。

英国政府实施的"国家网络安全计划"对于网络安全产业有着重要的促进作用。其第一个计划周期为 2011～2016 年,最初计划是 4 年投资 6.5 亿英镑(约 8.3 亿美元),后英国政府于 2013 年又决定追加 2.1 亿英镑(约 2.7 亿美元)的投资;第二个计划周期为 2016～2021 年,计划投资 19 亿英镑(约 24 亿美元)。[1] 这些投资不仅有利于提高英国的网络安全水平,也极大地促进了英国网络安全产业的发展。

2. 网络安全产业政策

英国 2016 年发布的《国家网络安全战略 2016～2021》有专门一节论述对政府支持网络安全产业发展的措施,可以代表英国在网络安全产业领域的当今政策。

2016 年战略报告为网络安全行业提出的建设目标为,建立具有以下特征的网络安全生态系统:安全行业公司生机勃勃,而且能够获得成长需要的投资;政府、学术界和私营部门的顶级人才密切合作、激励创新;政府和业界的客户有充分的自信并做好了充分的准备去采用先进的服务。[2]

为促进网络安全行业的发展,政府将采取的措施包括:向学术界提供培训和指导,以促进学术创新的商业化;建立两个创新中心,推动前沿网络产品和富有动力的新兴网络安全公司的发展,支持初创企业的成长和发展;拨出 1.65 亿英镑的国防和网络创新基金中的一部分,为国防和安全领域的创新采购提供支持;为公司开发产品提供测试设施,为下一代网络安全产品和服务提供快速评估,使客户有信心使用产品;利用行业——政府网络发展伙伴关系的集体专长,以帮助形成和聚集进一步的增长和创新干预;帮助各种规模的公司扩大并进入国际市

[1] 华屹智库:《英国国家网络安全战略发展及实施情况》,载《网信军民融合》2018 年第 8 期。

[2] 英国《国家网络安全战略 2016～2021》7.2.2。

场;促进国际标准的协商达成并支持进入英国市场。[1] 最后,该战略报告还指出,英国政府还将利用政府采购的方式激励网络安全领域的创新,特别是促进小型企业的发展,一方面可以应对政府所面临的各种网络安全威胁,另一方面也有利于创新企业的发展。[2]

该战略还提出衡量政府刺激网络安全行业发展是否见效的指标:英国网络行业规模同比增长高于全球平均增幅;投资于早期公司的金额大幅增加;政府采用更多更具创新性和有效性的网络安全技术。[3]

2017 年颁布的《英国数字化战略》中关于政府对于网络安全产业的促进政策,基本上与《国家网络安全战略 2016 ~ 2021》保持一致,其更加注重对初创网络安全企业的扶持,并规定了一些落地措施,例如,推出了为初创企业服务的"早期加速器计划""数字化弹射器"(Digital Catapult)项目,帮助创业者分享最佳商业实践,顺利渡过初创期。值得注意的是,《英国数字化战略》特别强调:"对英国未来安全的最佳保障措施之一是一个繁荣的、本地的网络安全产业——网络防御领域的英国创新公司,使英国处于网络创新的最前沿,同时,在不断发展的市场上创新就业和财富。"

3. 网络安全标准

2018 年 7 月 1 日,英国内阁发布《最低网络安全标准》(Minimum Cyber Security Standard),这是英国政府与 NCSC(国家网络安全中心)合作推出的安全标准,是第一个被纳入政府安全功能标准的技术标准,该标准针对的对象不仅包括政府机构,还包括公司企业和非政府公共机构。该标准的制定对于网络安全产业的发展有着重要的意义。

4. 网络安全人才的培养

为提升网络安全能力,英国向来十分重视网络安全人才的培养,英国国家网络安全中心(National Cyber Security Centre,NCSC)相继出台了许多提升网络安全技能、培养网络安全人才的计划措施,如 Cyber First 项目、将网络安全教育融入进小学到研究生的课程组成部分中的教学计划等。NCSC 极其看重人才的互

---

〔1〕 英国《国家网络安全战略 2016 ~2021》7.2.3。

〔2〕 英国《国家网络安全战略 2016 ~2021》7.2.4。

〔3〕 英国《国家网络安全战略 2016 ~2021》7.2.5。

通与交流，通过同其他组织借调、交换人才，如 Industry 100 计划中，邀请私营企业的 100 名员工到中心进行兼职工作，来促进人才流通，更新工作环境，推动技术的创新和行业的变革。[1]

2016 年发布的《国家网络安全战略 2016～2021》7.1 部分加强网络安全技能中分别规定了网络安全人才培养的目标以及具体措施，明确指出政府对网络安全人才培养的重视，政府、行业、教育机构和学术界将互相配合，保证网络安全专业人才的持续供应。[2] 为加强网络安全技能，英国将采取的措施包括：将网络安全纳入教育体系，继续完善计算机科学整体教学现状，将网络安全纳入课程；[3] 政府、雇主、专业团队、技能团队、教育机构和学术界组成技能咨询小组，加强关键部门之间的协调，并与英国类似机构展开合作；[4] 除此之外政府将会投资一系列可以迅速提升的举措，为发展长远的技能战略提供信息，其中包括针对青少年创办专门的网络安全教育与培训学校、在一些领域创办更高的学位水平的学徒制课程、对网络安全行业中极高潜力的员工队伍进行再培训、支持教师职业发展网络安全认证、成立国防网络学院作为网络培训和训练的卓越中心、壮大 Cyber First 项目、将网络安全和数字技能作为从小学到研究生阶段教育系统相关课程的组成部分等。[5]

在该战略的推进下，英国政府对网络安全人才的培养对象还扩展至女性群体，全方位地充实网络安全人才队伍储备。针对女性群众，英国采取的措施有：NCSC 强调会率先采用"网络行为准则"，确保网络安全职业女性受到尊重并获得平等对待；NCSC 于 2017 年 3 月办理了"Cyber First Girls"比赛，发掘 13 岁至 15 岁女性中的优秀网络技能人员；NCSC 还在 2017 年 CYBER UK 会议上，宣布了多项鼓励女性从事网络安全职业的支持性政策，包括为具有 STEM 学位的女性毕业生提供第一份职位、为重返网络技术职业生涯的女性提供指导和赞

---

[1] 吴沈括、石嘉黎：《网络安全与英国：国家网络安全中心的运作检视》，载《信息安全与通信保密》2018 年第 4 期。

[2] 参见英国《国家网络安全战略 2016～2021》7.1.3 和 7.1.4。

[3] 参见英国《国家网络安全战略 2016～2021》7.1.6。

[4] 参见英国《国家网络安全战略 2016～2021》7.1.8。

[5] 参见英国《国家网络安全战略 2016～2021》7.1.9。

助等。[1]

2017年颁布的《英国数字化战略》,包含七大子战略,其中在数字技能和包容性战略以及网络安全战略两个子战略中对网络安全技能的提升和网络安全人才培养做出了规定,两个子战略的内容大体相同,都是在2016年发布的《国家网络安全战略2016~2021》基础之上,进一步落实提升英国网络安全专业技能,探索一套网络安全人才队伍培养机制。着手解决一些问题:针对14~18岁学生的课外网络学校计划,为感兴趣的学生提供专业网络安全教育;建立网络安全评估体系,针对关键领域定制培训项目;对处于职业生涯中期的技术人员实行再培训。[2]

(五)以色列

1. 国家网络战略和网络安全产业计划

虽然以色列国土狭小,人口数量也较少,但是,其网络安全产业却居世界前列,这是与以色列近年来推行的国家网络战略和网络安全产业计划密不可分的。在欧盟安全防卫局智囊团成员于2012年发布的一项针对26个国家网络安全现状的调查报告中,以色列的网络安全防卫能力评分居于顶级,且面对的网络攻击远高于其他国家,达到了每分钟1000次以上。[3]

以色列政府于2011年8月7日正式公布了关于推动国家网络空间能力的"3611决议",即《2011以色列国家网络战略》,提出要设立以色列国家网络空间局(INCB),该局作为总理及其政府与委员会的顾问机构,旨在根据法律与政府决议推荐网络领域的国家政策并促进其实施,以及每年度确定和重申供参考的国家网络防卫威胁,制定国家网络空间应急预案,开展国家和国际演习,收集、汇总全国网络安全形势的情报,针对国家网络防卫威胁发布警告和确定预防措施,鼓励政府部门、学术界、工商界和企业界等单位协同攻关、通力合作,推动网络领域法律和规章

---

〔1〕 华屹智库:《英国国家网络安全战略发展及实施情况》,载《网信军民融合》2018年第8期。

〔2〕 国家信息中心:《英国数字化战略》,载《电子政务发展前沿》2017年第10期。

〔3〕 See Brigid Grauman, CYBER-SECURITY: THE VEXED QUESTION OF GLOBAL RULES: AN INDEPENDENT REPORT ON CYBER - PREPAREDNESS AROUND THE WORLD, 66 - 67 edited by Security & Defence Agenda(SDA) & McAfee Inc, http://www.docin.com/p-466153658.html, 最后访问日期:2019年4月15日。

的制定，进而确保以色列全球五大网络强国的优势地位。〔1〕 在2013年至2018年，以色列网络空间局获得了25亿新谢克尔的预算——每年5亿新谢克尔（约1.3亿美元）。〔2〕 为应对日益复杂的网络安全威胁，以色列国家网络空间局于2015年11月颁布实施新的《以色列网络安全战略》。新战略中进一步提出，要在以色列境内构筑国家网络空间治理的安全"生态圈"，利用"技术创新能力""安全产业能力""学术科研能力""政府治理能力"所形成的优势合集，全力打造网络安全的防护屏障。战略中明确表示，今后以色列政府每年将投入专项资金对国内的250多家网络安全企业进行资金扶持；在国内的知名高等院校内建立至少5个网络安全科研卓越中心；同时，政府还将积极鼓励年轻一代参与国家的网络安全事业，挖掘青年人的优势潜能，进而为网络安全的治理提供强而有力的智力支持。〔3〕

2012～2013年，以色列国家网络空间局与国防部信息技术设施研究开发机构（MAFAT）联合推出了"MASAD"（取希伯来语中的"双重网络研发"的每个首字母）项目，总共分拨了1000万以色列新谢克尔（约350万美元）资金给联合民军项目从双重角度着手应对网络安全挑战。项目也在2012～2014年捐赠了3200万以色列新谢克尔（约1000万美元）用以资助相关领域的学术研究。〔4〕2013年，以色列国家网络空间局和首席科学家办公室推出了促进网络安全研发计划，即"前进计划"（Kidma Programme），旨在促进研发与产业结合，加快技术转移，培育本土企业。"前进计划"为期两年半，总投资超过1亿谢克（约为2700万美元），由首席科学家办公室管理。计划的目标是：资助优选公司研发网络安全技术解决方案，带动国家网络安全产业发展。"前进计划"推出以来，总共有81家公司提出了125项技术研发资助申请，其中91个项目得到批准，资助金额

---

〔1〕 See Advancing National Cyberspace Capabilities Resolution No. 3611 of the Government of August 7, 2011, Accessed Apr. 15, 2019, http://www. pmo. gov. il/English/PrimeMinistersOffice/DivisionsAndAuthorities/cyber/Documents/Advancing% 20National% 20Cyberspace% 20Capabilities. pdf.

〔2〕 See Lior Tabansky, Cyberdefense Policy of Israel: Evolving Threats and Responses, Accessed Apr. 15, 2019, https://en-sectech. tau. ac. il/sites/bog. tau. ac. il/files/bog/article_3_12_-_chaire_cyberdefense. pdf.

〔3〕 吴世忠、磨惟伟等：《以色列网络安全管理体制发展演变考察报告》，载《网络空间研究》2016年第6期。

〔4〕 See Daniel Benoliel, Towards a Cybersecurity Policy Model: Israel National Cyber Bureau Case Study, 16 N. C. J. L. &Tech. 435 (2015).

达到1.36亿新谢克尔,另外还建立了11个相关孵化器。受助企业中的65%销售额已超过百万美元。2015年12月21日,以色列国家网络空间局和首席科学家办公室宣布,以色列将在2016年推出升级版的促进网络安全产业发展计划——"前进2.0"网络安全产业计划。升级版"前进计划"有三个资助重点:一是资助突破性和颠覆性技术研发,首席科学家办公室每年精选2~4个这种资助申请,给予长达4年的大额补贴,帮助其发展;二是资助优秀网络安全企业产品创新和概念验证,这类项目的资助期为1年,可为那些需要概念验证的公司培养一个国内用户或者两个国外用户;三是促进产业合作,这类资助鼓励多家有技术优势的企业联合,共同研发针对特定网络安全问题的解决方案,或者打造技术企业产业集群共同实现商业目标,要求参加企业不少于3家,资助期为2年。[1]

以色列国家网络空间局与科学技术部合作,在2012~2014年建立资金为3200万新谢克尔的网络安全学术研究基金,为在网络领域学习高级学位的学生提供1600万新谢克尔的奖学金。以色列国家网络空间局在重点中学开设网络安全的先进技术课程和研究生学术课程,并与教育部合作建立了从2013年至2016年的为期3年的"Magshimim Leumit"(希伯来语意为"国家成就")项目,旨在教育和发展优秀中学生的网络安全专业技术。[2]

2. 政府对网络安全产业的扶持

以色列政府对网络安全产业的扶持,既包括人才资源方面的支持,也包括资本方面的支持。[3] 以色列的许多网络安全企业都存在一个共同特点,即它们多由以色列军事信号情报组织8200部队的退伍人员创建组成。[4] 许多网络安全企业的创始人、合伙人和技术骨干都有在8200部队工作过的经历。[5] 为维持

---

〔1〕 以色列推出"前进2.0"网络安全产业计划:打造地中海边的网络强国,载http://www.cac.gov.cn/2015-12/24/c_1117560741.htm,最后访问日期:2018年12月2日。

〔2〕 See Bureau's Activities, Accessed Apr. 17, 2019, http://www.pmo.gov.il/English/PrimeMinistersOffice/DivisionsAndAuthorities/cyber/Pages/Activities.aspx.

〔3〕 郑欣:《以色列网络安全产业强国的策略及其启示》,载《信息安全与通信保密》2015年第5期。

〔4〕 以色列的8200部队(Unit 8200),是以色列国防军里负责信号情报和代码破译的部门。

〔5〕 See Meet Some Of The Emerging Israeli Cybersecurity Firms, Accessed Dec. 3, 2018, https://www.darkreading.com/analytics/meet-some-of-the-emerging-israeli-cybersecurity-firms/d/d-id/1326702;华屹智库:《小国亦有大战略——以色列网信军民融合发展情况及经验启示》,载《网信军民融合》2017年第10期。

以色列网络安全产业在全球的领导地位,以色列国家网络理事会与重点大学合作,成立了六个研究中心。这些研究中心培养了一大批的多学科研究和真正全面的解决方案,同时每个中心都专注于网络安全的不同领域,利用现有能力推进新的突破性主题。国家网络理事会邀请来自产业界、学术界和政府的合作伙伴与这些研究中心合作。[1]

网络安全产业是风险投资青睐的对象。在聚集社会资本方面,以色列政府发挥了积极作用。1993 年 1 月以色列政府拨款 1 亿美元设立了 YOZMA 基金。YOZMA 基金是一只投资于处于起步阶段的高新技术企业的创业投资母基金,即基金的基金,它不直接对项目进行投资,而是参与发起创业投资基金。YOZMA 通过参股支持,共设立了 10 只商业性创业投资子基金,大力吸引私人资本参与其中。以色列政府还设立了 Heznek 种子基金,该基金通过与其他私人投资者进行联合投资来引导私人资本投向早期企业。与 YOZMA 参股设立的子基金相比,Heznek 种子基金的投向为更加早期的企业,其投资对象通常为"创立不超过 6 个月,且设立以来的总开销不超过 25 万美元"的种子期企业。为了鼓励私人资本的参与,政府为私人投资者参与基金设立了许多优惠和激励政策。[2]

(六)日本

1. 与网络安全产业相关的法律、法规和政策

日本网络安全产业的发展是与日本建设信息通信网络社会和超级智能社会等发展战略目标的实施是同步的。

日本于 1995 年颁布的《科学技术基本法》确定了日本科学技术政策的基本方针。依照该法的要求,日本政府每五年颁布一次"科学技术基本计划"。2016 年日本政府制订并颁布了第五期科学技术基本计划(2016 ~ 2020 年度),其突出强调了信息通信技术对于未来社会的影响,提出建设超智能社会"社会 5.0"的

[1] See The National Cyber Security Research Center Program, Accessed Apr. 17, 2019, https://www.gov.il/he/Departments/General/research_centers.

[2] 参见 YOZMA 和 Heznek:创新国度的灵魂双剑,以色列创业投资引导基金模式,载 https://baijiahao.baidu.com/s?id=1562713896359453&wfr=spider&for=pc,最后访问日期:2018 年 12 月 3 日。

目标,并将 ICT 产业和相关技术确定为重点发展的领域,[1]因此,网络安全产业亦将从中获得支持。

日本政府为加快日本社会信息化步伐,尽快将日本建成高度信息化社会,于 2000 年制定了《高度信息通信网络社会形成基本法》,在内阁设置了建设高度信息通信网络社会的战略总部,其主要负责制定并实施信息通信网络社会重点计划,对信息化重大实施方案进行审议并制定推进措施。该法所确定的战略总部应当制定的建设高度信息通信网络社会的重点计划中包括一项"政府应当采取迅速行动保障信息通信网络的安全性和可靠性"。法案要求战略总部制定的重点计划要明确具体目标及完成时间,及时通过网络等多种方式对社会公布,战略总部要根据计划目标对实施状况进行跟踪调查,并及时公布结果。[2]

自 2000 年开始,日本政府在信息产业领域先后制定实施了一系列国家战略,例如,2000 年制定的《e-Japan 战略》、[3]2004 年制定的《u-Japan 战略》、[4]2009 年制定的《i-Japan 战略》、[5]2010 年制定的《保护国民信息安全战略》、[6]2013 年、2015 年以及 2018 年制定的《网络安全战略》。[7] 上述战略紧密围绕日本在建设信息社会的不同时期的发展重点,从而形成一个前后衔接、循序渐进的战略体系,大力推动了日本信息化进程和包括网络安全产业在内的整个信息产业的发展。[8]

2014 年 11 月 6 日日本国会通过《网络安全基本法》,新设以内阁官房长官

---

〔1〕 参见日本内阁府官方网站对科学技术政策的介绍,载 http://www8. cao. go. jp/cstp/cst/kihonhou/point. html,最后访问日期:2017 年 2 月 8 日。

〔2〕 高度情報通信ネットワーク社会形成基本法,第三十六条。

〔3〕 该战略的核心目标是促进信息化基础设施建设以及相关技术的研发。

〔4〕 该战略计划到 2010 年将日本建设成一个"任何时间、任何地点、任何人、任何物"都可以上网的环境,并由此催生新一代信息科技革命。

〔5〕 该战略将执行目标聚焦在了公共部门政府、医院和学校,旨在推动电子政务、电子病历、远程医疗、远程教育等应用的发展。参见从 e-Japan 到 i-Japan 日本信息化建设实现三级跳,载 https://www.csdn. net/article/2009 -09 -22/272223,最后访问日期:2018 年 12 月 2 日。

〔6〕 该战略主要是为了保护铁路、金融系统等关键基础设施的安全。参见日本政府批准"保护国民信息安全战略",载 http://www. miit. gov. cn/n1146285/n1146352/n3054355/n3057781/n3057798/c3592903/content. html,最后访问日期:2018 年 12 月 2 日。

〔7〕《网络安全战略》首次制定于 2013 年,并于 2015 年进行更新,旨在贯彻《网络安全基本法》的要求。

〔8〕 张向宏、耿贵宁等:《美日俄信息安全体制机制研究(一)信息安全战略》,载《微型机与应用》2015 年第 11 期。

为首的“网络安全战略本部”，协调各政府部门、科研机构和私营企业之间的网络安全对策。该法还以专门条款规定了对于网络安全产业的促进政策。[1]

2018 年 12 月日本发布了新版《防卫计划大纲》，更加聚焦网络空间防御能力建设。根据该大纲，日本政府拟于 2020 年新设“太空和网络司令部”，其地位将与日本陆上总队、日本航空总队和日本自卫舰队并列，力争将规模由目前的 110 人增至千人，并新设自行开展网络攻击研究的负责部门。[2]

2. 日本《网络安全基本法》所规定的对网络安全产业的促进措施

日本《网络安全基本法》第 19 条明确规定，为了增强日本的网络安全能力，也为了创造新的商业机会，促进网络安全产业作为一个新兴增长行业的发展，使其能够创造更多的就业机会，国家政府部门应当采取以下必要的措施：促进与网络安全能力有关的高端研发和技术进步；培育网络安全方面的人才；改善市场环境，通过提高市场竞争促进新商业机会的发展；推动技术安全与可靠性标准的国际化与相关国际合作。

在促进网络安全领域的技术研发方面，该法第 20 条明确要求政府应当采取以下措施：改善网络安全研究的环境；促进技术安全和可靠性的基础研究，促进核心技术的研究和开发；培养熟练的研究人员和工程师；加强国家研究机构、大学、私营部门和其他有关各方之间的协调；促进国际协作研究和开发。

在培育网络安全专业人才方面，该法第 21 条规定：国家政府应当与高校、技术学院、民营企业等相关实体密切协调与合作，采取必要措施，确保网络安全领域的适当工作任务和就业条件或劳动力待遇，从而使他们的职能和工作环境具有足够的吸引力，以满足其职业价值。为了招聘、开发和提高与网络安全有关的人力资源的质量的目的，国家政府应当通过与高校、技术学校、专门培训学院、民营企业等相关实体密切协调与合作，采取包括使用资格认证计划和培训年轻的技术专家在内的必要措施。

在促进网络安全教育和提高公众的网络安全意识方面，该法第 22 条规定：为了广泛提高公众对网络安全的认识和了解，国家政府应采取必要措施，包括促

〔1〕 サイバーセキュリティ基本法，第十九条。

〔2〕 张舒、李淼：《2018 年度国内外网络空间安全形势回顾》，载《信息安全与通信保密》2019 年第 1 期。

进教育和学习、提高公众认识活动,以及网络安全领域的知识传播。为了实现上述目标,国家政府应采取必要措施,包括开展提高公众认知的活动、传播网络安全的信息、以及确定一个具体的时间集中开展促进网络安全的相关活动。

3. 加强政产学研合作,促进网络安全产业发展

2014 年 3 月 26 日,日本信息通信研究机构(NICT)与防卫省技术研究本部同时宣布,双方已签署产学研合作的综合协议,以进一步促进在电子信息通信领域的研发合作。[1] 日本文部科学省还设立了"研究与实践结合培养高度信息安全人才项目",支持大学与企业合作培养信息技术安全研发人才。[2] 2014 年 6 月 13 日,日本警视厅宣布,将为"日本网络安全协会"主办的黑客大赛"SECCON 2013"提供后援。同年 7 月 12 日,日本防卫省与军工企业共同成立了"网络防御合作委员会",共享网络攻击信息。2014 年 8 月 24 日,日本警视厅与信息安全公司及咨询公司签订协议,成立分析网络犯罪作案手法等的研究机构。[3] 日本政府一向重视军民技术通用性与军民合作,目前三菱、川崎、东芝等 17 家大型企业,承担防卫省 95% 装备研制生产任务,其他约有 2400 多家中小企业通过承包、分包等方式获取科研生产合同。[4]

4. 注重国民网络安全教育,提高公众的安全意识

日本在《保护国民信息安全战略》(2010)中强调将"加强应对信息安全事件的能力,通过普及安全意识来加强国民针对个人电脑采取的信息安全措施"作为一项战略目标,提出自 2010 年 2 月起,将每年 2 月设立为"信息安全月"。2011 年 7 月,日本发布《信息安全普及与启蒙计划》,进一步明确要持续开展并加强"信息安全月"活动。2013 年 6 月,日本首次采用"网络空间安全"替代"信息安全",并将"信息安全月"更名为"网络安全意识月"。日本网络安全意识月由国家警察厅、防务省、经济产业省、内阁官方信息安全中心等部门共同主办。日本

---

〔1〕 日本信息通信研究机构(NICT)与防卫省技术研究本部签署促进产学研合作的综合协议,http://www.dsti.net/Information/News/87708,最后访问日期:2018 年 12 月 2 日。

〔2〕 陈志杰:《网络安全与信息化军民融合发展思考》,载《网信军民融合》2017 年第 7 期。

〔3〕 周季礼、黄朝辉:《2014 我国周边国家网络和信息安全建设大扫描》,载《中国信息安全》2015 年第 1 期。

〔4〕 陈志杰:《网络安全与信息化军民融合发展思考》,载《网信军民融合》2017 年第 7 期。

网络安全意识月每年均以“意识,安全,持续”为主题。[1] 日本政府还于每年10月举办“国际网络安全运动”(International Cyber Security Campaign),用以促进网络安全的国际合作和意识宣传。另外,日本总务省设立有国家网络安全意识教育网站,用于宣传介绍网络安全威胁、传播网络安全知识和提供各种基本防护工具,为公众和中小企业加强网络安全措施提供服务和帮助。[2]

(七)韩国

1. 与网络安全产业相关的法律、法规

韩国的信息技术产业非常发达,这与韩国健全的法律制度密切相关的。目前,韩国有关网络管理最主要的法律是2001年颁布的《促进使用信息通信网络及信息保护关联法》,该法从网络利用、个人信息、用户保护、信息和通信网络稳定性的保障四个方面,提出政府为加快信息和通信网络应用服务的发展提供财政、技术和人力支持,建立包括网络安全信息共享机制在内的网络安全信息管理制度,对互联网的使用和信息保护做出了严格规定,建立有信息安全管理体系认证和信息保护管理评级的网络安全审查制度。[3]

2015年3月,韩国颁布了《云计算发展与用户保护相关法》,[4]并制定了施行令和施行规则,其在规定对云计算发展和利用方面的促进政策以外,还提出了对云用户的信息安全的要求。随着韩国云计算产业的发展,对于网络安全的需求日益旺盛。

另外,与网络安全产业发展关系最为密切的法律是2015年6月颁布的《信息安全产业振兴法》,该法对政府促进网络安全产业发展的途径与方式做了详细的规定,下文将对此作具体介绍。

---

[1] 网络安全宣传的国际视野,载 http://www.fx361.com/page/2016/1102/302334.shtml,最后访问日期:2018年12月2日。

[2] 福州先知信息咨询有限公司:《日本网络安全战略发展及实施情况》,载《网信军民融合》2018年第12期。

[3] 参见韩国《促进使用信息通信网络及信息保护关联法》(정보통신망 이용촉진 및 정보보호 등에 관한 법률)。

[4] Act On The Development Of Cloud Computing And Protection Of Its Users, Accessed Dec. 2, 2018, http://www.law.go.kr/LSW/eng/engLsSc.do?menuId=2&section=lawNm&query=+13343&x=22&y=23#liBgcolor0.

2. 韩国《信息安全产业振兴法》的主要内容

韩国为了促进信息安全产业的发展而颁布了《信息安全产业振兴法》,该法共有七章,全面地、系统地规定了政府促进网络安全产业发展的各方面的措施及相关规定。依照该法的要求,科学信息通信部负责制定和实施信息安全产业振兴计划,其应当包括信息安全产业的政策目标、方向和主要内容。[1] 法案对于公共机构采购信息安全系统的标准、要求、合同、价格和瑕疵担保责任做出了规定。[2] 法案提出在加强信息安全产业与其他产业融合的基础上,加快研究和开发融合信息安全技术等,开发各种信息安全产品和信息安全服务。[3] 法案鼓励通过信息和通信网络提供或传播信息的企业,特别是上市公司,公开披露信息安全状况,如投资状况、人力资源状况以及相关的认证。[4] 法案还规定了信息安全产业的标准、专业人员的教育培训等。

在对特定的信息安全技术或信息安全企业的具体扶持方面,《信息安全产业振兴法》规定:科学信息通信和未来规划部可以选定优秀信息安全技术,并给予支持;[5]科学信息通信和未来规划部可以选定那些为促进信息安全产业做出贡献的信息安全企业,例如,对优秀信息安全技术进行开发和商业化的企业,作为示范信息安全企业并提供支持,其支持的方式可包括:优先与之订立信息安全系统采购合同;支持对专业人员进行培训;提供低息或贴息贷款;等等。[6]

法案还专门规定,在需要培育信息安全产业的情况下,科学、信息和通信技术和未来规划部长可长期以低利率向信息安全产业提供下列任何资金:“(1)安装、转让、更换、补充或扩展信息安全产品和信息安全服务所需的资金;(2)购买和储存原材料所需的资金;(3)信息安全产品和信息安全服务本地化的发展资金;(4)出口信息安全产品和信息安全服务的资金;(5)开发信息安全核心技术和组成部分所需的资金;(6)研究、开发和维护闲置设施所需的资金;(7)运营信

---

[1] 韩国《信息安全产业振兴法》第5条。
[2] 韩国《信息安全产业振兴法》第6条至第10条。
[3] 韩国《信息安全产业振兴法》第11条。
[4] 韩国《信息安全产业振兴法》第13条。
[5] 韩国《信息安全产业振兴法》第18条。
[6] 韩国《信息安全产业振兴法》第19条。

息安全产业所需的其他资金。”[1]

在支持出口方面，法案规定，科学、信息和通信技术及未来部长规划认为有必要促进信息安全产业出口的，可以按照总统的规定，在预算范围内向下列对象提供财政、物质或人力支持：(1)促进出口信息安全产品和信息安全服务的；(2)为促进出口从事提供建议、指导、宣传、参展、培训或调处商务谈话业务的；(3)在展会上安装和运营与信息安全产品、信息安全服务等有关的展厅，或在国内外展览中心展示信息安全产品、信息安全服务的；促进国际合作出口信息安全产品、信息安全服务的。[2]

在财税扶持方面，法案规定，政府可采取必要措施，例如根据《特别税收限制法》《地方特别税收限制法》和其他相关税法的规定，为促进信息安全产业提供税收减免；加大财政支出，支持对与信息安全有关的中小企业的投资和培育。[3]

法案还规定科学、信息和通信技术及未来规划部可以指定安全、可靠的企业作为“信息安全服务专业企业”，负责关键信息基础设施的保护和相关的漏洞分析、评估等工作。[4]

法案用专章规定了与开发、使用信息安全产品和信息安全服务有关的争议解决机制，法案建立了信息安全产业争议调处委员会制度。[5]

法案还用专章规定了信息安全产品和服务的用户权益保障措施，赋予用户撤销权，并规定，科学、信息和通信技术及未来规划部部长可以制定“用户保护准则”，由信息安全企业自主遵守，法案要求信息安全企业必须列明产品和服务的条款和条件，并授权科学、信息和通信技术及未来规划部可以起草标准条款和条件以供企业参考使用。[6]

3. 促进网络安全的相关政策

2013年7月，韩国未来创造科学部公布了《国家网络安保综合对策》，并发布了《信息安全产业发展综合对策》，提出信息安全产业市场规模将增长两倍，

---

[1] 韩国《信息安全产业振兴法》第20条。
[2] 韩国《信息安全产业振兴法》第21条。
[3] 韩国《信息安全产业振兴法》第22条。
[4] 韩国《信息安全产业振兴法》第23条。
[5] 参见韩国《信息安全产业振兴法》第四章。
[6] 参见韩国《信息安全产业振兴法》第五章。

扩大到10兆韩元的规模,并且,为了使信息安全产业成为新增长的动力产业,政府将积极支持这一领域的发展。[1] 在2014年发布的《信息通信、放送技术振兴实施规划》中,韩国政府宣布将投入11.764亿美元促进ICT领域10大技术的发展,其中包括应对网络攻击技术。[2] 韩国政府重视提供财政资金进行补贴支持,通常在核心技术研发经费上配以50%甚至更高比例的财政补贴。例如,在发展存储器产业技术期间,韩国政府为三星、现代、LG等企业提供的财政补贴就占了研发总经费的57%。根据韩国政府2016年版税收优惠政策,对从事机器人、人工智能、航天航空等领域技术研发的高新技术企业,允许其以研发费用的30%抵免法人税和个人所得税,以推动企业提高研发投资能力。[3]

在加强公共部门机构与民间企业合作方面,2014年2月9日,韩国表示,将从2月17日起,与3家移动运营商、门户网站和网络安全企业等40多家企业和机构联合实施应对网络攻击的演习,帮助企业提高网络防御能力。[4]

在国际合作交流方面,2016年3月4日,在美韩两国共同努力下,韩国微软网络安全中心正式揭牌,作为政府机构、信息安全组织、互联网服务提供商、银行、研究机构等韩国的公共及民间部门分享安全技术及信息的合作窗口,与美国微软网络安全中心建立信息技术交流机制。[5]

六、完善我国网络安全产业保障与促进法律制度的思考

(一)立法介入网络安全产业的正当性理由

从前述介绍中,我们可以发现,无论是中国,还是美国、欧盟、英国、以色列、日本、韩国等都存在立法机关或政府制定的保障或促进网络安全产业发展的措

---

〔1〕 韩国重视网络安全、政府大力打造信息安保产业,载 http://news.china.com.cn/world/2013-07/05/content_29336017.htm,最后访问日期:2018年12月2日。

〔2〕 韩国拟投11亿美元拓展10大信息技术,载 http://news.cnstock.com/news,bwkx-201403-2966095.htm,最后访问日期:2018年12月2日。

〔3〕 华屹智库:《东亚"太极虎"的网信征程——韩国网信军民融合发展情况及经验启示》,载《网信居民融合》2018年第7期。

〔4〕 周季礼、黄朝辉:《2014我国周边国家网络和信息安全建设大扫描》,载《中国信息安全》2015年第1期。

〔5〕 姜明辰:《美韩网络安全制度化合作及发展态势》,载《亚太安全与海洋研究》2017年第2期。

施，其中就立法机关制定的典型立法而言，如韩国的《信息安全产业振兴法》、日本的《网络安全法》（第19条）、中国的《网络安全法》（第二章），以及美国的《网络安全研究与发展法案》等。

就网络安全产业的保障制度而言，可以从广义和狭义两个角度来理解。广义而言，其是指与保障网络安全产业发展相关的法律规则体系。狭义而言，主要是指与网络安全企业的法律责任风险相关的法律制度，例如，网络安全产品责任、网络安全信息的收集、分析与披露中的法律责任问题。

就网络安全产业的促进制度而言，尽管许多国家都存在相关立法或政策，但是，从理论的角度来看，政府为何要对其采取促进措施，以及选择何种角度、途径来介入网络安全产业，并非是不言自明的问题。在市场经济环境下，通常由企业遵循自由竞争的原则而自主运行，除非有特殊的理由，立法者或政府通常是不介入的。毋庸讳言，网络安全产业亦是市场经济中众多产业类型中的一种，网络安全产品和服务亦是一种商品性质的产品和服务，网络安全企业亦是普通的市场主体，因此，对于网络安全企业的经营、网络安全市场的运行，通常亦应由市场自发调节，政府通常不予干预。所以，如果欲主张政府应积极采取措施介入到网络安全产业中，那么，必须指出特殊的理由。在本文看来，政府对于网络安全产业市场的介入理由主要有两点，一是市场机制的失灵；二是为了实现经济目的以外的其他目的。以上两点既是政府介入的正当性理由，亦点明了政府介入的领域和途径。

1. 针对市场机制失灵领域而进行的介入

如果我们从政府与市场的关系的角度来看待网络安全产业的保障与促进，特别是产业促进措施，很容易让人联想到产业政策。通常认为“产业政策”一词源自日本，但是，就其思想源头而言则是来自德国，可追溯至德国经济学家李斯特的思想，其认为对于落后的农业国家而言，要发展成为强大的工业国家，应当在对外贸易和关税方面采取保护主义政策，并可以通过国家对私人经济的干预建立起强大的制造业部门。[1] 而将产业政策予以法制化并大力推行的国家当属日本，以及韩国。从历史的角度来看，德国、日本和韩国的共同之处在于，其在

〔1〕 参见［德］弗里德里希·李斯特著：《政治经济学的国民体系》，商务印书馆1961年版。

工业化初期都曾大力推行产业政策,而待经济发展到一定程度后,产业政策逐渐让位于公平竞争政策,并开始出现对产业政策进行批评或反思的声音。在我国当前时期,关于是否应该通过政府制定并推行产业政策的方式来促进经济的发展,在经济学界存在许多争论。[1] 需要指出的是,许多经济学家对于产业政策的界定是不同的,这在一定程度上使关于产业政策的争论变得复杂化。有些经济学家从广义出发,认为凡是政府为促进某种产业的发展而有意识地采取的政策措施就是产业政策;[2]而另外一些经济学家则从狭义出发,认为产业政策是指政府出于经济发展或其他目的而对私人产品生产领域进行的选择性干预或歧视性对待,即将产业政策定位于选择性政策。[3] 本文在论及对网络安全产业的保障与促进,系从广义的角度来理解产业政策以及产业政策的法制化问题。关于是否要制定产业政策以及如何制定产业政策的诸多争论,归根结底仍是政府与市场的关系问题。

在本文看来,政府对于网络安全产业的介入不是要取代或限制市场竞争,而是要针对市场机制失灵之处,填补市场机制的不足之处,增强市场竞争的活力。对于网络安全产业而言,单纯依赖市场自身机制而无力解决的问题领域主要有:

第一,涉及网络安全技术的基础研究。对于私营企业而言,从事基础研究需要负担高昂的成本,而其对基础研究成果的收益却难以全部享有,正是由于这种收益的外溢效应,使私营企业不愿意从事基础研究,因此,在世界上许多国家,对于基础研究,特别是关键共性技术的研究,都是由政府予以财政支持的。

第二,网络安全技术的应用转化领域。通常情况下,一项技术从基础研究阶段到商业应用阶段需要经历科技成果转化阶段,而这一阶段亦是难以完全通过市场来解决的,它需要由政府来促成科研机构与企业之间的合作。正是由于这一点,世界上许多国家有关科技促进的法律都将关注点集中在促进科技成果转化阶段,例如,美国的《杜拜法案》《技术转让法案》《2014 年振兴美国制造来与创新法案》,中国的《促进科技成果转化法》等。对于已经成熟而可以进入商业

---

〔1〕 参见林毅夫等主编:《产业政策:总结、反思与展望》,北京大学出版社 2018 年版。

〔2〕 林毅夫:《产业政策与国家发展——新结构经济学的视角》,载林毅夫等主编:《产业政策:总结、反思与展望》,北京大学出版社 2018 年版,第 3 页。

〔3〕 张维迎:《我为什么反对产业政策——与林毅夫辩》,载林毅夫等主编:《产业政策:总结、反思与展望》,北京大学出版社 2018 年版,第 16 页。

应用的技术,则应当由企业负责,政府无须干预或补贴。

第二,网络安全产品和服务的标准的制定。网络安全产品和服务标准属于公共产品,涉及公共利益,不能完全依赖市场自发提供,因此,需要政府的介入。

第四,对网络安全行业中小企业的扶持。对于中小企业的扶持,旨在增强其市场竞争的地位,使其能够与大企业公平地竞争,从而激发整个市场的活力。

第五,网络安全信息共享机制的建立。网络安全行业的发展需要先进的技术,作为一个新兴的科技型行业,先进技术往往掌握在极少数企业中,企业间的信息阻塞在很大程度上影响技术的进步,企业之间通过信息共享机制不仅能就技术问题进行交流,也能感知网络安全行业发展态势,但出于网络安全行业的特殊性,往往涉及国家安全、公共利益,网络安全信息共享机制的建立不能完全放置于市场环境中,应当需要政府的介入。

第六,网络安全教育与人才培养。网络安全行业是一个专业性较强的行业,并且是近年来新出现的一个行业,专业人士较少。因此,需要大力加强网络安全专业教育与人才培养,这并不是从事网络安全业务的私营企业所能独立完成的,而是需要政府予以大力支持的事项。

上述六个方面,系从经济学的一般理论出发,其不仅适用于网络安全行业,亦适用于其他行业。除此以外,网络安全行业还具有以下独特之处,使立法者需要对其特殊对待。

首先,网络安全产品和服务与普通的商品和服务相比,突出的特点在于其具有较强的外溢效应。在网络环境下,一位网络用户所面临的网络安全风险水平不仅取决于其自身是否采取安全保障措施,还取决于其他用户是否也采取了安全保障措施。因此,当某一用户购买了网络安全产品和服务时,不仅会使自身的网络安全防范水平得以提高,同时也可以惠及他人。从这一角度来看,网络安全产业为公众用户提供的安全服务类似于防范病毒传播的免疫服务。正如同其他具有较强外溢效应的商品与服务一样,由政府给予其必要的资助是合理的。因此,我们主张,借鉴政府在免疫领域给予接种规划疫苗者以财政补贴的做法,政府也应给予个人和小微企业以必要的资助,使能够获得必要的基本的网络安全防护,从而有利于提高全社会的网络安全水平。

其次,网络安全产业作为新型发展领域,当前网络安全产业的发展状况远不能满足于国家发展、社会进步的现实需求,为了加快建设网络强国,促进网络安全产业的快速发展,激发企业研发网络安全技术的积极性,2018 年 11 月工信部发布了工业和信息化部办公厅《关于开展网络安全技术应用试点示范项目推荐工作的通知》,[1]工信部将联合电信和互联网行业开展网络安全技术应用试点示范项目。在国外,比如韩国的《信息安全产业振兴法》中就明确以法律的形式规定由科学、信息和通信技术及未来规划部部长指定优秀信息安全技术、示范信息安全企业,并每年做出支持。[2] 我国在此基础之上可以借鉴韩国的做法,评选优秀网络安全技术、示范性企业,对优秀的网络安全技术进行推广与支持,对示范性网络安全企业提供贷款等财税支持。

政府针对市场机制的不足之处而采取的产业促进措施可以包括财政政策,如发放补贴、税收减免、融资扶持、政府采购等;也包括协调措施,如促进政府、产业界、高校、科研机构之间合作以及国内外的合作;以及其他措施,如确定相关标准、人才培养机制、知识产权归属的分配与保护。

2. 基于其他目的而进行的介入

当今世界上许多国家都对网络安全产业予以重视和扶持,除了将其视为一项新兴产业并希望其能够带动就业和经济发展目标以外,另一项重要目的在于维护国家安全。网络安全产业的特殊性在于,它是一项严重依赖网络安全技术的行业,而网络安全技术与国家安全密切相关,许多与网络安全相关的技术都属于军民两用技术,这意味着:

第一,促进网络安全产业的发展,有利于提高一国的网络安全水平,从而有利于该国的国家安全。当今世界各国都在致力于网络空间的竞争,强大的网络安全产业可以为一个国家在国际竞争中获取优势提供背后的支撑。

第二,网络安全产业的特殊性决定了一个国家在发展网络安全产业时不能依赖于外国的网络安全企业或从国外获取相关技术、产品或服务。目前,世界上许多国家对于网络安全技术和产品都存在进出口管制规定,网络安全行业被划入外国投资国家安全审查的敏感行业。因此,试图通过引进国外关键技术或收

[1] 2018 年 11 月 21 日,中华人民共和国工业和信息化部发布《工业和信息化部办公厅关于开展网络安全技术应用试点示范项目推荐工作的通知》(工信厅网安函〔2018〕366 号)。

[2] 参见韩国《信息安全产业振兴法》第 18 条、第 19 条。

购国外网络安全企业来提高本国网络安全产业发展水平的途径是行不通的。在这种背景下,如何使本国的网络安全产业得以快速发展便成为政府面临的一项重要任务。

第三,许多网络安全技术往往涉及军民两用,对网络安全技术的研发大多还是依靠本国企业的创新发展,但在网络安全产业发展过程中,不可避免的会出现网络安全技术、产品或服务的进出口情形,还会出现外国对我国网络安全领域进行投资的情形。出于对国家安全的考虑以及网络安全产业的健康发展,需要国家对网络安全技术、产品或服务的进出口进行管制,明确进出口管制的标准,对外国投资建立国家安全审查制度。

第四,正是由于网络安全与公共安全、国家安全都有着密切的关系,所以,政府有必要对网络安全企业提供的网络安全产品和服务,特别是用于关键信息基础设施的产品与服务,进行检测和安全审查,建立网络安全产品和服务责任制度,同时配套相应的网络安全产品和服务争议解决机制。这不仅是出于保护网络安全产品或服务的用户的需要,也是对网络安全企业自身责任风险的控制。因此,网络安全行业亦是一个受到管制的行业。

(二)制定网络安全产业促进法的设想与建议

基于以上论述,本文认为,我国政府可以《网络安全法》第二章为基础,参酌国外的相关立法,进一步健全我国网络安全产业保障与促进制度,并在条件成熟时,可以借鉴韩国的《信息安全产业振兴法》,制定一部符合中国国情的《网络安全产业促进法》,其应当包括以下主要内容:

1. 制订网络安全产业发展规划,促进网络安全产业长期发展。在未来的立法中,应明确国务院主管部门和省、自治区、直辖市人民政府统筹规划网络安全产业工作,制订网络安全产业发展规划,确定网络安全产业重大项目、与网络安全产业密切相关的重大项目,保障网络安全产业进步与经济建设和社会发展相协调。

2. 设立专项基金,鼓励网络安全产业技术创新。国家鼓励网络安全基础技术的研究开发,应当设立网络安全重大基础研究专项基金,资助基础研究和关键共性技术的研究,鼓励科学前沿探索;设立网络安全技术创新基金,资助网络安全技术创新。以上基金项目可面向全国的网络安全企业以公开招标的方式实施。国家有关部门在制定网络安全重大基金项目时,应当充分听取网络安全企业的意见,避免重复研发。另外,为了鼓励网络安全产业的技术创新,国家可以设立网络安全技术进步奖,对于在网络安全技术领域中作出重大贡献的企业和个人给予奖励。

3. 加大研发费用抵扣力度,鼓励企业自主开展技术创新。国家应当落实对高新技术产业的税收优惠政策,加大网络安全技术研发领域的研发费用的税前抵扣力度,以此来激发网络安全企业的研发积极性,同时鼓励网络安全企业不断加大研发投入,促进网络安全技术攻关。

4. 完善财税激励政策,鼓励网络安全技术创新。在网络安全技术创新的财税激励过程中,为了使资金的使用更有效率,更有利于网络安全技术的创新,应当注意:首先,增强政府对网络安全技术创新的财税激励程度。一方面,完善国家财税激励政策体系,为企业进行网络安全技术创新提供制度支持;另一方面,国家要加大对网络安全技术创新的财政支持,扩大财政支出中用于网络安全技术创新的资金比重,同时扩大财政激励的覆盖面,使更多进行网络安全技术创新的企业享受财税激励政策。其次,扩充政府对网络安全技术创新的财税激励方式。国家在网络安全技术创新领域的财税激励方式不应当仅局限于对从事网络安全技术研发企业的财税优惠政策,还应当包括对网络安全技术创新的研发人员财税优惠政策,如研发人员对研发创新成果所获得的奖金折半计入个人征税计算基数等。再者,优化政府对网络安全技术创新的财税激励的流程。因为网络安全技术创新具有高投入、高风险且耗时长的特点,对该领域技术创新的财税激励可以分阶段进行,使财税激励政策更好地适用研发过程,这样更有利于网络安全企业投入到网络安全技术的创新中,特别是针对一些中小型的成长型企业。

5. 对网络安全产业的融资扶持。国家利用财政性资金设立网络安全产业发展基金,为网络安全企业自主创新与技术成果产业化贷款提供贴息、担保。在网络安全产业促进法中明确规定,政策性金融机构应当在其业务范围内对国家重点网络安全企业给予融资支持,鼓励商业金融机构对于网络安全企业,特别是中小网络安全企业给予融资支持。

6. 规范政府采购,促进网络安全产业发展。对于关系国家安全、国计民生重大安全利益的网络安全产品和服务，政府应当通过政府采购的方式从网络安全企业购买，并保障政府采购过程的公开、透明和非歧视。在采购程序上，相应行政机关、公共机构的负责人应当在每年度提交网络安全技术采购需求信息，国家主管机关经审查后向网络安全企业提供政府的采购需求信息，与网络安全企业订立政府采购协议；网络安全企业与行政机关、公共机构等订立建立网络安全制度项目合同的，应当对自其完成项目之日起一定期限内出现的缺陷承担瑕疵担保责任。

7. 加速网络安全产业的融合。政府应当在发展网络安全产业与其他产业融合的基础上，通过制定和实施必要的政策加快研究和开发融合网络安全技术，开发各种网络安全产品和网络安全服务。可从如下角度入手：研究开发融合网络安全技术、对融合网络安全技术进行贸易化和商业化、开展关于融合网络安全技术的试点项目、培训融合网络安全技术的专业人才以及其他加快发展融合网络安全技术的必要支持项目。

8. 促进科研机构与网络安全企业之间的合作。政府应当采取措施积极推进科研机构与网络安全企业之间的合作，加大科研机构与网络安全企业之间的信息交流与人才交流，打破科研机构与网络安全企业之间的信息阻塞，减少相互间的重复性工作，提高网络安全技术研发的效率，促进网络安全技术成果的转化。

9. 促进网络安全产业的国际合作。国家相关部门应当了解有关网络安全产业的国际趋势，一方面为网络安全技术和专业人员的国际交流以及国际联合研究开发项目提供支持，另一方面为与网络安全产业有关的私营领域的国际合作提供支持，以促进在网络安全产业领域开展国际合作。

10. 促进中小网络安全企业的发展。国家应当鼓励、支持、引导中小型网络安全企业创新发展，采取多种方式相结合的形式促进网络安全产业发展，一方面，通过政策扶持中小型网络安全企业，例如，在实施政府采购项目时为中小企业预留一定的比例，设立中小企业发展基金资助中小企业从事技术创新、研发；另一方面，鼓励网络安全行业的大型龙头企业与中小企业合作，营造国内网络安全企业合作、互助、共进的发展状况。

11. 资助小微企业获取网络安全产品和服务，提高网络安全水平。随着“互联网 +”政策的实施，许多中小企业，特别是新创业的小微企业，越来越多地信赖互联网开展商业经营,但却缺乏足够的资金用以维护信息系统的安全,其不仅对消费者带来了极大风险,还有可能对公共安全带来危险,因此,建议通过立法的方式明确政府资助的方式,帮助小微企业获取网络安全服务,提高网络安全水平。

12. 评选优秀网络安全技术、示范性网络安全企业。国家应当在每年度评选出优秀的网络安全技术以及示范性网络安全企业,对优秀网络安全技术的进一步研发和推广提供支持,对示范性网络安全企业给予适当的支持。

13. 明确知识产权归属,激励创新和科技成果转化。国家相关部门应当在发布科研项目、签订科研委托合同时,切实采取措施,落实《科学技术进步法》的要求,对于网络安全企业利用国家财政资金设立的科技基金项目或科技计划项目所形成的发明专利权、计算机软件著作权、集成电路布图设计专有权等,除涉及国家安全、国家利益和重大社会公共利益的外,应当归承担该项目的网络安全企业所有,增强人们的知识产权意识,严厉打击盗版网络安全产品和服务的使用,搭建网络安全技术知识产权交易平台,推进知识产权公平公正的交易。政府应当在网络安全技术成果转化过程中发挥积极引导作用,对于自主研发的具有良好商业前景的重要网络安全技术成果提供税收优惠、政策倾斜等支持,激发网络安全企业的技术研发积极性。同时,政府可以引导网络安全企业与专利服务机构打造一个网络安全技术专利信息沟通平台,各个网络安全企业、网络安全运营商等可以根据自己的需求进行互通交流达到信息共享,加快具有商业前景的网络安全技术的成果转化。

14. 明确网络安全技术标准。网络技术发展迅速,迭代更新频率高,在明确网络安全技术标准时既要兼顾这种技术快速变化的特点,避免出现网络安全技术标准的滞后,同样也要满足网络安全企业的技术水平,避免制定标准过高,不利于网络安全企业的发展。另外,明确网络安全技术标准少不了那些提供网络安全服务的企业的参与,这些提供网络安全服务的企业对网络安全技术的研发、现状以及发展趋势都有相对清晰的把握,他们参与进来制定的网络安全技术标准更能满足网络安全产业发展的实际需求,也能增加网络安全企业对网络安全产业发展的贡献,积极推动网络安全产业的发展。

15. 制定相关标准,促进网络安全产品和服务市场的健康发展。应当明确网络安全产品和服务的相关国家标准，以及相关的评估、认证程序，建立网络安全产品和服务的分级评定的机制，一方面便于网络运营者基于网络安全等级保护的需要或履行保护关键信息基础设施的法律义务的需要，选择适当的网络安全产品与服务，也有利于促进网络安全企业之间的公平竞争。政府在制定相关标准时，应当为网络安全企业和相关行业协会提供充分参与的机会。

16. 鼓励网络安全企业积极参与相关国际标准的制定。政府应当为国内的网络安全企业参与相关网络安全产品或服务的国际标准的制定提供便利和帮助，鼓励其积极参与国际标准的制定，从而有利于提高中国网络安全产业的国际化水平。

17. 明确网络安全漏洞的挖掘、披露规则，建立网络安全信息共享机制。网络安全漏洞挖掘对于网络安全企业而言非常重要，但是，目前缺乏明确的法律规则，因此，给相关企业和从业人员带来许多法律风险，建议以法律的形式明确漏洞挖掘和披露的具体规则，并给予符合条件的网络安全企业和“白帽子”人员以法律责任豁免，鼓励其从事网络安全产业。同时，应当以法律的形式建立政府机构、关键信息基础设施运营者、网络服务提供者与网络安全企业之间的网络安全信息共享机制，并给予相关参与企业以必要的责任豁免，这对于感知网络安全态势、应对网络安全威胁和促进网络安全水平的提高非常重要。

18. 制定支持网络安全人才培养的具体措施。国家应当确定网络安全专业人员的实际需求情况，制订网络专业人才供求的中长期前景规划，支持制定和传播培养网络安全人才的教育方案，设立国家专项训练计划、国家奖学金计划，鼓励校企合作，培养网络安全专业人才，并为其创造有利的就业环境和科研条件，充分发挥网络安全专业人员的作用。同时，我国应当学习借鉴美国的相关立法，将资助网络安全教育和人才培养的计划予以法定化、规则化、具体化，从而保证网络安全人才培养事业能够得到政府持久的、稳定的支持。

19. 明确网络安全技术与产品进出口管制的标准，建立网络安全产业领域的外国投资国家安全审查制度。许多网络安全技术与产品具有军民两用用途，因此，需要明确相关进出口管制的标准与法律规则，以便于网络安全产品的国际贸易有规可循。另外，亟须建立网络安全产业领域的外国投资国家安全审查制度，这既是保障国家安全的需要，也是促进网络安全产业健康发展的需要。

20. 建立网络安全产品责任制度,保护用户合法权益。这既是明晰网络安全企业的法律责任边界、控制法律责任风险的需要,也是保护网络安全产品的用户和消费者合法权益的需要,网络安全产业获得社会认可和信任的需要。

21. 成立网络安全产业争议调解委员会。我国应当借鉴韩国的信息安全产业争议调处委员会成立网络安全产业争议调解委员会,调解处理与开发、使用网络安全产品和网络安全服务有关的争议,调解委员会组成人员应当涵盖高校、企业、政府等各个行业中从事网络安全产业相关的人员。并可以通过进一步制定配套法规的形式明确有关调解委员会的组织和运作、调处争议的方法、程序和效力等。

附录：韩国信息安全产业振兴法

陈祖晖译，周学峰校

［2015年12月23日施行］［第13343号，2015年6月22日颁布］

科学和技术部（信息保护规划司）02－2110－2917

第一章　总　　则

第一条　（目的）

该法的目的是通过以下方式为信息安全产业建立制度基础：规定促进信息安全产业所必要的事项；为营造人们安全使用信息和通信的环境做出贡献，并通过增强信息安全产业的竞争力从而促进国民经济的健全发展。

第二条　（定义）

1. 本法使用的术语定义如下：

（1）“信息安全”一词是指为下列活动建立管理、技术和实物手段（以下简称信息安全系统）：

（a）防止在收集、处理、储存、搜索、传递和接收信息以及恢复信息时可能发生的销毁、修改、泄露等；

（b）利用密码学、认证、感知、管制等安全技术或安全操作相关设备和设施以应对事故、灾害、犯罪等；

（2）“信息安全产业”一词是指开发、制造或分销实现信息安全的技术（以下简称信息安全技术）以及信息安全技术适用的产品（以下简称信息安全产品）或

提供与之相关的服务(以下简称信息安全服务)的产业;

(3)“信息安全企业”一词是指从事与信息安全产业有关的经济活动(以下简称信息安全业务)的人;

(4)“用户”一词是指使用信息安全企业提供的信息安全技术、信息安全产品和信息安全服务(以下简称信息安全技术等)的人;

(5)“公众机构”一词是指下列机构:

(a)根据《公共机构管理法》第四条设立的法人、组织或其他机构;

(b)根据《地方公共企业法》设立的地方公共公司及地方公营产业;

(c)根据特别法律设立的特别目的法人;

(d)总统令规定的其他法人、组织和机构;

(6)“信息安全准备水平的评估”一词指的是评估企业的信息安全准备水平,并为其评定具体的级别。

2. 除第1款所列之外,本法用语之定义受《国家信息化框架法》;《促进信息与通讯网络利用和信息保护法》;《信息和通信技术产业促进法》;《电信框架法》;《电信业务法》;《广播通信发展框架法》;《互联网多媒体广播服务法》规制。

第三条 (国家和地方政府的责任)

国家和地方政府应当制定和执行促进信息安全产业的发展所必要的政策,并制订获得必要的资金的计划。

第四条 (与其他法律的关系)

信息安全产业的相关事项应由本法规制,其他法律另有明确规定的除外。

第五条 (制订促进信息安全产业的规划)

1. 科学、信息和通信技术及未来规划部部长应制订和实施促进信息安全产业的计划(以下简称促进计划),为促进信息安全产业的政策提供目标和方向,促进计划应包括以下方面;

(1)促进信息安全产业政策基本定向的事项;

(2)与建立基础设施相关的事项,如培训信息安全专业人员,开发专利技术,大量使用信息安全服务;

(3)规范信息安全技术等和保护知识产权的事项;

(4)培养和支持信息安全企业的事项；

(5)为增强《中小型企业框架法》第二条第一款规定的中小企业、《促进风险投资特别措施法》第二条第一款规定的风险投资企业和《独资业主创新企业扶持法》第二条规定的自营创新企业(以下简称"中小企业等")在信息安全方面的竞争力而提供支持的事项；

(6)与发展信息安全产业和其他产业融合为基础的信息安全政策相关的事项；

(7)为信息安全产业创造公平竞争环境的事项；

(8)保护用户权益的事项；

(9)支持信息安全产业国际合作和海外发展的事项；

(10)为促进信息安全产业筹集和分配资金的事项；

(11)改善促进信息安全产业的法律和制度的事项；

(12)商业合作和中央行政机关之间与信息安全产业有关的业务协调的事项；

(13)与《促进信息通讯的振兴与融合的特别法》第五条所规定的总计划相关联的事项；

(14)促进信息安全产业所必要的其他事项。

2. 科学、信息和通信技术及未来规划部部长应每五年制订一次促进计划，如有必要，他可以缩短或改变制订该计划的期限。

3. 科学、信息和通信技术及未来规划部部长可要求相关中央行政机关、地方政府和相关公共机构的负责人提供其主管领域的计划或数据，以制订促进计划。在这种情况下，收到提供计划或数据要求的机关和机构应遵守这一要求，但情有可原的情况除外。

4. 总统令规定的为制订、实施促进计划所必要的其他事项。

第二章　信息安全产业的振兴

第六条　(提供采购需求信息)

1.《电子政府法》第二条第二款规定的行政机关或公共机构(以下简称公共

机构等)的负责人应每年提交信息安全技术等的采购需求信息(在本条中以下简称采购需求信息),以增强主管机关或机构的信息安全水平。

2. 科学、信息和通信技术及未来规划部部长可向信息安全企业提供根据第一款提交的采购需求信息。

3. 科学、信息和通信技术及未来规划部部长根据第二款向信息安全企业提供采购需求信息的,应召开部内的特别审议委员会会议,并采取措施防止向外提供对国家安全和公共利益有重大影响的信息。

4. 根据第一款和第二款提交和提供采购需求信息的具体次数、期限、方法、程序等必要事项应由总统令规定。

第七条 (建设公共机构等信息安全系统的合同等)

1. 公共机构等负责人为建设信息安全系统项目而订立合同的,应当优先与根据《国家为缔约方的合同法》第十条第二款第(三)项规定的和《地方政府为缔约方的合同法》第十三条第二款第(四)项规定被选定的中标人订立合同;因其采购的信息安全系统的特点而有必要采取其他缔约方式的,可以通过其他方式订立合同。

2. 科学、信息和通信技术及未来规划部部长可确定在根据第一款订立合同时所适用的信息安全系统分析、应用标准,以及选择信息安全系统运营者的技术评估标准。

3. 公共机构等负责人根据第一款订立项目合同或者为了选择运营者而进行技术评估时,科学、信息和通信技术及未来规划部部长可以向其推荐第二款规定的标准。

4. 科学、信息和通信技术及未来规划部部长应制定并公开根据第一款至第三款规定进行合同签订的详细程序和标准。

第八条 (转包的批准)

1. 已经与公共机构等订立建设信息安全系统合同的信息安全企业,欲将其承担的建设项目的全部或者部分进行分包的,或者分包人欲进行再分包的,信息安全企业或者其他信息安全企业应当事先分别获得该公共机构等负责人的书面批准。

2. 根据第一款批准的有关程序等的必要事项,须由科学、信息和通信技术及未来规划部的条例规定。

第九条　（对信息安全系统的瑕疵担保）

1. 信息安全企业与公共机构等订立建设信息安全系统合同的，应当对自其完成项目之日（指在对项目进行测试和检查后交付最终产品的日期）起一年内出现的一切缺陷承担担保责任。

2. 尽管有第一款的规定，任何信息安全企业对以下原因导致的缺陷均不承担担保责任，但是，信息安全企业知道项目业主提供的物品或其做出的指示是不适当的而未告知项目业主的除外：

（1）项目业主提供的物品质量或规格不符合第七条第二款所述标准的；

（2）信息安全企业是按照项目业主的指示建立信息安全系统的；

（3）项目业主故意或过失造成缺陷的。

第十条　（信息安全产品和信息安全服务的价格）

1. 公共机构等订立信息安全项目合同的，应当为信息安全产业的发展以及信息安全产品和信息安全服务的质量保证支付适当的价格。

2. 项目业主有下述情况之一的，科学、信息和通信技术及未来规划部部长可通过公私关系监测进行调查，并披露调查结果，或要求相关项目业主采取纠正措施，以确保采购行为得以合理实施：

（1）项目业主违反本法或其他与采购信息安全项目有关的法规的任何规定的；

（2）项目业主无正当理由拖欠项目建设款、长期维护管理费，或日常经营中对安全性能进行维护的费用。

3. 科学、信息和通信技术及未来规划部部长可与公平交易委员会协商制定格式合同，并建议公共机构等使用此种格式合同，以便实施信息安全产业的合理流通与公平交易。

4. 科学、信息和通信技术及未来规划部部长可收集和分析以下关于信息安全产业的信息，并向公共机构等提供信息，以便各公共机构等负责人为第1款规定的信息安全项目支付适当的价格：

（1）实施信息安全项目的条件；

（2）实施信息安全项目的工具；

(3)信息安全项目的成本、时间表、规模和流程数量;

(4)信息安全项目质量特点的信息;

(5)计算用以维护、管理信息安全产品和维护安全性能的信息安全服务价格标准所必要的其他事项。

5. 科学、信息和通信技术及未来规划部部长可要求公共机构等负责人提交用以全面管理第四款规定的关于信息安全项目的信息的必要数据,公共机构等负责人应当配合该请求,但是,有正当理由的除外。

6. 根据第二款披露调查结果的期限和方法以及其他必要事项,应由总统令规定。

第十一条 (加速信息安全产业的融合)

1. 政府可以制定和实施必要的政策,在信息安全产业与其他产业发展融合的基础之上,加快研究和发展融合信息安全技术等,开发各种信息安全产品和信息安全服务。

2. 为加快发展融合信息安全技术等,科学、信息和通信技术及未来规划部部长可以实施以下项目:

(1)研究和发展融合信息安全技术等;

(2)对融合信息安全技术进行贸易和商业化;

(3)开展与融合信息安全技术等相关的试点项目;

(4)培训与融合信息安全技术等相关的专业人员;

(5)进行与融合信息安全技术等相关的政策研究;

(6)为加快发展融合信息安全技术等的其他必要的支持项目。

第十二条 (对信息安全准备水平评估的支持等)

1. 任何通过信息和通信网络提供或传播信息的人,可通过根据第二款规定在科学、信息和通信技术及未来规划部登记的评估机构,对其信息安全准备水平进行评估,以确保《促进信息与通讯网络利用和信息保护法》第二条第一款第(二)项所规定的信息和通信服务的使用者的安全。

2. 欲从事信息安全准备水平评估业务者应提供以下材料,向科学、信息和通信技术及未来规划部提出登记请求:

(1)公司的章程或组织规则;

(2)进行信息安全准备水平评估的项目的实施计划;

(3)总统令规定的其他事项,例如,进行信息安全准备水平评估所必要的、可用来证明人力、技术和财力的文件。

3. 科学、信息和通信技术及未来规划部部长可以在预算限额内,对根据第二款登记的评估机构提供从事信息安全准备水平评估所必要的技术和财务支持。

4. 对于已接受信息安全准备水平评估的企业,政府可根据评估结果,对其提供必要的支持,例如颁发奖励。

5. 与第二款所规定的登记要求、程序相关的必要事项,以及第三款和第四款所规定的支持事项,应当由总统令规定。

第十三条　(信息安全公告)

1. 任何通过信息和通信网络提供或传播信息的人,可以披露其信息安全状况,如投资状况、人力资源状况以及相关的认证,以确保《促进信息与通讯网络利用和信息保护法》第二条第一款第(二)项所规定的信息和通信服务用户,按照总统令的规定,能够以安全的方式上网。在这种情况下,根据《金融投资服务和资本市场法》第一百五十九条有义务要求提交年度报告的公司,可公布其年度报告,披露与信息安全相关的认证信息,如根据上述法律第三百九十一条规定的信息安全准备水平评估的结果。

2. 根据第一款披露信息安全状况的人,根据《促进信息与通讯网络利用和信息保护法》第四十七条第一款获得信息安全管理系统认证的,可以获得支付价款的30%的折扣。

第三章　建立促进信息安全产业的制度基础

第十四条　(技术发展和标准化的实施)

1. 科学、信息和通信技术及未来规划部部长可实施以下项目,以加快信息安全技术的开发和投入:

(1)调查信息安全技术和研究的发展水平以及基础技术的研发;

(2)发现和开发未来前景较好领域的信息安全核心专利技术;

(3)关于信息安全技术的国际联合研究、开发和支助;

(4)信息安全技术商业化,建立与信息安全有关的区域产业集群;

(5)支持产业、学术界联合研究信息安全技术的项目;

(6)振兴信息安全技术贸易的项目;

(7)加快信息安全技术的开发和投资所必要的其他项目。

2. 科学、信息和通信技术及未来规划部部长可建立和运作全面支持信息安全产业的制度,以增强信息安全技术贸易及其竞争力的发展,并提供与信息安全产业有关的信息。

3. 科学、信息和通信技术及未来规划部部长可建立和运行支持信息安全企业的相关系统,如技术测试和开发,并允许信息安全企业使用相关系统或出借相关系统。

4. 科学、信息和通信技术及未来规划部部长可根据总统令的规定实施以下项目,以振兴信息安全技术贸易,并确保信息安全产品之间的兼容性:

(1)制定、修改、废除和推广与信息安全技术等有关的标准;在《产业标准化法》对韩国产业标准已有规定的情况下,应适用韩国产业标准;

(2)调查、研究和制定与信息安全技术等有关的国内和国际标准;

(3)采取能够将韩国信息安全技术等标准成为相关国际标准的措施;

(4)信息安全技术标准化所必要的其他项目。

第十五条 (培训专业人员)

1. 科学、信息和通信技术及未来规划部部长可与有关中央行政机关负责人协商,制定和执行下列措施,培训促进信息安全产业所必需的专业人员:

(1)确定专业人员需求的实际情况,制订专业人员供求的中长期前景规划;

(2)认定、建立和支持培训专业人员的机构;

(3)支持制定和传播培训专业人员的教育方案;

(4)支持建立与信息安全产业有关的资格审查制度和专业人员的供求;

(5)支持各级学校和其他教育机构提供与信息安全产业有关的教育;

(6)总统令规定的培训专业人员所必要的其他事项。

2. 科学、信息和通信技术及未来规划部部长可实施项目以发现和培养与信息安全有关的未来人才和优秀外国人力资源,以及有学分要求的实习生制度。《促进信息和通信融合振兴特别法》第十二条和第十三条应适用于与实施本项目有关的必要事项。

3. 科学、信息和通信技术及未来规划部部长可建立和运营信息安全专业人员管理系统,对信息安全专业人员进行系统培训和管理。对在管理系统注册的专业人员提供支持的范围及详情,由科学、信息和通信技术及未来规划部另行规定。

第十六条 (促进国际合作)

1. 科学、信息和通信技术及未来规划部部长应了解有关信息安全产业的国际趋势,并促进国际合作。

2. 科学、信息和通信技术及未来规划部部长可为信息安全技术和专业人员的国际交流以及国际联合研究和开发等项目提供支持,以促进在信息安全产业领域开展国际合作。

3. 科学、信息和通信技术及未来规划部部长可为与信息安全产业有关的私营部门的国际合作提供支持。

第十七条 (对性能评估的支持)

1. 科学、信息和通信技术及未来规划部部长可以对信息安全产品的性能进行评估,以确保其质量、加快其流通、保护信息安全产品的用户,并振兴融合产业。

2. 科学、信息和通信技术及未来规划部部长可认定评估机构,根据第一款对产品性能进行专业评估。

3. 拟根据第一款接受性能评估的人须向第二款规定的评估机构提出评估申请。申请人应承担进行性能评估的费用,科学、信息和通信技术及未来规划部部长可在预算限制范围内对其资助。

4. 与第一款规定的性能评估方法和第二款规定的认定评估机构有关的必要事项,应由总统令规定。

第十八条 (认定优秀信息安全技术等)

1. 科学、信息和通信技术及未来规划部部长可根据总统令的规定,认定优秀信息安全技术等,并为信息安全产业的振兴提供年度支持。

2. 科学、信息和通信技术及未来规划部部长根据第一款认定优秀信息安全技术时,可以要求相关信息安全技术等的提供者提供进行认定时所必要的数据。

3. 科学、信息和通信技术及未来规划部部长根据第一款作出认定的,应公开宣布认定信息和其他必要事项,例如认定的方法和支持的详细情况,应由总统令对此做出规定。

第十九条　(认定示范信息安全企业)

1. 科学、信息和通信技术及未来规划部部长可以认定那些为促进信息安全产业发展做出贡献的信息安全企业,例如,在第十八条第一款所规定的优秀信息安全技术的开发和商业化方面,作为示范信息安全企业,并提供支持。

2. 政府应优先向第一款规定的示范信息安全企业提供以下支持:

(1)为建立第七条第一款所规定的信息安全系统项目而与之订立合同;

(2)为第十五条所规定培训专业人员提供支持;

(3)根据第二十条第一款提供贷款;

(4)总统令规定的培育信息安全产业的其他事项。

3. 科学、信息和通信技术及未来规划部部长可以请求公共机构等负责人提交第二款所规定的支持的详细情况和效果。相关机构或组织应当遵守该请求,但有正当理由的除外。

4. 科学、信息和通信技术及未来规划部部长应当公示根据第一款认定示范信息安全企业,以及与认定的方法、细节相关的必要信息,其应由总统令规定。

第二十条　(提供贷款)

1. 在培育信息安全产业必要的情况下,科学、信息和通信技术及未来规划部部长可长期以低利率向信息安全产业提供下列资金(当信息安全企业从金融机构获得贷款时,科学、信息和通信技术及未来规划部部长可补贴贷款利息与其确定的利息之间的差额,其亦适用本条):

(1)安装、转让、更换、补充或扩展信息安全产品和信息安全服务所需的资金;

(2)购买和储存原材料所需的资金;

(3)用于信息安全产品和信息安全服务本地化的发展资金;

(4)用于出口信息安全产品和信息安全服务的资金;

(5)开发信息安全核心技术和组成部分所需的资金;

(6)研究、开发和维护闲置设施所需的资金;

(7)运营信息安全产业所需的其他资金。

2. 与提出第一款规定的贷款申请相关的程序、方法等方面的必要事项,应由总统令规定。

第二十一条 (支持出口)

1. 科学、信息和通信技术及未来部长规划认为有必要促进信息安全产业出口的,可以按照总统的规定采取必要措施,加快信息安全产业的投资,扩大出口市场。

2. 科学、信息和通信技术及未来规划部部长认为有必要根据第一款促进出口的,可根据总统令的规定在预算范围内向下列人提供财政、物质或人力支持:

(1)促进信息安全产品和信息安全服务出口的人;

(2)为促进出口从事提供建议、指导、宣传、参展、培训或商务洽谈业务的人;

(3)在展会上安装和运营与信息安全产品、信息安全服务等有关的展厅,或在国内外展览中心展示信息安全产品、信息安全服务等的人;

(4)为出口信息安全产品、信息安全服务等而促进国际合作的人。

第二十二条 (税收支持等)

1. 政府可以为促进信息安全产业而采取必要措施,例如,根据《特别税收限制法》《特别地方税收限制法》和其他相关税法的规定,提供税收减免。

2. 政府可提供财政支持或其他必要支持以发展信息安全产业,并按照总统令的规定,加大对与信息安全有关的中小企业的投资和培育。

第二十三条 (信息安全服务专业企业的认定和管理)

1. 对于能够安全、可靠地处理以下事务的主体,科学、信息和通信技术及未来规划部部长可将其认定为信息安全服务专业企业:

(1)分析和评估根据《信息和通信基础设施保护法》第八条所规定的关键信息和通信基础设施(以下简称"关键信息和通信基础设施")漏洞的事务;

(2)制定保护关键信息和通信基础设施的事务;

(3)总统令规定的与信息安全服务有关的其他事务。

2. 可被认定为信息安全服务专业企业的必须是法人。

3. 科学、信息和通信技术及未来规划部部长应对根据第一款被认定的信息安全服务专业企业,自其被认定之日起,每年度对其岗位管理进行检查。

4. 信息安全服务专业企业转让其营业或者与其他信息安全服务专业企业合并的,应当就此向科学、通信技术及未来规划部部长报告。自科学、信息和通信技术及未来规划部部长接受报告时,受让人或合并后的法人应继受该信息安全服务专业企业的地位。

5. 信息安全服务专业企业暂停、关闭或恢复其业务的,应于暂停、关闭或恢复其业务之日前30日向科学、信息和通信技术及未来规划部部长报告。

6. 信息安全服务专业企业有下列情形之一的,科学、信息和通信技术及未来规划部部长可以在举行听证后三个月内,撤销对其信息安全服务专业企业的认定,或者命令其在一定时间内暂停全部或部分业务,并举行听证会进行整改。有第(1)、(2)、(4)项任一情形的,科学、信息和通信技术及未来规划部部长应撤销其认定:

(1)以欺骗或其他欺诈方式获得认定的;

(2)未通过第三款规定的岗位管理检查的;

(3)违反第八款规定未能安全保存记录和数据的;

(4)不符合第十款规定的认定标准的;

(5)不当使用或滥用其在业务中获得的信息,而给关键信息和通信基础设施的运营造成困难的。

7. 科学、信息和通信技术及未来规划部部长认为,为了维护信息安全而有特别必要时,可以要求信息安全服务专业企业提交相关文件或数据。

8. 信息安全服务专业企业应当安全地保存其准备的与第一款规定的事务相关的记录和数据。

9. 根据第一款被认定为信息安全服务专业企业的企业被撤销或者关停其业务的,应当将与第一款所述事项有关的记录和数据归还有关机构或者企业负责人,或者销毁这些记录和数据。如果数据的归还困难或不可行,应当在具体说明要销毁的数据并获得有关机构或者企业负责人的批准后,销毁该数据。

10. 根据第一款进行认定、根据第三款进行岗位管理审查、根据第四款进行转让或合并、根据第五款报告暂停营业等情况、根据第六款撤销认定、根据第七款提交数据、根据第九款归还或销毁记录和数据的程序、方法等,应由科学、信息和通信技术及未来规划部条例规定。

第二十四条 （成立韩国信息安全产业协会）

1. 经营与信息安全产业有关业务的企业，经科学、信息和通信技术及未来规划部部长批准后，可以成立韩国信息安全行业协会（本条中以下简称协会），以促进信息安全产业的健康发展，提高国家整体产业的信息安全水平。

2. 本协会为法人。

3. 与协会的审批程序、业务、监管等必要事项由总统令规定。

4. 除本法另有规定外，《民法》中关于社团法人的规定应适用于协会。

第四章 争议调解委员会

第二十五条 （成立争议调解委员会）

1. 建立信息安全行业争议调解委员会（以下简称调解委员会），对与开发、使用等信息安全产品和信息安全服务有关的争议进行调解。与著作权有关的争议应当适用《著作权法》《广播法》第三十五条第三款、《电信业务法》第四十五条、《个人信息保护法》第四十条等规定的与广播通信有关的争议均应分别适用相应的法律。

2. 调解委员会应由10名以上30名以下委员组成，其中包括一名主席。

3. 科学、信息和通信技术及未来规划部部长应从下列人员中指派或任命调解委员会成员：

（1）在《高等教育法》第二条规定的学校担任或担任过法学或其他与信息安全相关学科领域副教授以上职称的人；

（2）有资格担任法官、检察官或者律师的人；

（3）在信息安全产业具有丰富知识和经验的人；

（4）隶属用户保护机构或组织的人；

（5）担任或担任过四级及以上公职的人员（包括属于高级行政人员的公职人员），或在公共机构担任或担任过同等职务，在促进信息安全产业和消费者保护有关的事务上具有经验的人员。

4. 调解委员会主席应由调解委员会从其成员中选举产生。

5. 调解委员会委员为非常设，由非公职人员担任的委员的任期为三年且只能连任一届。根据第三款第(五)项规定任命的公职人员应在其担任公职期间担任调解委员会成员。

6. 任何成员不得被免职或违背其意愿被解雇,除非其已被吊销执照或因精神或身体疾病而无法履行自己的职责。

7. 秘书处应当设立在根据《促进信息与通讯网络利用和信息保护法》第五十二条设立的韩国网络安全局,秘书处应协助调解委员会处理事务。

第二十六条 (调解争议)

1. 对于因使用信息安全产品和信息安全服务而产生争议并请求损害赔偿和寻求调解救济的人,可以向调解委员会提出调解申请,但是,已经根据其他法规提交调解申请或该争议已根据其他法规解决的除外。

2. 调解委员会应在收到根据第一款提出的争议调解申请之日起60日内拟订一份协议草案。因故需要延长期限的,调解委员会应将延长的期限及理由通知争议各方。

第二十七条 (委员的回避)

1. 调解委员会的委员有以下情况的,在根据第二十六条向调解委员会提出申请调解的案件(以下简称案件)中,应当回避参加审议和表决:

(1)委员及其当前的或先前的配偶为案件的当事人、或是共同权利人、或承担连带责任的人;

(2)委员是或先前是案件一方当事人的亲属的;

(3)委员为该案件作证、提出专家意见或法律意见的;

(4)委员直接或作为案件一方的代理人参与案件的。

2. 如争议一方当事人有理由认为某位委员有可能不公平地调解争端,其可书面解释理由,并提出质疑申请。在这种情况下,主席应直接作出决定,而无须调解委员会做出决议。

3. 成员根据第一款或第二款规定的事项,其可自愿回避对案件的审议或表决。

第二十八条 (提供资料等要求)

1. 调解委员会可以要求争议各方、信息安全企业或者证人(本条中以下简称争议当事人等)提供调解争议所必要的资料。在这种情况下,争议当事人等的有关各方均不得在没有正当理由的情况下拒绝提供资料的要求。

2. 调解委员会认为必要时，可以要求争议当事人等出席会议，听取他们的意见。

第二十九条　（调解的有效性）

1. 调解委员会根据第二十六条第二款拟定协议草案后，应立即将协议草案提交给争议当事人。

2. 争议当事人根据第一款规定收到协议草案的，应在收到协议草案之日起15日内告知调解委员会是否接受该协议草案。在上述期限内，争议当事人未告知调解委员会是否接受协议草案的，应视为拒绝协议草案。

3. 争议当事人根据第二款规定接受协议草案的，调解委员会应拟定调解协议，说明争议当事人之间达成一致的事项。

4. 争议当事人接受了协议草案，调解委员会根据第三款拟定了调解协议并告知了当事人的，视为在争议当事人之间达成了一项内容与调解协议相同的和解协议。

第三十条　（拒绝和暂停调解）

1. 调解委员会认为基于争议的性质而不宜进行调解的，或者认为调解申请的提出系无理取闹，可以拒绝受理相关案件。在这种情况下，调解委员会应将拒绝受理的理由通知申请人。

2. 一方当事人在争议调解过程中提起诉讼的，调解委员会应暂停调解，并将该事实通知争议当事人双方。

第三十一条　（调解争议的费用）

调解委员会可根据总统令的规定，要求提出调解申请的人承担争议调解所发生的费用。如果已经达成和解，调解委员会可要求争议当事人分摊在争议调解中发生的费用。

第三十二条　（保密）

调解委员会的前任或现任处理争议调解事项的人，不得向第三人泄露其在业务中获得的保密信息，也不得基于业务以外的其他目的使用该保密信息，其他法律另有规定的除外。

第三十三条　（调解程序等）

除了本章规定的事项外，有关调解委员会的组织和运作、调解争议的方法和程序,以及与调解有关的事务管理等必要事项,应由总统令规定。

第五章 保护用户的措施等

第三十四条 (保护用户的措施等)

1. 政府可实施下列项目,以保障用户的基本权益:

(1)向用户提供关于信息安全产业的信息和用户教育信息;

(2)关于第三十六条规定的用户保护准则是否得到遵守的实况调查;

(3)为信息安全企业准备的有关保护用户的教育;

(4)向旨在保护用户的机构或组织提供支持;

(5)制定和实施用户预防措施和赔偿用户损失的措施;

(6)制定和实施其他保护用户权益的措施。

2. 政府应制定和实施必要措施,使因经济、区域、生理或社会原因而难以自由接触或使用信息安全产品和信息安全服务的人可方便地使用信息安全产品和信息安全服务。

第三十五条 (撤回申请等)

1. 信息安全产品和信息安全服务的用户无法根据《电子商务消费者保护法》第十七条第二款撤回订单或者撤销合同的,信息安全企业应当采取以下措施,确保用户撤回订单和撤销合同的权利不受干扰。信息安全企业未采取下列措施的,用户可以主张撤回订单或撤销合同而不受限制。

(1)关于撤回订单申请的方法等事项,在信息安全产品、信息安全服务或其包装上的应有具体说明;

(2)应提供信息安全产品的试用品,或为用户提供临时使用或部分使用的机会。

2. 虽然有第一款的规定,《电子商务消费者保护法》第十七条、第十八条、第三十一条、第三十二条、第四十条、第四十一条和第四十四条仍可适用。在此种情形下,“通信服务提供者”和“经营者”应解释为“信息安全企业”,“商品”应解释为“信息安全产品和信息安全服务”,“消费者”应解释为“用户”,“公平贸易委员会”应解释为“科学、信息和通信技术及未来规划部部长”。

第三十六条 (制定用户保护准则)

1. 科学、信息和通信技术及未来规划部部长可以制定信息安全企业自律遵守的准则,准则旨在健全贸易、建立分销秩序以及保护信息安全产业的用户(以下简称用户保护准则)。在制定时,科学、信息和通信技术及未来规划部部长可听取相关领域的经营者、机构、组织以及专家的意见。

2. 信息安全企业应当制定合同条款,根据总统令的规定,其应包括但不限于:退还多缴、错缴的金额,撤销或者终止使用信息安全产品和信息安全服务的合同的权利,因产品缺陷等原因给用户造成的损失的赔偿。

3. 信息安全企业订立关于使用信息安全产品和信息安全服务的合同时,应向用户解释第二款规定的条款的详细内容。用户提出要求时,须向其提供合同条款的副本,以便用户能方便地了解有关条款的详细内容。

4. 科学、信息和通信技术及未来规划部部长可以规定信息安全行业的标准合同条款,并向信息安全企业使用该标准合同条款。

5. 如果信息安全企业使用的合同条款与用户保护准则所规定的内容不一致并且对用户不利的,应当说明该合同条款与用户保护准则的不同之处,以便用户容易了解该差异。

6. 信息安全企业违反第二款、第三款和第五款的,应当参照适用《电子商务消费者保护法》第三十一条、第三十二条、第四十条、第四十一条和第四十四条有关改正建议、采取改正措施和处罚的有关规定。在这种情况下,“公平贸易委员会”应解释为“科学、信息和通信技术及未来规划部部长”,“经营者”应解释为“信息安全企业”,“消费者”应解释为“用户”。

第三十七条 (公共机构信息安全措施)

公共机构的负责人应编制一份有关机构的信息安全的管理、物理和技术方面的安全规划,政府可以调查公共机构信息安全的现状以及为保障信息安全而采取的措施。

第六章 补充规定

第三十八条 (委托履行职责)

科学、信息和通信技术及未来规划部部长可根据总统令将其根据本法承担的部分职责委托给认定的专门机构。

第三十九条 (基于刑法目的而对公职人员的认定)

为了实施《刑法》第一百二十九条至第一百三十二条的规定,从事本法赋予的职责的机构的行政人员和雇员应被视为公职人员。

第七章 刑法规定

第四十条 (刑法规定)

违反第三十二条规定,泄露其在业务中获得的保密信息,或基于业务以外的其他目的使用机密信息的,处三年以下监禁,并处劳役,或者三千万元以下罚金。

第四十一条 (行政罚款)

1. 下列人应处以一千万韩元以下的行政罚款:

(1)未根据第二十三条第五款提交报告的人;

(2)未根据第二十三条第七款提交相关文件或资料,或未提交虚假文件或资料的人;

(3)违反第二十三条第九款,未归还或销毁记录和数据,或未获得批准而销毁数据的人。

2. 科学、信息和通信技术及未来规划部部长应根据总统令的规定,实施和收取第一款规定的行政罚款。

图书在版编目(CIP)数据

中国网络安全法治绿皮书. 2019 / 360集团法律研究院编写. -- 北京：法律出版社，2019
ISBN 978-7-5118-5109-3

Ⅰ. ①中… Ⅱ. ①3… Ⅲ. ①计算机网络-科学技术管理法规-研究报告-中国-2019 Ⅳ. ①D922.17

中国版本图书馆CIP数据核字(2020)第006808号

中国网络安全法治绿皮书(2019)
ZHONGGUO WANGLUO ANQUAN FAZHI LÜPISHU (2019)

360集团法律研究院 编写

策划编辑 似 玉
责任编辑 似 玉
装帧设计 贾丹丹

出版 法律出版社
总发行 中国法律图书有限公司
经销 新华书店
印刷 三河市兴达印务有限公司
责任校对 马 丽
责任印制 张建伟

编辑统筹 法研工作室
开本 710毫米×1000毫米 1/16
印张 20
字数 280千
版本 2019年12月第1版
印次 2019年12月第1次印刷

法律出版社/北京市丰台区莲花池西里7号(100073)
网址/www.lawpress.com.cn
投稿邮箱/info@lawpress.com.cn
举报维权邮箱/jbwq@lawpress.com.cn
销售热线/400-660-8393
咨询电话/010-63939796

中国法律图书有限公司/北京市丰台区莲花池西里7号(100073)
全国各地中法图分、子公司销售电话：
统一销售客服/400-660-8393/6393
第一法律书店/010-83938432/8433
西安分公司/029-85330678
重庆分公司/023-67453036
上海分公司/021-62071639/1636
深圳分公司/0755-83072995

书号:ISBN 978-7-5118-5109-3
定价:78.00元